JN013082

北尾早霧
Kitao Sagiri

砂川武貴
Sunakawa Takeki

山田知明
Yamada Tomoaki

＝著

定量的マクロ経済学と数値計算

Quantitative Macroeconomics and
Numerical Computation

日本評論社

はしがき

■ 本書の目的

　本書の目的は、今やマクロ経済学者にとって標準的な分析ツールの1つとなった「数値計算」の基礎的理解と、その応用方法を解説することにあります。著者の一人である山田が数値計算の勉強を始めたのは2001年、一橋大学大学院修士課程2年のときでした。一橋大学経済研究所の阿部修人先生と、当時一橋大学大学院経済学研究科に在籍していた工藤教孝先生から数値計算の勉強会に誘われたのがきっかけです。マニアックな分野だな、というのが当時の印象でした（実際は2001年当時、すでに数値計算を用いた定量的マクロ経済学の論文は一流学術誌に多数掲載されていましたが）。それから20年以上（！）が経過して、いつの間にか数値計算はマクロ経済学者にとって欠かせない分析ツールの1つになりました。

　マクロ経済学は様々な経済政策と密接に関わる分野です。そのため、定性的な分析だけでなく、政策判断のために定量的な分析が求められる場面が多々あります。「定量分析といえば計量経済学だろう」と思われるかもしれませんが、よりダイレクトに理論的性質が持つ影響の大きさなどといった定量的側面を知りたいというニーズは強くあります。近年では中央銀行を中心として、ニューケインジアン・モデルと言われる理論的フレームワークが政策の現場で用いられることもありますが、この解法を理解するためには数値計算に関する知識が必要になります。

　現在のマクロ経済学研究のフロンティアにおいて、数値計算はすでに市民権を確立していると言ってよいと思います。しかし、テキスト、それも日本語のテキストにおいては扱われ方が非常に限定されています。数値計算が必要になるのは主に大学院レベルの教育だから英語のテキストだけで十分だろうという意見もあるかもしれませんが、日本語のテキストが存在していることによって学習するための敷居が低くなるという効果もまた大事だと著者たちは考えています。

　また、本書の特徴の1つに「異質性のマクロ経済学」に多くのページを割いているという点が挙げられます。現在の上級レベルのマクロ経済学をよくご存知の人であれば、代表的個人モデルという言葉を聞いたことがあると思います。文字通り、マクロ経済において一人の経済主体が意思決定しているかのような想定をしたモデルで、現在のマクロ経済学の根幹を成すものです。著者たちは代表的個人モデルそのものは大事だと理解していますし、それに基づいて様々な有意義な分析がなされているのも事実です。一方で、代表的個人モデルでは分析できない経済現象も数多くあります。たとえば、経済格差や世代間の不平等など、様々な属性を持った異質な個人や企業が集計されたマクロ経済においてインタラクションをしているような状況です。こういった状況を、理論モデルの数式だけで分析するのは非常に困難です。往々にして、手計算では解が得られないほどモデルが複雑になってしまうからです。そういった困難さを解決する手段の1つが、数値計算を用いて近似的に分析することです。本書の後半では、実際に様々な定量的マクロ経済モデルを用いて、経済格差や社会保障、異質な経済主体が存在する状況での金融政策などに関する分析を紹介しています。

　本書をきっかけにして定量的マクロ経済学を知り、そこから研究や政策の現場で活用していっていただければ、著者として何よりの喜びです。

■ 前提知識と本書と読み方

　本書は、経済学系の大学院修士1、2年生と意欲的な学部上級生を主なターゲットとして想定して書かれています。そのため、中級レベル（＝学部上級生レベル）のミクロ経済学・マクロ経済学の知識は、ある程度身に付いていることを想定しています。もし前提知識に不安があれば、中級レベルの教科書は数多く出版されていますが、

- 神取道宏（2014）『ミクロ経済学の力』日本評論社
- 齊藤誠・岩本康志・太田聰一・柴田章久（2016）『マクロ経済学（新版）』有斐閣

をお勧めしておきます。なお、本書を読み進めるうえで統計学と計量経済学の知識は基本的には不要ですが、確率論の基礎的な知識があると理解が深まります。

　大学院で経済学を学ぶ場合、通常、修士1年生で上級レベルのマクロ経済学・

ミクロ経済学・計量経済学をコースワークとして履修することになります。ここでよく言われているのが、学部レベルのマクロ経済学と大学院レベルのマクロ経済学のギャップです。ミクロ経済学や計量経済学の場合、学部レベルから大学院にステップアップをすると、数学のレベルや抽象化の程度は高まるものの、基本的にはこれまで学んできたことの精緻化・一般化という形であり、内容そのものは学部で学んできたことの発展です。ところが、マクロ経済学については、学部で学んできたことと大学院で学ぶ上級マクロ経済学の間には内容そのものにギャップがあります。多くのマクロ経済学者はこの点を憂慮していて、このギャップを埋めるべく様々な良書が出版されていますが、それでも上級マクロ経済学を理解するのに苦しむ人がいるようです。本書は、上級マクロ経済学を履修する際の副読本、あるいは修士2年生におけるトピックコースの教科書としても用いることができます。特に、本書の第1章から第4章までの内容は、上級マクロ経済学の序盤で出てくる動学的最適化問題（ラムゼイ・モデル）の解説と重複しているため、一緒に読むことによって理解が進むのではないかと思います。

　修士2年生、あるいはそれ以上で学術論文を書くことを想定して本書を読む場合、第3、4章で紹介している内容の一部（動学的最適化）はすでにおなじみのものになっているはずです。そのような読者は、実際に動学的最適化問題をどのように数値計算で解くかについて、自分でコードを走らせながら理解を深めるとよいでしょう。あわせて、第5章以降で紹介をしている様々な定量的マクロ経済モデルの中から自分が関心のあるものを選んで読んでいくというスタイルが効率的だと思います。また、本書では紙幅の都合もあり、現代のマクロ経済学のフロンティアを網羅的に説明しているわけではありません。本書と同程度の前提知識があれば、補完的な知識を得るためには、

- 楡井誠（2023）『マクロ経済動学――景気循環の起源の解明』有斐閣

が同じく上級マクロ経済学のテキストの副読本として適していると思います。また、本書を読み通したあとは、英語になりますが、

- Lars Ljungqvist and Thomas J. Sargent (2018) *Recursive Macroeconomic Theory*, 4th ed., MIT Press

にチャレンジしてみるのもよいでしょう。本書でカバーしている分野を含む、

上級マクロ経済学の代表的テキストです。

　一方、意欲的な学部生にもぜひ本書にチャレンジをしてもらいたいと思っています。個人的な経験になりますが、著者の一人である山田が学部生時代に読んで印象に残っている本の1冊に、岩井克人先生と伊藤元重先生が編集した『現代の経済理論』（東京大学出版会、1994年）があります。今や各分野の大家となった諸先生が分担執筆をした超豪華なサーベイ論文集です。当時の私が各章の内容をしっかり理解できたとはとても思えないのですが、背伸びをして眺めた研究のフロンティアにわくわくしたことは、今でも鮮明に覚えています。すべてを理解できなくても、新しい世界にチャレンジすることは無駄にはなりません。卒業論文やISFJ（日本政策学生会議）のような学部生のための研究報告会に向けて論文を書こうとしている学部上級生は、まずは第1章に目を通したあと、第2章をしっかり読んでください。第2章は基本的に学部レベルのミクロ経済学の知識があれば読み通せるはずです。そのうえで、数値計算にもチャレンジしてみたい場合には、巻末の付録Aを読みながらコードをサポートサイト（https://quant-macro-book.github.io）からダウンロードして、自分で手を動かしてみるとよいでしょう。最初は意味不明なことが多くても、パラメータの値を変えて結果が変わるということの繰り返しから何かの関係性を見出して、そこから現実と関連付けていければ、おもしろい発見につながるかもしれません。

　本書は数値計算の本なので、もしかしたらプログラミングの技術を学ぶための本であると誤解する人もいるかもしれませんが、この本の中にはプログラミング技術そのものは一切出てきません。また、本書を読むうえでプログラミングに関する前提知識は不要です。サポートサイトからコードをダウンロードして、本書の内容とあわせて一から勉強していけば十分です。一方、数学については、学部レベルの経済数学の知識、たとえば微分や線形代数については理解しているものとして解説を行っています。

■ 謝辞

　本書は、『経済セミナー』で2018年12月・2019年1月号から2020年2・3月号まで計8回にわたる連載の内容を大幅に加筆修正したものになります。しかし、実は、著者の一人である山田が（大学院時代の同級生でもある）日本評

論社の道中真紀さんから本書の企画のお話を最初にいただいたのはもっと前でした。その後、連載のお話をいただいた際に、北尾早霧先生と砂川武貴先生にも加わっていただき、現在の形になりました。大げさでも何でもなく、お二人に加わっていただいたことにより、本書の完成度は最初の計画よりもはるかに高くなったと確信しています。

書籍化に向けて大幅な加筆修正を加えたため、連載終了後からかなりの時間が経ってしまいました。その間にも「連載の書籍化を期待している」というお声がけをいただいたのは、本当に励みになりました。本書のドラフトに対して、多くの方々に様々な形でコメントをいただきました。阿部修人、稲葉大、工藤教孝、柴山克行、鈴木史馬、鈴木通雄、千賀達朗、高橋修平、辻山仁志、敦賀貴之、西山慎一、楡井誠、奴田原健悟、蓮井康平、蓮見亮、日野将志、向山敏彦の各先生からは様々なコメントやアドバイスをいただきました。もちろん、残っているすべての誤りは著者たちの責任です。

また、鈴木徳馬、小野泰輝、小金丸稜平の各氏はリサーチアシスタントとして草稿の段階から丁寧に読んでいただいたうえ、GitHub 上に公開している Python や Julia のコードの一部も書いていただきました。もちろん、こちらについても残りうる様々な誤りはすべて著者たちの責任です。

普段本を読んでいて編集者への謝辞が書いてあるのはよく目にしていましたが、実際に自分で本を書いてみて、編集者の役割がいかに重要かを理解しました。日本評論社の道中さんには本書の企画化から『経済セミナー』連載まで大変お世話になりました。同じく日本評論社の尾崎大輔さんには書籍すべてに目を通してコメントをいただいたほか、本書が $\LaTeX$ で書かれていることから技術的な面まで大変お世話になりました。

研究者はどうしても就業時間（そのようなものがあるのかわかりませんが）内にすべての仕事を終えることができないようです。そのため、夜や土日・祝日の合間に本書の執筆作業をすることになってしまいました。そのような状況でも協力をして支えてくれた家族に感謝の意を伝えたいと思います。

2024 年 2 月

著者を代表して

山田　知明

目 次

第 II 部　応用編

第 5 章　格差をどう説明するか　ビューリー・モデルによるアプローチ　118

第 6 章　ライフサイクルで考えるマクロ経済　世代重複モデル　142

付録

本書で取り扱わない手法・トピック（11）

インストール方法と環境構築（16）

なぜ○○言語に固定しなかったのか？（17）

実際に手を動かして確認をしてみよう（22）

MATLAB/Julia/Python でグリッド作成（33）

対数線形近似（192）

コードを実行する際の注意点（207）

本書のサポートサイト（236）

計算の高速化に向けて（238）

MATLAB/Julia/Python で内挿法と外挿法（241）

MATLAB/Julia/Python で求根アルゴリズム（250）

MATLAB/Julia/Python で最適化（253）

■ **読み進める際の注意**　各章において、初めて読むときには飛ばして読んでも問題ない節・項には ♣ の印がついている。

数値計算の基礎

_第 **1** _章

数値計算ことはじめ

1.1 はじめに

　皆さんは、EBPM（evidence-based policy making；証拠に基づく政策立案）という言葉を目にしたことがあるだろうか。かつての経済学者は、「象牙の塔にこもって非現実的な数式をいじる人」というイメージが強かったかもしれない。しかし近年、経済学者の間では社会・経済を改善するために、データや証拠に基づいて科学的に政策立案をしたり、ビジネスに活用したりしようという考え方が主流となってきた。また、ミクロ経済学の分野においても経済学の社会実装の名のもとで様々な試みが行われている。こういった流れができてきた理由はいくつかあるが、様々なデータが蓄積されてきたこと、そのデータを解析できるコンピュータが身近になったこと、そして経済学を机上の空論ではなくもっと現実社会に役立てようという経済学者たちの野心的な試みがうまく噛み合ってきたおかげだと思われる。

　本書は、経済学、特にマクロ経済学で用いられる**数値計算**の手法と、それを用いることによってどのような分析が可能になるのかを解説することを目的としている[1]。もともと政策志向が強いマクロ経済学では、データに基づく実証

---

1) 数値計算は英語の numerical computation の日本語訳で、**数値解析**（numerical analysis）と呼ばれることもある。理系の書籍では**科学技術計算**（scientific computing）と書かれてい

的裏付けがあり、なおかつ経済理論に基づいた政策評価にも耐えうる定量的な分析に対する需要が大きい。

　マクロ経済学においてデータに基づく実証分析というと、学部レベルの教科書でもおなじみの IS-LM モデルと計量経済学を組み合わせたマクロ計量モデルを思い浮かべる人も多いだろう。また、**ベクトル自己回帰**（vector autoregression: VAR）や**構造 VAR**（structural vector autoregression）といった時系列分析をイメージする人もいるかもしれない。マクロ計量モデルやその基礎になっている IS-LM モデルは、背後にある個人や企業の意思決定を明示的に考慮していないことから、1970 年代以降、**ルーカス批判**（Lucas critique）の対象となった（Lucas, 1976）。現在のマクロ経済学はそういった問題点を改良すべく、マクロ経済学のミクロ的基礎付けに取り組みながら進歩してきた。

　近年、各国の中央銀行などで政策議論にも用いられる**ニューケインジアン DSGE モデル**はその 1 つの成果である。DSGE は dynamic stochastic general equilibrium の略で、日本語では（しばしば「確率的」を意味する "stochastic" が省かれて）「動学的一般均衡」と呼ばれている。ニューケインジアン・モデルは、その名のとおりミクロ経済学の一般均衡理論に基づいており、個人や企業の意思決定をベースとしながら、ケインズ経済学的な**価格粘着性**（price stickiness）や**価格硬直性**（price rigidity）を取り込んだマクロ経済モデルである。

　2008 年のリーマンショックに端を発した**大不況**（the Great Recession）以降、危機を予見できなかった、あるいは大不況のような大きなショックの場合には使えないという評判から、DSGE モデルは批判の対象になったこともある。しかし、現在でも DSGE モデルがマクロ経済学のワークホースモデルの 1 つであることに間違いはない。また、市場の不完全性は必ずしも価格硬直性に集約されるわけではない。現在のマクロ経済学は様々な市場の不完全性や、行動経済学に基づくアノマリーやバイアスの分析から得られた知見なども取り込みながら、経済政策の効果の分析などに取り組んでいる。

　様々な市場の不完全性といった現実的な要素を取り込みつつ、データとの整合性がとれたモデルを構築して、政策現場の議論にまでつながる分析を行うた

　ることもあるが、本書ではすべて同義として扱い、特に使い分けない。なお、科学技術計算用語の日本語訳に関しては、クアルテローニ他 (2014) を参考にした。

めには、伝統的な紙と鉛筆のアプローチだけではどうしても限界がある[2]。そこで、コンピュータを駆使して、シミュレーションや**反事実的実験**（counterfactual experiments）といったアプローチで分析を行う数値計算が台頭してきた。数値計算を多用するマクロ経済学は、Quantitative Macroeconomics と呼ばれている。我々の知る限りまだ定訳が存在していないため、本書では**定量的マクロ経済学**と呼称しておく。この定量的マクロ経済学は実証的分野と理論的分野の中間領域に存在する第 3 の分野として位置付けることができる。

1.2 定量的マクロ経済学とは？

　定量的マクロ経済学は、**実物的景気循環**（real business cycle: RBC）**理論**に端を発するといってもよい[3]。日本語でニューケインジアン・モデルを解説した先駆的なテキストである加藤 (2007) は、RBC 理論を「ピザの生地」にたとえており、現在のマクロ経済学は RBC モデルのフレームワークというピザ生地をベースとして様々な市場の不完全性というトッピングを導入することによって政策分析につなげてきた。すなわち、RBC モデルは、文字どおりの意味で「実物サイドが重要である」というメッセージよりも、現代のマクロ経済学に共通する骨組みとみるべきである。

　Kydland and Prescott (1982) が提示したオリジナルの RBC モデルや上級レベルのマクロ経済学の教科書で紹介されているベーシックな RBC モデルは、現在のマクロ経済学からすれば非常に（極端に）シンプルであり、そのまま定量的な政策的議論につなげることは困難である。しかし、RBC モデルには拡張性があり、それをベースに様々な市場の不完全性を取り込むことで、それぞれの関心に応じた分析につなげることができる。たとえば、景気循環に限らず、

----

2) 我々は決して紙と鉛筆のアプローチを批判しているわけではない。実際、本書で紹介しているモデルは過去の理論的研究の積み重ねに基づいており、現在でもこれらのモデルの理論的分析が同時進行で進められている。

3) （マクロ経済学に限定しない）経済学と数値計算の関係に関する歴史はもっと古い。たとえば、一般均衡モデルの数値的解法の 1 つであるスカーフ・アルゴリズムは、1960 年代に提唱されて以降、現在に続く応用一般均衡分析の基礎となっている。

労働や人的資本蓄積、各種社会保障制度、財政・金融政策から所得・資産格差の分析まで、応用範囲は実に様々である。

とはいえ、より現実に即した市場の不完全性を導入すると、モデルが複雑になりすぎたり（それでも現実経済の複雑さと比較すればかなり簡単化されているが）、**解析解**（analytical solution）が存在しなかったりして、たちまち分析することが困難になる。そのときに、我々がとることのできる手段は 2 つある。第 1 の手段は、紙と鉛筆で解けるまでモデルを簡略化することである。センスのよい理論家であれば、現実世界を驚くほど簡単化しながらもエッセンスだけは損なわない見事な分析を披露してくれる。第 2 の手段は、手で解くことを諦めて、コンピュータを使って近似的にモデルの性質を理解しようというアプローチである。

後者は前者ほどエレガントではないかもしれないが、複雑なモデルをできる限りそのままの形で分析することを可能にしてくれる。ただし、そのためには数値計算という新しい分析手法を学ばなければならない。従来の経済学教育（特に大学院レベルのコースワーク）では、線形代数や解析学、最適化理論を用いるマクロ経済学・ミクロ経済学と、確率論・統計学に基づく計量経済学を習得する必要があったが、そこに数値計算というこれまでの経済学で培ってきた手法とは若干毛色の違う方法が加えられることとなったのである。

数値計算はモデルの定性的性質だけでなく定量的性質も表現できるため、実証研究との相性がよい。そのため、このアプローチは相乗効果でより豊かな政策的含意をもたらすことになった。モデルを数値的に解けば、当然そこから得られる解は定性的（上がるか下がるか）な情報だけではなく、どの程度上昇するかという定量的側面も持つ。もしモデルが現実のある側面をうまく描写しているのであれば、そこから得られた政策的含意はこれまでよりも強いメッセージを持つことになる。すなわち、○○という政策によって「GDP が上昇する」という結果だけではなく、「△％の GDP の上昇をもたらす」という、より現実に即した政策的含意を得られるのである。

実際の学術論文では以下のようなステップで議論を進めることが多い。まずは、モデルを設定したうえで、そのモデルが現実経済のある時点、たとえば 2024 年の経済状況をうまく説明できるようにパラメータを設定する。パラメータは、資本産出比率などといった実際のマクロ経済統計や、ミクロの個票データから

得られた数値（たとえば、年齢ごとの賃金）にマッチするように調整する（この作業を**カリブレーション**〔calibration〕と呼ぶ）[4]。そのうえで、様々な経済政策を実施したらモデル内の内生変数がどのように変化するか、あるいは現実には起こらなかった現象が起きたら（あるいは逆）どうなるかといった反事実的分析を行う。また、モデルが現実をうまく描写していない場合にも、どの部分にどの程度の乖離があるのかを定量的に測ることができる。現在の定量的マクロ経済学は、データと照らし合わせながら理論モデルの検証を繰り返すことで日々進歩している。

1.3 経済学における数値計算の位置付け

　数値計算アプローチが経済学者の道具箱のなかに仲間入りしてかなりの時間が経過しているが、数値計算の使い方は研究者によって様々である。これまで、政策志向が強い定量的マクロ経済学の視点から話をしてきたが、たとえば第3章で紹介する**動的計画法**（dynamic programming: DP）に関する理論的研究を行っている Bona and Santos (1997) は、数値計算を「理論モデルの理解を深めるための装置」とみなしている。

> 数値モデルは、一般的に、経済状況を直接エミュレートするものではない。この種のモデルは、理論モデルの真の挙動をシミュレーションすることを目的とした支援装置（ある種のアルゴリズム）にすぎない。数値モデルの挙動や安定性の特性が、検討中の理論モデルの挙動をどの程度模倣しているかについては、よく理解しておく必要がある。
>
> (Bona and Santos (1997), p.248 より筆者訳)

　一方で、同じ動的計画法を個人や企業の行動を記述するために利用して、**構造推定**（structural estimation）を行うことによって、社会保障制度や労働市場政

---

4) カリブレーションとは何かについては、経済セミナー編集部編 (2020) に収められた山田知明「評価装置としての経済モデルとカリブレーション」が詳しい。Cooley and Prescott (1995) は実際の米国経済のデータに基づきながら具体的にカリブレーションの手ほどきをしている。

策といった現実的な問題の解決に用いようという研究も数多く存在している[5]。こちらのアプローチでは、モデルをデータとフィットさせるために、数値計算を使ってモデルを解くことが求められる[6]。数値計算の利用方法に関するスタンスの違いは、研究手法に関する哲学の違いとみなすこともできるが、我々はもっとシンプルに、自分の研究目的にあった便利なツールが増えたと捉えればよいのではないかと考えている。

1.4 数値計算を学ぶ

これまで説明をしてきたとおり、定量的マクロ経済学と数値計算は現在のマクロ経済分析では欠かせない分析ツールの 1 つとなっているが、幸（すでに分析ツールを身に付けた人にとっては、複雑な分析ツールの習得は参入コストとなりアカデミックな競争相手が減るため）か不幸かその敷居は決して低くはない[7]。大学院レベルのマクロ経済学を学習しようとすると、従来の上級マクロ経済学および計量経済学（時系列分析やミクロ計量分析）に加えて、数値計算の手法も習得しないといけないのである。

すでに数値計算は経済学のなかでも確立された手法で、マクロ経済学と関連した歴史に限定しても、RBC 理論の初期の研究である Kydland and Prescott (1982) から 40 年以上は経過している。経済学の専門的研究を掲載しているトップジャーナルにも数え切れないほどの論文がすでに掲載されている。そのため、現在では数値計算の経済学への応用を扱った書籍もいくつか出版されているが、

---

5) こういった応用例については第 3 章で紹介している。

6) マクロ経済モデルの構造推定に関しては、「Dynare」というソフトウェア・プラットフォームを用いた DSGE モデルのベイズ推定が、各国の中央銀行を中心に盛んに行われている。マクロ経済モデルの構造推定に関しては、Canova (2007)、DeJong and Dave (2011)、Herbst and Schorfheide (2015)、廣瀬 (2012) を参照してほしい。

7) Fernández-Villaverde et al. (2015), p.530 より意訳。原文："Unfortunately for Ph.D students and fortunately for those who have worked with DSGE models for a long time, the barriers to entry into the DSGE literature are quite high."

そのほとんどが英語であったり、部分的な扱いにとどまっている[8]。

　上級マクロ経済学のテキストも定評のあるものは英語が主流であることを考えれば、本来、数値計算の本を英語で読むことのハードルが特別に高いわけではないはずである。しかし、残念ながら日本におけるマクロ経済学教育のなかで、数値計算分野は遅れていると我々は考えている。

　より正確にいうと、ニューケインジアン・モデルのように研究が盛んで比較的教育ができる（＝自分でそのツールを使って論文を書いている）人の多い分野がある一方で、本書で扱うそうではない分野については、教育のできる人が少ないため、手薄となる傾向にある。もし手薄になるのがニッチでマイナーな分野であれば、それもある程度は仕方がないだろう。しかし、本書が扱う内容は現在のマクロ経済学のメインストリームの 1 つといっても過言ではない。近年注目されている経済格差とマクロ経済の関係の分析に頻繁に用いられているほか、ミクロ計量モデルと接続して労働経済学や社会保障分野に波及したり、より「ハイテク」なニューケインジアン・モデルにも展開されたりしている。本書を通じて現代のマクロ経済分析に必要な新たな道具を身に付けるサポートをすることが、我々の目的である。

　具体的には、第 I 部では、先述の動的計画法と**時間反復法**（time iteration: TI）という、動学的マクロ経済分析を行う際によく使われる代表的な 2 種類の数値計算手法を中心に、実際に手を動かしてマクロ経済モデルをステップ・バイ・ステップで解きながら説明をしていく。どちらも、個人や企業の意思決定問題を解く際に必要になる、**ベルマン方程式**（Bellman equation）あるいは**オイラー方程式**（Euler equation）を近似的に解く手法である。

　第 II 部では、それまでに学んだ数値計算手法を応用することによって、どのような経済問題を実際に分析できるかを紹介していく。上級レベルのマクロ経済学を学ぶとまず初めに出てくるのが、**ラムゼイ・モデル**（Ramsey model）あ

---

8) 英文の代表的なテキストとして、Judd (1998) や Adda and Cooper (2003)、Miranda and Fackler (2004)、Heer and Maussner (2024)、Fehr and Kindermann (2018)、Greenwood and Marto (2022) などがある。日本語の文献としては、動的計画法を扱った蓮見 (2020) や世代重複モデルに注目した小黒・島澤 (2011) などがある。また理系分野であれば、優れた数値計算のテキストや訳書は存在している。たとえば、前出のクアルテローニ他 (2014) は、大学院のコースワークレベルの数学を苦にしない読者であれば読み通せるはずである。

るいは**最適成長モデル**（optimal growth model）と呼ばれる個人の消費・貯蓄に
関する意思決定問題を解くモデルである。ラムゼイ・モデルでは、**代表的個人**
（representative agent）の異時点間の消費と貯蓄に関する意思決定問題を解い
て、そこからマクロ経済の動態を探っていく。実際、RBC モデルやニューケイ
ンジアン・モデルの根幹を成しているのも、この代表的個人の意思決定問題で
ある。

　ここでよくある批判が「代表的個人、すなわち 1 人の経済主体の意思決定行
動にマクロ経済を単純化してもよいのか？」という問いである。代表的個人の
仮定に基づいて様々な有益な分析結果が得られているということを考慮すると、
「代表的個人は現実的ではないから無用である」という批判は適切ではない。し
かし、代表的個人の仮定を置いてしまうと扱えない経済問題もたしかに存在して
いる。その最たるものが、経済格差の問題である。いうまでもないが経済に代
表的個人 1 人しかいないのであれば、格差問題や再分配政策は考えようがない。
しかし、様々な側面で異質な特徴を持つ経済主体が混在する経済を考えようと
すると、途端にモデルが複雑すぎて解けなくなってしまうという問題がある。

　このような状況で力を発揮するのが数値計算である。本書の特徴の 1 つは、
代表的個人モデルから離れて、**異質な個人**（heterogeneous agent）**モデル**を取
り扱うことにある。異質な個人モデルを学ぶことによって、これまでとは違っ
た側面からマクロ経済の現実問題に切り込む力を得ることができる。

1.5　本書の構成

　本書は数値計算の基礎を扱う第 I 部と応用編の第 II 部を構成する 8 つの章、
および巻末の付録 A〜C から成る。基本的には最初から順に読み進めていくこ
とを想定しているが、本節ではそれぞれの章でどのようなことを学ぶのかにつ
いて、簡単に説明をしておこう。

　第 2 章では、消費と貯蓄に関する意思決定を扱う簡単な 2 期間モデルからス
タートをして、数値計算で使う基本的な概念の全体像を説明する。たとえば、
従来型のマクロ経済学ではなじみがない離散化、ニュートン法、内挿法・外挿
法といった（定量的マクロ経済学の専門家にはおなじみの）手法がなぜ重要に

なってくるのか、どのように使われるのかを直観的に解説していく。使っているモデル自体は学部レベルのマクロ経済学・ミクロ経済学の範囲を逸脱しない基本的な2期間あるいは3期間モデルなので、意欲的な学部上級生であれば十分に読み通せる内容になっている。

第3章は、第2章で扱った2期間モデルを大幅に拡張して、上級マクロ経済学でおなじみの多期間あるいは無限期間にわたる動学的意思決定問題を解く方法を説明する。ここで役に立つのが「動的計画法」と呼ばれる考え方である。消費・貯蓄だけでなく、労働供給、結婚・離婚、企業の投資などといった様々な動学的意思決定問題が、実は動的計画法というアプローチで定式化できて、数値計算手法を用いれば解くことができるということを詳細に解説する。ここまで読み通すことができれば、簡単な定量分析を自力で行うことも可能なはずである。

第4章は、同じ動学的意思決定問題を別の角度から扱う。ミクロ経済学を学習した人であれば、消費者や企業の最適化問題を解く際に、微分をして1階条件を計算するというエクササイズを何回もこなしてきたのではないだろうか。多くの経済モデルは、1階条件を計算し、そこから最適解を導出することができる。第4章では、この1階条件から定量分析につなげる「時間反復法」を中心に説明していく。すなわち、第3章と第4章はともに動学的最適化問題を解くための手法を説明した章であり、同じ問題を別の角度から捉えている。いずれの手法も解く問題に応じた得手不得手や特徴があり、使い分けが必要になるため、どちらか一方ではなく両方に一度は目を通すことを強くお勧めする。

第5章から第II部に入る。ここでは、これまで学んできた手法を応用して実際にどのような（おもしろい）経済問題を分析できるかを実践していく。

第5章と第6章は、異質な個人が存在する仮定のもとで、マクロ経済と経済格差の関係性を定量的に探っていく。たとえば、所得格差と比較して資産格差はより不平等に散らばっていることがよく知られている。このような事実を経済理論はどの程度うまく説明できるのだろうか。第5章で紹介するビューリー・モデルとその後の発展は、様々な個人がリスクに直面している状況で、いかにして経済格差が生じるかを説明してくれる。

第6章では世代間の違いに着目して、**世代重複**（overlapping generations: OLG）**モデル**と呼ばれる代表的個人モデルと並ぶ重要なマクロ経済モデルを用

本書で取り扱わない手法・トピック

　同じモデルを解くために利用可能な手法を複数紹介している一方、本書では説明していないアプローチも存在する。

　たとえば、定常状態近傍を（対数）**線形近似**（linearize）するアプローチは、Blanchard and Kahn (1980) 以降、King et al. (1988, 2002) で応用され、Sims (2000, 2002) や Schmitt-Grohé and Uribe (2004) などによって発展し、今でも様々な研究で用いられている。しかし本書では、第 7 章で一部用いるものの、詳細な解説はしていない。これは、重要ではないからではなく、加藤 (2007) などの良書がすでに存在するためである。線形近似の発展型とも言える**摂動法**（perturbation method）についても、近年様々な研究で実際に使用されているものの、本書で紹介している他の手法とは毛色が異なることから割愛した。また、第 3 章で紹介する動的計画法などで用いられる **LQ アプローチ**（linear-quadratic approach）にも言及していない[*]。さらに、複雑系などで使われる**エージェントベース・モデル**（agent-based model）も経済学におけるシミュレーション分析の一環として存在しているが、本書の範囲を大きく逸脱することから取り扱っていない。

----

　[*] LQ アプローチについては、Ljungqvist and Sargent (2018) を参照してほしい。

いて個人のライフサイクル側面に注目した分析を行う。日本では少子高齢化が進展しており、公的年金制度や健康保険制度、介護保険制度といった各種社会保障制度の見直しが必要になっている。どのような制度設計をすれば人々にとってより負担が少なくなり、どの程度の厚生改善が見込まれるのかを探ることは、きわめて現実的な政策課題である。本章で紹介するモデルはこういった課題に取り組むのに役立つフレームワークである。

　第 7 章では、第 4 章で紹介した時間反復法に基づいて、ニューケインジアン・モデルの最近の展開を紹介する。ニューケインジアン・モデルは、主に金融政策の分野で政策分析の中心になっているフレームワークである。第 7 章では、ゼロ金利制約のような非線形性が存在する場合の手法など、発展的な研究を中心に学習していく。

　最後に第 8 章では、景気変動と経済格差の関係を中心に、近年の研究成果と新しい数値計算手法を紹介していく。

　なお、実際に各章の分析を実行する際に必要となるコードの入手方法につい

ては、付録 A にまとめてある。科学技術計算の基礎を支える数学はそれ自体が
一大分野として発展しているが、それらを包括的に解説することは筆者らの力
量を超えることになる。しかし、基本的な概念については知っておく必要があ
るため、付録 B でいくつかの重要な理論・アルゴリズムについて、簡潔に説明
を加えた。付録 C では、不確実性が入った動学モデルを解く際に必要になる確
率過程の近似方法を手短に解説している。

■ **読み進める際の注意**　各章において、初めて読むときには飛ばして読んでも
問題ない節・項には ♣ の印がついている。

1.6　どのプログラミング言語を使うべきか？

> コンピュータを実際に使わずに科学技術演算の本を読むのは、厨房に入る
> ことなく料理のレシピ本を読むくらい馬鹿げている。
>
> (Marimon and Scott (1999), p.2 より筆者訳)

　本書は、数値計算手法や実際のアルゴリズムについて説明をしているが、具体
的なプログラムの書き方については紙面では一切説明していない。しかし、マ
クロ経済学・ミクロ経済学を学習する際に計算結果を逐一自分で確認しながら
理解をしていったように、数値計算もコンピュータ上で自分で手を動かしてみ
ないと身に付かない。

　実際に多くの読者が関心があるのは、たとえば「財政・金融政策が GDP に
与えるインパクトの大きさ」といった数値結果を自力で計算することであろう。
そのためには、コンピュータとソフトウェアを自分で用意して（あるいは学校
や職場のコンピュータを利用して）、手を動かして試行錯誤をしながら学んでい
く必要がある。プログラミングはまさに「習うより慣れよ」の世界である。

　ここに、数値計算を学習する際のハードルがある。実際に数値計算を学ぶた
めに何を準備すればよいのだろうか。Excel などの表計算ソフトでは力不足な
ので、自力でプログラミングができる環境を揃えなければならない。高額なソ
フトウェアが必要になるのではないかという不安を持つ人も多いかもしれない。

　確かに、専門家が使う数値計算用のソフトウェアやライブラリ（パッケージ）と呼ばれる便利なツールのなかには数十万円するものもあるし、スーパーコンピュータを利用するにもお金がかかる。しかし幸いなことに、数値計算のコミュニティ（あるいはプログラマのコミュニティ）のなかには、皆が使うソフトウェアはタダであるべきだという信念・哲学のもとで、ボランティアで開発を進めて公開している人たちがいる[9]。フリーだから商用ソフトウェアより劣っているとは必ずしも限らない。たとえば、最近流行している**機械学習**（machine learning）や**深層学習**（deep learning）を用いる人工知能の分野では、Python というプログラミング言語がよく用いられているが、Python 本体と機械学習に用いられる TensorFlow のようなライブラリはフリーである。また、有料のソフトでも学生向けに安価なバージョンが提供されていたり、大学に設置されたパソコンにすでにインストールされているプログラミング言語もある。まずは、自分が数値計算を学習するための環境を整えよう。

　本書は特定の言語の仕様を説明するテキストではないので、1 つの言語に限定した説明の仕方はしていない。実際、我々も必要に応じて言語を使い分けている。これは計算速度と書きやすさのトレードオフがあるためである。本書では、Julia や Python、MATLAB に加えて、必要に応じて Fortran を組み合わせて使用している。本書で教育目的で使用したソースコードについては、付録 A で詳細に説明しているように、原則としてすべて本書の GitHub リポジトリで公開している[10]。ぜひ、読者自身で数値計算結果を再現したり、実際に手を動かしてコードを書き換えてみてほしい。なお、もしすでに何らかのプログラミング言語に習熟しているのであれば、必要が生じない限り、そのまま「お気に入り」の言語を使っていけばよい。以下では、まったくの未経験で何から手を付けたらよいかわからないという読者のために、いくつかお勧めのプログラ

---

9) 彼らの活動に共感をした人は開発を援助するために募金をする（コーヒーを奢るというオプションもある！）こともできるし、自分がある程度プログラミングに習熟してきたら、開発メンバーに加わることもできる。

10) 現在進行形で研究に使用しているコードについてはその限りではないが、公開可能になったら GitHub（https://quant-macro-book.github.io）や筆者らのホームページで随時追加していきたい。

表 1.1 数値計算速度の比較

プログラミング言語	バージョン/コンパイラ	時間（秒）	相対時間
C++	GCC-7.3.0	1.60	1.00
	Intel C++ 18.0.2	1.67	1.04
Fortran	GCC-7.3.0	1.61	1.01
	Intel Fortran 18.0.2	1.74	1.09
Julia	0.7.0	2.35	1.47
MATLAB	2018a	4.80	3.00
Python	CPython 3.6.4	166.75	104.22
R	3.4.3	57.06	35.66
MATLAB, Mex	2018a	2.01	1.26
Python	Numba 0.37.9	2.31	1.44
	Cython	2.13	1.33

（出所） Aruoba and Fernández-Villaverde (2018) の表 1 より。

ミング言語を紹介しておこう[11]。

　「そんなマニアックな論文があるのか」と驚かれるかもしれないが、Aruoba and Fernández-Villaverde (2015) は、ベンチマーク・モデルである確率的新古典派成長モデル（前出のピザの生地！）を同じ数値計算手法で解くことによって、プログラミング言語間の純粋な計算速度の比較を行っている。表 1.1 はその結果の一部を抜粋したもので、「時間（秒）」と書かれた列がそれぞれの言語を実行した際に実際に計算にかかった時間である。実行速度自体はコードを動かすコンピュータの性能によって変わってくるが、重要なのはその隣の「相対時間」である。見てのとおり、同じモデルを同じ手法で解いた場合でも、数倍から 100 倍強もの差があることに驚かされる。

　では一番計算速度が早い言語を身に付ければよいかといえば、そこまで話は単純ではない。表 1.1 が示すとおり、C++や Fortran といった言語は計算速度で大きなアドバンテージがある[12]。一方で、C++はここで挙げられている言

----

11) GitHub 上に簡易的なインストールマニュアルへのリンクを掲載しているので、そちらも参考にしてほしい。

12) 筆者らが学術論文で大型のモデルを解く場合には、Fortran や Julia を使用することが多い。

語のなかで最も習得難易度が高く、プログラムを書くのにも手間がかかる。数値計算を実際に行う際には、一瞬で計算結果が得られる場合もあれば、一晩中ずっとコンピュータを動かし続けなければならないような複雑なモデルを解く場合もある。前者のようなシンプルなモデルを解きたいのであれば、敷居が高いC++などを使う必要はなく、もっと書きやすい言語を選択すべきである。一方、後者であればより高速な言語を学習する必要性は高まる。ただし、初学者がいきなり複雑なモデルにチャレンジするのは無謀であるし、定量的マクロ経済学のおもしろさと関係がないプログラミング言語の習得で挫折してしまうのは本末転倒なので、習得が容易なJulia、Python、MATLABあたりから入門するのがお勧めである。

　C++やFortranを利用してみたいという人は中・上級者であると考えられるので、ここでは割愛し、初心者が取り組みやすいプログラミング言語を簡単に紹介していこう。

■ MATLAB　MathWorks社が開発したMATLABは、学習の容易さやユーザインターフェイスの使いやすさなど、有料ではあるが、その分だけ完成度の高いソフトウェアである。日本だけでなく世界中で多くのマクロ経済学者が利用しているため、実際に研究で使用されたコードをネットから入手しやすいといった利便性も高い。安価な学生版も提供されている。MATLABとほぼ同等の機能をフリーで利用できるScilabやOctaveも有用である（こういったソフトウェアは「MATLABクローン」と呼ばれる）。ただし、これらはMATLABと完全互換を保証しているわけではない。なお、数値計算の代表的なテキストの1つであるMiranda and Fackler (2004) は、完全にMATLABに準拠した形で説明をしている。

■ Python　フリーですべての開発環境を揃えたいのであれば、プログラミング言語のなかでも人気のあるPythonを使うのもお勧めである。ただし、Pythonは MATLABとは異なり、数値計算やシミュレーション分析に特化した言語ではない。ウェブアプリの作成などにも使える汎用性がある一方で、たとえば逆行列を計算するといった機能はデフォルトで備わっておらず、必要に応じてライブラリを追加しないといけない。

インストール方法と環境構築

　それぞれの言語についてインストール方法を丁寧に説明をすると、それだけで数十ページになってしまうため、本書のなかではインストール方法や環境構築の詳細は一切説明していない。付録 A で紹介している GitHub 上のリンク先に、各言語で必要になるソフトウェアのインストールから環境構築の方法までを簡単にまとめているので、ぜひ参考にしてほしい。

　数値計算目的であれば、Python に科学技術計算用のライブラリ、データ分析ツールなどがセットになった Anaconda をインストールすれば、必要なものは一通り揃うのでお勧めである。ただし、実際にプログラミングをする際には、MATLAB のようにインストールをするだけで至れり尽くせりな環境を用意してくれるわけではないので、プログラミングをする際に補助してくれるツールなどを自分に合わせて、組み合わせて導入する必要がある（環境構築と呼ばれる）。たとえば、PyCharm や Visual Studio Code といった GUI インターフェースを備えたソフトウェア（こちらもフリー）をインストールして設定をすれば、MATLAB のように快適に数値計算を行う開発環境が整備できるだろう。

　トーマス・サージェント（Thomas Sargent）教授とジョン・スタハースキ（John Stachurski）教授がウェブ上で数値計算講義を行っている QuantEcon は、Python と次に紹介する Julia をメインに使っている。また、クリストファー・キャロル（Christopher Carroll）教授が中心となった異質な経済主体モデルを解くためのコードやマテリアルを提供するサイト Econ-Ark や、NumEconCopenhagen という数値計算学習サイトでも、Python が使われている[13]。

■ Julia　Julia というプログラミング言語はなじみがないかもしれないが、主に科学技術計算をターゲットとした新しい言語である。マサチューセッツ工科

---

13) 各サイトの URL は以下のとおり：

- QuantEcon (https://quantecon.org/lectures/)
- Econ-Ark (https://econ-ark.org/)
- NumEconCopenhagen (https://numeconcopenhagen.netlify.app/)

なぜ〇〇言語に固定しなかったのか？

　読者のなかには何か特定の言語に絞って、インストール方法からコードの解説までを一通りやってほしいと思う人もいるかもしれない。実際、本書の前身である『経済セミナー』連載時は、原則として MATLAB を使っていた。本書でMATLAB（あるいは別の言語）に限定しなかったのには理由がある。

　第 1 に本書で解説する数値計算手法はどの言語を使っても同じように習得することができるので、言語を限定する必要性はない。

　第 2 に有料のソフトウェアはどうしても敷居が高くなる。学生版であれば安価、あるいは学校であればタダで使えるといっても、自宅でタダで使いたい放題の魅力には勝てないかもしれない*)。

　第 3 にプログラミング言語には流行り廃りが存在する。我々の好みを押し付けるよりも、汎用的な知識・技術を身に付けたほうが有益である。

　第 4 にプログラミング言語は得手不得手があるので、使い道に応じて使い分けをしたほうがよい場合がある。「1 つの言語を習得するだけでも大変なのに複数なんて」と思うかもしれないが、1 つの言語をしっかり身に付けていれば、他の言語を学習するコストは大幅に低下する。特に、MATLAB、Python、Julia はコードの文法や使い心地が似ているので、どれか 1 つをしっかり身に付ければ他の言語に引っ越しする、あるいは使い分けるのは、そこまで大変ではない**)。ただし、たとえば Python では配列のインデックスが 0 から始まるなど、それぞれの言語にはクセが存在する。

－－－－－－－－－－－－－－－－－－－－－－－－－－－－－－－－－－－

*) とはいえ、MATLAB は多くの研究者が今も使っている言語である。

**) MATLAB、Python、Julia の類似性・相違点を知りたい場合、以下のサイトが参考になる：QuantEcon「MATLAB-Python-Julia cheatsheet」(https://cheatsheets. quantecon.org/)。

大学（MIT）の研究者たちが中心になって開発したもので、MIT のコンピューテーションの入門講座でも採用されている。後発なので前述の開発環境や便利なツール、パッケージの充実度といった面では Python と比較してまだまだな部分もあるが、2018 年のバージョン 1.0 リリース以降は完成度が高まってきている。前掲の表 1.1 に示したように計算速度に優れており、学習難易度も MATLABや Python と同程度であり、直観的に記述しやすい（たとえば、数学的な記述をそのままコードとして表現しやすい）といった特徴がある。また、後発の強みとして、Python や R との接続を意識した仕様になっている。

■ R　統計分析を行った経験がある読者であれば、R を使ったことがあるかもしれない。R は統計処理に優れている一方、前掲の表 1.1 のとおり、数値計算を行う場合には計算速度の面で他言語に劣る。しかし、入門レベルであればそれほど問題にならないはずなので、すでに統計学・計量経済学などで R を使っていてその使い心地が気に入っているのであれば、ひとまず R を使い続けても大丈夫である。計算速度に不満を感じたら、そのときに別の言語への引っ越しを考えよう。

1.7 ♣計算誤差は必ず存在する

　本節と次の 1.8 節の内容は初学者が最初に学習すべき内容のレベルを超えているため、始めは飛ばす、あるいは流し読みでかまわない。しかし、数値計算を用いた定量分析を本格的に行うのであれば、本節で説明する**計算誤差**（computational error）については、一通りの知識を持っておいたほうがよいだろう。

　数値計算やシミュレーションには、必ず誤差が存在する。そもそも現実経済を描写するためにモデルを使っている時点で、現実の様々な側面を捨象しているわけではあるが、数値計算における誤差は経済学におけるモデル化とは別の次元で間違いをもたらしうる。

　ひょっとしたら、コンピュータは我々が入力を間違えさえしなければ、必ず "正しい" 答えを返してくれるものであると考えている人もいるかもしれない。しかし、それは間違いである。

　通常の計算において我々が扱うのは、多くの場合、**実数**（real numbers）あるいは**整数**（integer）である。MATLAB やおなじみの Excel のように、意識的に両者を使い分けなくてもそれほど問題ない言語もある。しかし、コンピュータの性質上、整数と小数点を含む値（**浮動小数点数**〔floating point number〕と呼ぶ）は異なるものとして扱われている。そのため、多くのプログラミング言語では整数と浮動小数点数は明確に別の型として区別して取り扱われており、場合によっては両者を混同するとエラーを引き起こす。

　そもそも、コンピュータはその性質上、実数を完全には取り扱うことができない。たとえば、円周率 $\pi = 3.1415...$ は無理数であり、... の部分は無限に続く

が、コンピュータで扱えるものはすべて有限なので、必ずどこかで数字を打ち切っている。コンピュータで小数点のどこまでの桁が正確な値なのかを表す言葉として、**有効桁数**という概念がある[14]。$\frac{1}{3} = 0.333...$ も同様である。$\frac{1}{3} \times 3$ が1であるのは小学生でも知っていることだが、コンピュータが $\frac{1}{3}$ を正確に表現できないのであれば、その値を3倍しても厳密に1には戻らないことになる[15]。

無理数がコンピュータで正確に表現できないというのは、コンピュータの仕組みからすれば驚きではない。しかし、実はコンピュータは、たとえば 0.2 という何の変哲もない数字も正確に表現できない。コンピュータの構造やメモリ上の表現の仕組みに関わることなので正確に理解したい人は矢沢 (2021) などのコンピュータ関連の書籍を参照してほしいが、直観的には次のとおりである。コンピュータ上のあらゆる情報は0と1の組み合わせ（2進法）で表現される。そして、2進法表記で小数点を表そうとすると、厳密に 0.2 を表現することができないため近似値を使うのである。

このようなコンピュータの仕組みから生じる誤差が我々が分析したい経済モデルの結果に影響を与えることはめったにないが、絶対に起こりえないというわけではない。そのため、コンピュータにおける誤差の存在について、一通りの知識を持っておいたほうがトラブルを回避するのに有用であろう[16]。コンピュータの仕組みによって、以下のような誤差が生じうる。

(1) **丸め誤差**（rounding error）：上記のとおり、コンピュータは $\frac{1}{3}$ を厳密には表現できない。0.333... が無限に続くからである。言い換えるとコンピュータはどこかで ... 部分を丸めてしまっているのである。これを丸め誤差と呼ぶ。

(2) **打ち切り誤差**（truncation error）：コンピュータが取り扱うことがで

---

14) 単精度 (single precision) だと 8 桁、倍精度 (double precision) だと 16 桁になる。MATLAB や多くの統計ソフトでは、倍精度が標準となっている場合が多い。

15) この問題は $\frac{1}{3}$ を小数点で表記することから生じている。有理数演算と呼ばれる計算方法だと $\frac{1}{3}$ は整数同士の比として有理数で表現できるため、小数点計算に伴う計算誤差の問題を回避できる。ただし、あらゆる実数が有理数として表現できるわけではないため、有理数演算ではたとえば円周率は表現できない点に注意する必要がある。

16) ただし、初学者が細かい点にまで気を配るのは難しいし、経済学の本質を見失いかねないので、最初は神経質になる必要はない。

きる数値には上限と下限が存在している。また、桁数の表現にも限
界がある。たとえば、とても大きい数値（例：1234567890123456789）
にとても小さい数値（例：0.000000000000000001）を足すと本来は
1234567890123456789.000000000000000001 になるはずだが、コンピ
ュータが表現できる桁数を超えてしまっている場合、小数点以下の小さ
い数字が打ち切られてゼロ扱いされてしまうことがある。これが打ち切
り誤差である。数値を足し合わせる場合は小さい値から順番に足し合わ
せていったほうがこの問題を避けやすくなるが、完全に解決できるわけ
ではなく、桁が大きい数値と小さい数値が混在した計算には注意が必要
である。

　打ち切り誤差について、クアルテローニ他（2014）がおもしろい
例を挙げている。$\frac{(1+x)-1}{x}$ は 1 であるが、x に小さい値（たとえば、
0.000000000000001）を代入した場合、計算結果が 10% 以上ズレる。こ
の結果は簡単に再現できるので、自分が使っている言語で試してみてほ
しい。

(3) **数学的打ち切り**（mathematical truncation）：経済学では無限期間の計
　　算や、極限をとるなどといった計算が必要になる場合もあるが、数値計
　　算上は有限回の計算で近似することになる。これを、数学的打ち切りと
　　呼ぶ。

　上記とは別に、コンピュータ科学者であるアレン・ダウニー（Allen B. Downey）
氏は Downey（2015）のなかでプログラミングの際に下記の 3 つのエラーにも
注意をするように促している。

(1) **シンタックス・エラー**（syntax error）：多くの初学者がプログラミングを
　　する際に最初に直面するのが、シンタックス・エラーである。要はコード
　　の書き間違えである。たとえば、function と書くべきところを funtcion
　　と書き間違えるとコードは動かなくなる。初心者が最初に思い浮かべる
　　プログラミングの難しさは、様々なコマンドを覚えなければならないと
　　いうものだと思われる。確かにコードをタイプミスするとプログラムは
　　動かないが、このタイプのエラーはコードを書いているうちに自然と改
　　善するし、エディタの機能などで比較的容易に回避可能でもあるので、実

は初心者が心配するほど大きな問題ではない。

(2) **ランタイム・エラー**（runtime error）：次につまずくのが、プログラムは
動いたのに途中で止まってしまったという場合である。たとえば、ある
数値をゼロで割ったり、自然対数の値にうっかり負の値を入れてしまっ
たりした場合、プログラムの文法上は問題がなくても実際には計算が不
可能なため、実行がストップしてしまう。こういったエラーを未然に防
ぐためには、アルゴリズムを正確に理解して、自分が何をどのような手
順で計算しているのかをしっかり確認したうえで、あらかじめそうなら
ない（たとえば、ゼロ割が生じない）ようにする必要がある。

(3) **セマンティック・エラー**（semantic error）：最後のエラーはセマンティッ
ク・エラーである。プログラムを学び始めたばかりの人からするとプロ
グラミング言語の習得の壁として思いつくのは前者の 2 つのイメージか
もしれない。しかし、これらは少し時間をかけてしっかり（多くの場合
英語で書かれた）エラーメッセージを読んで、ネット検索や AI の補助
などを駆使すれば、たいていの場合は解決できる。ところが、きちんと
モデルを計算したはずなのに何か計算結果がおかしい、収束するはずな
のにそうならない、といったことがある。それは、モデル化やアルゴリ
ズムそのものに問題がある場合である。場合によっては、自分の経済学
的直観のほうが間違っていて、数値計算結果がそれを正してくれる場合
もあるかもしれない。経済学を学ぶ人たちが最終的に最も時間と労力を
かけて立ち向かうべき問題は、ここであろう。

　数値計算誤差は、コンピュータで計算をする限りにおいて常に存在している。
これは数値計算やシミュレーション分野に限ったことではなく、Excel で計算
を行う際にも実際に起こっていることである。汎用的な表計算ソフトや商用の
統計ソフトであれば、専門家が背後でしっかりと問題に対応してくれているた
め、実用上の問題は（ほとんど）ない。しかし、自らプログラムを書く立場に
なると、自分自身でそういった問題を気にかけながらプログラミングをする必
要が出てくる可能性がある。こういった事例の多くは、実際に数値計算をする
場合には、結果に影響を与えるほどの問題にはならないので、初学者は安心し
てほしい。とはいえ、数値計算の専門家を目指すのであれば、あるいは複雑な

> **実際に手を動かして確認してみよう**
>
> 　Github 上で公開している Jupyter Notebook で、数値計算に伴う誤差の事例を紹介している。実際にダウンロードをして、自身で手を動かして確認してみてほしい。

モデルを高度な数値計算手法を用いて長時間かけて解くのであれば、数値計算誤差やコンピュータの仕組みに関する理解を深めることは大切になってくる。

1.8 ♣ 数値計算誤差を経済理論的に解釈する

　経済学において数値計算を広めることに大きな貢献をした初期の代表的テキストは、Judd (1998) であろう。まだ経済学において数値計算の使い方が広く浸透していなかった時期に書かれたテキストのため、ケネス・ジャッド（Kenneth L. Judd）教授は第 1 章で、経済学におけるコンピューテーションの役割はいかにあるべきかについてかなり紙面を割いて説明をしている。また、理論とコンピューテーションによる推論のあり方や使い分けについても、アインシュタインを引用したりしながら、詳細な議論を展開している。もし同じ教科書を現在書くとしたら、そのような議論にわざわざ紙面を割く必要はなかったのではないだろうか。Judd (1998) が公刊された当初は、数値計算というアプローチそのものに批判的な意見もあり、そういった意見に対する反論をして、有用性を認めさせる必要があったという時代背景が読み取れる。前述の Bona and Santos (1997) も同様に、経済理論に数値計算を持ち込むことへの批判に対して積極的に反論を展開した論文である。

　幸いにして Judd (1998) 以降、数値計算は経済学の様々な分野で市民権を得たといってよいだろう。本書を手に取ってくれた読者は、数値計算が多少なりとも経済学にとって重要である、あるいは必要であると考えているのではないかと思う。それは、先達による啓蒙活動の努力が結実したといってよい。すでに数値計算が市民権を得ているのであれば、数値計算と経済理論がどのような関係性にあるべきかという分析手法に関する哲学的な議論を展開する必要はな

図 1.1　真の均衡と近似計算から得られた均衡

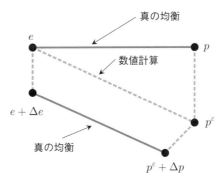

（出所）Kubler and Schmedders (2005) の図 2 より。

いかもしれない。しかし、これは数値計算に限らず経済学全般にも当てはまることであるが、分析結果をどのように理解・解釈すべきかについて深く考えることは時に重要である。

　前述のとおり、コンピュータ上で再現された経済モデルは計算誤差があるためあくまで近似解であり、数式上で展開されたモデルと厳密には異なる。たいていの場合、一定の誤差の可能性を認識しつつ、数値計算結果の数字で分析結果を判断しても問題はない。しかし、常に問題がないわけではない。Kubler and Schmedders (2005) は、近似的に得られた解が**真の均衡**（exact equilibria）から大幅に離れている場合がありうることを例を用いて示した。彼らの議論の直観的なイメージは次のとおりである。

　今、需要関数と供給関数をそれぞれ $D(p)$、$S(p)$ と書くことにして、超過需要関数を $\xi(p) \equiv D(p) - S(p)$ と定義する。p は価格である。市場均衡は需要と供給が一致するところであるから、均衡価格 p^* のもとで、$\xi(p^*) = 0$ が成立している。数値計算ではぴったり 0 になる値をみつけるのは困難なので、十分に小さい ε について、$\|\xi(\tilde{p})\| < \varepsilon$ となる $\tilde{p}$ を近似的に市場均衡価格とみなすことになる。しかし、$\tilde{p}$ のもとで超過需要が十分に 0 に近いからといって、近似解 $\tilde{p}$ と真の解 p^* が十分に近い（$\|\tilde{p} - p^*\| < \varepsilon$）とは限らない。

　図 1.1 は、その関係性を示したものである。ある外生的なパラメータで構成されている経済 e に対応する均衡価格が p であったとしよう。しかし、数値計

算では均衡価格 p ではなく p^ε を近似解として計算してしまった。一方で、異なるパラメータで構成された別の経済 $e + \Delta e$ に対応する真の均衡価格が $p^\varepsilon + \Delta p$ だったときに、Kubler and Schmedders (2005) は近似解をもともとの経済 e から少しズレた（パラメータが異なる）経済 $e + \Delta e$ と関連付けて解釈する方法を提案している。

　実際に数値計算分析を行う際には、真の均衡がわからないまま、近似解を計算することが多い。そのため、手元に得られた計算結果がモデルの真の解をどの程度うまく近似しているかを厳密に確認することは難しい。本書では折に触れて計算精度の確認方法についても言及していく。

　といっても、数値計算誤差の議論と同様に、ほとんどの場合にはこういった細かい点は気にとめなくてもさほど問題にはならない。しかし、数値計算によるアプローチが現実経済のどのような側面をどの程度正確に表現できているのかをしっかりと把握する努力は、決して無駄にはならない。また、モデル上、均衡が複数存在する可能性があるが、数値計算で発見した解がそれらのうちのどの解なのかをしっかり理解しないまま分析をしてしまうと、間違いにつながるかもしれない。数値計算は常に厳密な経済理論に基づいている必要があるのである。

1.9 まずは手を動かそう！

　MATLAB を除けば、本章で紹介したすべてのソフトウェアはフリーなので、まずは試しにいろいろとインストールをしてみてほしい。気に入らなければアンインストールをしてしまえばよいのである。繰り返しになるが、プログラミングは「習うより慣れよ」なので、自分の手を動かして試しながら学習していくのが上達への近道である。何らかのプログラミング言語のインストールが終了したら、本書を傍らにいよいよ手を動かしてマクロ経済モデルを解いていこう。

第 **2** 章

2期間モデル・3期間モデルと数値計算の概観

2.1 何がどこで必要なのかを理解しよう

　まずはシンプルな2期間モデルを用いて、数値計算手法の基本的な使い方のイメージをつかもう。もちろん、最終目標は最先端の研究で用いられる複雑なモデルを自力で解くことであるが、そのようなモデルであっても、多くの場合、基本的な考え方は本章の発展である[1]。

　実際にモデルを解く際に適用できる手法は1つとは限らない。たとえば、代表的なマクロ経済モデルである実物的景気循環（RBC）モデルやニューケインジアン・モデル、世代重複（OLG）モデルに共通の基礎となる個人・企業の最適化問題を解く場合も、様々な数値計算手法が存在する。1つの方法しか知らなければ、その方法で解ける範囲で問題を考えてしまいがちであるが、本来関心があるのは経済問題であって、分析ツールに対する知識の有無が経済分析の制約になるのは好ましくない。そのため本章では、同じモデルを解くためのアプローチをいくつか紹介しながら、同時に数値計算的な発想や特有の専門用語について解説していこう。

---

1) 本章で用いるのはシンプルな2期間あるいは3期間の消費・貯蓄モデルであるが、2期間モデルを多期間に延長していき、その極限である無限期間となったものが現在のマクロ経済学でベンチマークとなっている新古典派成長モデルである。新古典派成長モデルについては、第3章で詳細に説明する。

数値計算で使われる数学や発想の仕方は、それ自体が大学院のコースワークで学ぶ上級マクロ経済学、上級ミクロ経済学で使われるものと比べて難しいわけではない。しかしなじみがない単語・専門用語が多いせいか、敷居が高いと思われるようである。たとえば、経済学における数値計算の教科書として代表的な Judd (1998) は、第 4 章で**最適化（optimization）**について説明して、第 5 章で**非線形方程式（nonlinear equations）の解法**、第 6 章で関数の**近似法（approximation methods）**、第 7 章で**数値積分と数値微分（numerical integration and differentiation）**を解説するという手順で進んでいく。本章を読み通した後であれば、こういった知識が実際に数値計算を行ううえで重要であり、必要に応じてしっかりと理解しなければいけないということにも納得できるはずである。しかし、どれがいつ何の役に立つのかを知らないまま、ただ「数値計算分野でよく使われる重要な手法だから」という理由でその数学的性質を学習していっても、ほとんどの人は勉強のモチベーションを保てないのではないだろうか。そこで本章では、実際に簡単な経済モデルを解きながら、各ツールに関する知識が「どこで、なぜ必要になってくるのか」について解説を加えていく。言い換えると、ここでの目的はマクロ経済学における数値計算の使い方の大まかなイメージをつかむことにある。

2.2 ベンチマーク・モデルとカリブレーション

2.2.1 ベンチマーク・モデル： 2 期間モデル

ある経済主体の人生全体での消費・貯蓄行動をモデル化してみよう[2]。経済主体の人生を 2 期間に分けて、前半を若年期 (第 1 期)、後半を老年期 (第 2 期) と呼ぶことにする。彼・彼女は若年期には働いて所得 w を稼得する。所得を若年期の消費 c_1 に充てるか、老後のための貯蓄 a としてとっておくかに関する意思決定問題を考える。そのため、彼・彼女の若年期の予算制約は

----

[2] 本モデルは世代重複モデルにおける各世代の最適化問題と同じである。世代重複モデルの数値計算については、第 6 章で詳しく解説をする。また、世代重複モデルの理論的な性質については、たとえば Blanchard and Fischer (1989) や Bewley (2007)、Tvede (2010) などを参照。

$$c_1 + a = w \tag{2.1}$$

となる。

　老年期になると働くことはできないため、若年期に蓄積した資産に頼って生活する。若年期に貯蓄した資産には r の金利が付くため、老年期の期初に資産を $(1+r)a$ だけ保有していることになる。老年期の期末に経済主体は必ず死亡し、遺産動機はないとする[3]。そうすると、老年期には持っている全財産を消費に回すことが最適になるため、老年期の予算制約は

$$c_2 = (1+r)a \tag{2.2}$$

となる。

　経済主体は人生全体の効用を最大化するように消費と貯蓄を選択する。すなわち、彼・彼女の目的は、予算制約 (2.1) 式、(2.2) 式のもとで生涯全体の効用水準、

$$U(c_1, c_2) = u(c_1) + \beta u(c_2)$$

を最大にする消費・貯蓄を行うことである。ただし、将来の消費から得られる効用については $\beta > 0$ で割り引くものとする。β は**割引因子**（discount factor）と呼ばれている。なお、無限期間の将来を考えるのであれば、無限期間の効用の和を計算する必要があるため、文字どおり将来を割り引く（すなわち、$\beta < 1$）必要があるが、有限期間であれば割引因子が 1 を超えていて、現在よりも将来の効用を重視していても問題はない。

　効用関数が $u'(c) > 0$ および $u''(c) < 0$ を満たす場合、経済主体は若年期と老年期で極端に消費水準が変動することを嫌い、**消費の平準化**（consumption smoothing）を望む。その結果、経済主体は若年期の消費から得られる限界効用 $u'(c_1)$ と、若年期の貯蓄による老年期の追加的消費から得られる限界効用の割引現在価値 $(1+r)\beta u'(c_2)$ が一致するように、消費を決定する。

$$u'(c_1) = \beta(1+r)u'(c_2) \tag{2.3}$$

---

3) 子どもの効用水準が自身の効用に影響を与える場合、遺産動機が発生する。そのようなモデルは**王朝**（dynasty）モデルと呼ばれ、無限期間生きる代表的個人モデルの意思決定と一致することが、Barro (1974) によって知られている。

(2.3) 式は、オイラー方程式と呼ばれている。

さて、このシンプルな 2 期間モデルをどうやって解けばよいのであろうか。実際に数値計算手法を説明する前に、何をもってこのモデルを「解いた」というべきなのかについて、確認しておこう。我々が知りたいのは、この経済主体が若年期と老年期にどれだけ消費をして、どれだけ貯蓄をするかである。すなわち、ある所得 w のもとで個人の貯蓄関数

$$a = g(w)$$

を導出したい[4]。

2.2.2 カリブレーション

2 期間モデルは学部生レベルのマクロ経済学の教科書にも載っている基本的なモデルであるが、このままでは数値計算をすることはできない[5]。というのも、効用関数 $u(c)$ という表現は抽象的で、コンピュータには理解できないからである。そこで効用関数を「特定化」する必要がある。効用関数がどのような形状をしているかは消費者行動を理解するうえで大事なトピックであり、場合によっては政策の効果を左右するほど重要であるが、ここではその点に深入りせず、マクロ経済学で頻繁に使われる**相対的リスク回避度一定**（constant relative risk aversion: CRRA）型効用関数を仮定しよう。

$$u(c) = \frac{c^{1-\gamma}}{1-\gamma}$$

γ は（リスクが存在するモデルであれば）**相対的リスク回避度**（coefficient of relative risk aversion）であり、同時に**異時点間の代替の弾力性**（intertemporal elasticity of substitution）の逆数である（$1/\gamma$ が異時点間の代替の弾力性）。

関数型の特定化に加えてパラメータの選択（ここでは γ の値）にも同様に慎重に行う必要がある。第 1 章で説明したように、関数形を特定化してパラメー

---

4) ある所得 w のもとで個人の消費関数 $c = h(w)$ を計算しても同じ結果が得られる。

5) 2 期間モデルを用いたマクロ経済学の理解については、たとえば、バロー (2010) の第 7 章やウィリアムソン (2012) の第 6 章を参照。

タを定める一連の作業を、カリブレーションと呼んでいる[6]。

　実は、カリブレーションとは何かについて厳密に定義付けをするのは難しい。単純にモデルのパラメータを「適切」に設定することをすべてカリブレーションと呼ぶ人もいれば、よりデータに即した推定に近いアプローチのみをカリブレーションと呼ぶ人もいる。本章はあくまでシンプルなモデルから数値計算手法の概要を説明することを目的としているため、ここで使われているモデルは数値例の域を出ない。しかし、経済学的にまったく意味のないパラメータを使って議論しても生産的ではないので、以下では先行研究にならった値を使用する。

　それでは実際にどのようにパラメータを設定すればよいのかを考えていこう。ベンチマーク・モデルでは人生を 2 期間に分けているので、モデル上の 1 期間は 30 年と想定する。そのため、割引因子 β と金利 r は年率ではなく 30 年間の値を使う。今回は実際に 1 期間を 30 年でカリブレートしている Song et al. (2012) の値を借用しよう。割引因子は年率で $\beta = 0.985$ として、1 期間は 30 年なのでそれを 30 乗する（$\beta = 0.985^{30}$）。金利は年率で 2.5% と設定して、同様にモデルの 1 期間に合わせて 30 乗する（$1 + r = 1.025^{30}$）。相対的リスク回避度（異時点間の代替の弾力性の逆数）は議論が分かれる場合もあるが、こちらもよく使われる値である $\gamma = 2$ としておく[7]。本格的な研究であれば、割引因子 β を家計貯蓄率や資本産出比率のデータに基づいて設定したり、金利にはどの利子率を用いるべきかを悩んだりすることになる。たとえば、本書執筆中の 2024 年現在、日本の民間銀行に預けた際の預金金利は限りなく 0% に近いが、代表的な安全資産である国債の利回りはもう少し高い。また、多くのマクロ経済モデルでは貯蓄をした際の金利と資本からのリターンを同一のものとみ

----

6) カリブレーションとは何か、どうあるべきか、といった議論に関心がある読者は、Cooley and Prescott (1995) や Kydland and Prescott (1996)、Hansen and Heckman (1996)、Browning et al. (1999) を参照。

7) 割引因子 β や相対的リスク回避度 γ についてどの程度がもっともらしいかは、使うデータやモデルによっても変わってくる。たとえば、米国の家計のデータを用いて選好パラメータを推定した Gourinchas and Parker (2002) によると、β は 0.95～0.96 で、γ は 0.5～1.4 程度である。一方、異なるデータセットと異なるモデルを用いた French (2005) は、β が 0.98～1.04、γ は 3.3～7.7 程度と推定している。マクロデータを用いた推定とミクロデータを用いた推定で結果が大きく変わることもあり、どのパラメータを用いるべきかはモデルや分析対象によって大きく異なる。相対的リスク回避度と消費行動の関係性については、Attanasio (1999) が詳しい。

なしているが、マクロデータから得られる資本収益率はさらに高い。マクロ経済モデルにおけるカリブレーションについては、第II部の応用編でより実践的な議論をしていく。

2.2.3 解析解の性質

数値計算に入る前に、2期間モデルの解析解の性質を簡単に確認しておこう。今回のモデルくらいシンプルであれば貯蓄関数 $a = g(w)$ を手計算で導出することも可能である[8]。

$$a = \frac{w}{1 + (1+r)\{\beta(1+r)\}^{-1/\gamma}} \tag{2.4}$$

(2.4) 式が我々が本来知りたい真の貯蓄関数であり、若年期の所得 w に対して連続な線形の増加関数であることが読み取れる。すなわち、貯蓄関数の傾き（すなわち貯蓄性向）は $\frac{1}{1+(1+r)\{\beta(1+r)\}^{-1/\gamma}}$ であり、貯蓄性向は外生的に決定したパラメータのみによって決定する。

2.3 離散近似とグリッド

前置きが長くなったが、いよいよ数値計算にチャレンジしてみよう。経済数学を勉強した人であれば、**連続（continuum）** という概念になじみがあるはずである。我々が真に知りたいのは貯蓄関数 $a = g(w)$ であり、所得 w も資産 a も連続的に変化する。しかし、コンピュータは連続という概念をそのままの形では理解できない。そのため、数値計算においては、基本的に連続な変数を有限の N 個の点に**離散化（discretize）** して考える必要がある。

---

8) オイラー方程式 (2.3) に予算制約 (2.1) 式と (2.2) 式を代入して

$$(w - a)^{-\gamma} = (1+r)\beta((1+r)a)^{-\gamma}$$
$$(w - a) = \{(1+r)\beta\}^{-1/\gamma}((1+r)a)$$
$$w = [1 + \{(1+r)\beta\}^{-1/\gamma}(1+r)]a$$

より、(2.4) 式が得られる。

2.3.1　グリッド上で計算する

　若年期の所得 w がとりうる値は、$w_i \in \{w_1, \ldots, w_N\}$ の範囲にあるとしよう[9]。たとえば、若年期の所得は 0 円、100 万円、1000 万円、1 億円のいずれかである場合、

$$w_i \in \{0,\ 1,000,000,\ 10,000,000,\ 100,000,000\}$$

となる。言い換えると、若年期の所得に応じて 4 種類（$N = 4$）の経済主体が存在している状況である。この点の集まりを**グリッド**（grid）、あるいは**ノード**（node）と呼ぶ。また、それぞれの点は**グリッドポイント**（grid point）、あるいは**評価点**（evaluation point）と呼ばれている。もし知りたい経済主体の資産の種類が上記の 4 つだけとあらかじめわかっているのであれば、それぞれのタイプごとの最適消費・貯蓄を計算すればよいので手計算でもなんとかなる。

　しかし、一般的にはもっと様々なタイプの消費者が混在しているだろうし、我々が最終的に知りたいのは任意の所得水準のときの貯蓄ルールである。そこで、もっと稠密な所得タイプを想定して、

$$w_i \in \{0,\ 100,\ 200,\ \ldots,\ 300,000,000\}$$

と 3 億円まで 100 円刻みでグリッドをとったとしよう。これくらい所得の状態を細かくとれば、たとえば若年期の所得が 139,580,000 円である経済主体の最適な貯蓄額もわかる。基本的にはグリッドの刻みを細かくして数を増やしていけばいくほど、計算精度は高まると考えて差し支えない。しかし、グリッドの数を増やしていくにつれて計算時間は増大するし、所得が 139,580,000 円の経済主体と 139,590,000 円の経済主体の貯蓄額を別々に計算しても、ほとんど意味はないであろう。そのため、まずは自分たちが考えたいモデルにおける意思決定関数の定義域とそれを何個のグリッドで近似するかという問題を考える必要がある。

　どのようにグリッドをとると精度や計算速度の面で望ましいのかという点は、若干テクニカルになる（2.3.2 項で解説する）。とりあえず、本章では単純に若

---

[9] 繰り返しになるが、コンピュータは無限を扱えないので、$w \in [0, \infty)$ や $w \in (-\infty, \infty)$ のような範囲を取り扱うことはできず、定義域は必ず**有界**（finite）である必要がある。

表 2.1 グリッドのつくり方

	1	2	3	4	5	6	...	10	11
等分グリッド	0.0	0.1	0.2	0.3	0.4	0.5	...	0.9	1.0
指数グリッド	0.0	0.072	0.149	0.231	0.320	0.414	...	0.866	1.0
$\theta = 2$	0.0	0.010	0.040	0.090	0.160	0.250	...	0.810	1.0
$\theta = 4$	0.0	0.0001	0.0016	0.0081	0.026	0.066	...	0.656	1.0

年期の所得 w は $[0.1, 1]$ 区間の間に 0.1 刻みで 10 個の点

$$w_i \in \{0.1, 0.2, 0.3, ..., 1.0\}$$

として存在していると考えることにしよう。添字の i はグリッドの何番目の要素かを表している。なお、この問題では $w_i = 0$ を含めると若年期も老年期も消費ができなくなってしまうため、最小値は正値にする必要がある。

2.3.2 ♣ グリッドの効率的なつくり方

本項では、グリッドのつくり方について詳細に説明する。ややテクニカルな内容になるので、グリッドはとりあえず最小値 0.1 と最大値 1 を設定したうえで等分すると考えてここは読み飛ばし、後で戻ってきても差し支えない。

表 2.1 の 1 行目は $[0, 1]$ 区間を 11 個のグリッドに区切った場合の例である。幅が 0.1 で 0 から 1 まで等間隔で並んでいる。

しかし、必ずしもグリッドは等分である必要はない。たとえば、借入制約が存在するなどの理由でモデルに**屈折点（kink）**があることが事前にわかっている場合、その近辺にグリッドを多めに設定したほうが計算精度は高まる。表 2.1 の 2 行目の指数グリッドと書かれた行は、Carroll (2012) で用いられた MATLAB コードに従って、指数・対数関数を用いてグリッドを計算した場合である[10]。等分にグリッドをとった場合、資産 0.5 未満にはグリッドが 5 個しかないが、指数関数を用いた場合は 6 個存在していることがわかる。低資産層に分析の重点

---

10) 具体的な計算方法は以下のとおりである。まず、グリッドの最大値 w_{max} と最小値 w_{min} をそれぞれ $x_{max} = \log(1 + w_{max})$、$x_{min} = \log(1 + w_{min})$ と対数変換する。そのうえで、$\{x_{min}, ..., x_{max}\}$ を N 個の等間隔のグリッドに離散化して、最後にそれぞれのグリッド x_i を $w_i = \exp x_i - 1$ と再変換している。

> ### MATLAB/Julia/Python でグリッド作成
>
> 　ほとんどの言語では等間隔にグリッドを計算する場合、自力で計算をしなくて
> も、関数を呼び出すことで 1 行で計算が終わる。たとえば、区間 $[a,b]$ を n 個の
> 等分グリッドで区切る場合、次のように書けばよい[*]。
>
> - MATLAB：grid = linspace(a,b,n)
> - Julia：grid = LinRange(a,b,n)
> - Python：grid = np.linspace(a,b,n)
>
> ---
> [*] ただし、Python では NumPy というライブラリを呼び出して、事前に import numpy
> as np と書く必要がある。

を置きたい場合などは、このようにグリッドの計算方法を工夫したほうが若干
精度が高まる。また、本章で扱っているような消費行動モデルでは、第 3 章で
詳しく説明するように、限界効用が大きくなるゼロ近辺では数値計算の誤差が
大きくなりやすく、逆に高所得層の行動は線形に近いため、高所得層の行動を
記述するためのグリッドを節約しても差し支えない場合が多い。

　Maliar et al. (2010) は N 個のグリッドを生成する際に、

$$w_i = \left(\frac{i}{N}\right)^{\theta} w_{\max}$$

という式に当てはまる方法を提案している。こちらの場合はさらに極端で、表
2.1 の 4 行目のように $\theta = 4$ の場合には 6 個目のグリッドでも 0.066 で、小さ
な値にグリッドが集中している[11]。ゼロ近辺で消費者の行動が極端に変わりそ
うな場合には、このようなグリッドのほうが望ましい場合もある。

2.4 状態変数と制御変数がともに離散の場合：グリッドサーチ

　まずは、所得 w と資産 a がともに離散的な場合に 2 期間モデルを解く方

---
11) 表 2.1 では、$w_i = w_{\min} + \left(\frac{i-1}{N-1}\right)^{\theta}(w_{\max} - w_{\min})$ と変換して計算をしている。

法をみていこう。w だけでなく、a についても離散化をする。ただし、w_i と同じ $\{0.1, 0.2, 0.3, ..., 1.0\}$ としてしまうと、$w = 0.1$ で 1 期目の消費 $c_1 = w_i - a$ がゼロか負値しかとれず、最適貯蓄が存在しなくなるため、$a_j \in \{0.025, 0.05, 0.075, 0.1, ..., 1.0\}$ と 0.025 刻みで 40 個のグリッドをとることにする。

経済主体の生涯にわたる効用最大化問題は、各 w_i について、

$$\max_{a_j \in \{a_1, ..., a_J\}} \frac{[w_i - a_j]^{1-\gamma}}{1-\gamma} + \beta \frac{[(1+r)a_j]^{1-\gamma}}{1-\gamma} \tag{2.5}$$

と書き直すことができる。w_i と a_j 以外のパラメータについては、すでに値が定まっているので、w_i が与えられれば、そのもとでの最適な貯蓄額 a_j も定まる。

組み合わせの可能性は、所得 w_i と資産 a_j でそれぞれ 10 個と 40 個なので、400 通りになる。我々が知りたいのは経済主体の効用最大化問題の解なので、それぞれの w_i ごとに、40 種類の a_j の組み合わせでどれが生涯効用を最大にするのかを「総当たり」で計算してみればよい[12]。力技のように感じるかもしれないが、わずか 40 通りであれば、すべてのケースをとりあえず計算してみて、そのなかで効用が最大になる値はどれかを目で確認するのも不可能ではない[13]。

とはいえ、実際に最大値を目で見て探し出すのはやはり大変である。幸いコンピュータは総当たりや最大値がどこにあるかを探すといった単純作業は人間より得意であり、(2.5) 式をすべての組み合わせで計算したうえで最大となる値と場所を探せばよい[14]。

なお、第 3 章で勉強する動的計画法（DP）の言葉を使うと、最適化問題を解

---

12) 若年期の資産が少なく、老年期の資産が多いという組み合わせの場合、若年期の消費 $c_1 = w_i - a_j$ が負値になる可能性がある。負の消費量は通常、経済学において定義されず、たとえば対数型効用関数の場合には負値の対数なので計算もできない。そういう可能性を排除するために、理論上とりえない値については大きな負の効用を仮に与えることによって、結果的に選択されないようにしておくといった工夫が必要である。

13) 実はこの程度であれば Excel でも計算可能である。GitHub 上にある "2 期間モデルの解法.xlsx" は、実際にスプレッドシートを駆使してモデルの解を計算した結果である。

14) ベクトルあるいは配列（行列）の中から、どれが最大値なのか、最大値がどこにあるのかを探し出す関数は、あらゆるプログラミング言語に備わっている基本的な機能である。たとえば、MATLAB であれば max 関数を用いる。Julia は findmax が同様の計算をしてくれる。Python の場合、NumPy の argmax を用いれば最大値が存在している場所（何番目か）を探し出すことができる。

図 2.1　離散化による 2 期間モデルの解法

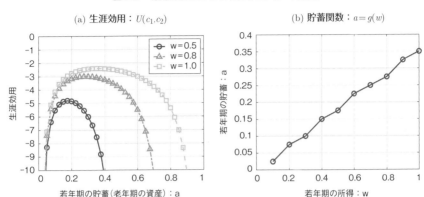

(a) 生涯効用：$U(c_1, c_2)$　　　　　　　　　(b) 貯蓄関数：$a = g(w)$

く際にすでに決まっている若年期の所得 w を**状態変数**（state variable）と呼び、意思決定において選択する若年期の貯蓄 a を**制御変数**（control variable）と呼ぶ。また、意思決定関数（ここでは貯蓄関数）を**政策関数**（policy function）と呼ぶ[15]。

図 2.1 (a) は、横軸に若年期の貯蓄（＝老年期の資産）$a = g(w)$ を、縦軸に生涯効用 $u(c_1) + \beta u(c_2)$ の値をとったものである。若年期の所得 w_i がそれぞれ 0.5、0.8、1 の場合に、老年期のための貯蓄として 0.025 から 1 までの値を仮にとったとしたら生涯効用はいくらになるのかをすべての組み合わせで計算している。たとえば、若年期に所得 $w_i = 0.5$ の経済主体が老後のための貯蓄として $a = 0.1$ を選択した場合、生涯効用を計算すると約 -5.53 となる[16]。貯蓄を増やして $a = 0.2$ とした場合、彼・彼女の生涯効用はおよそ -4.85 へと上昇する。生涯効用を最大にする貯蓄は山型のピークである $a = 0.175$ で、そのと

---

15) 政策関数という名称は経済政策と混乱しやすいが、必ずしも財政・金融政策などの政府の経済政策とは限らない。

16) 効用の値そのものに意味を与える立場を**基数的効用**（cardinal utility）、大小関係のみに注目する立場を**序数的効用**（ordinal utility）と呼ぶ。数値計算では実際に効用関数に数値を当てはめるため、効用の値も計算していることになるが、数値そのものに重要な意味を見出しているわけではない点に注意してほしい。なお、効用の値は関数型に応じて正値・負値のどちらもとりうる。6.4 節では効用の値で測った厚生便益・損失を消費支出額に変換する方法を紹介している。

きの生涯効用は約 -4.8 である。

　若年期の所得 w_i ごとに最適な貯蓄 a_j を計算していってつなげた組み合わせ が、図 2.1 (b) である。とりうる値がわずか 40 種類しかないため若干ガタガタ しているが、これが 2 期間モデルにおける貯蓄関数 $a = g(w_i)$ である。右上が りになっているため、若年期の所得額が多い人ほど、老年期に残す貯蓄額も増 えるという基本的な性質が読み取れる。なお、a のグリッドを増やすとスムー ズな直線になるので、自分でコードを書き直して試してみよう。

　状態変数と制御変数をともに離散化して、とりうる組み合わせすべてを計算 してみるというアプローチは原始的で単純すぎると感じるかもしれないが、実 は複雑な非線形モデルにも使えるため侮れない。たとえば、政策関数の形状や 性質すらよくわかっていないモデルを解く場合、とりあえず離散化をして、モ デルの性質を大雑把に把握してみること（たとえば、どこに屈折点があるかの 当たりを付けるなど）から理解を深めていくことも可能である。

　ただし、このアプローチは計算時間がかかる。状態変数の数が 2 種類になる と、最適な貯蓄を計算しなければならないグリッドポイントの数は 2 倍では なく 2 乗（たとえば、$10^2 = 100$ 通り）になる。3 種類の状態変数となれば、 $10^3 = 1000$ 通りとなってしまう。つまり、モデルを拡張して「若年期の所得水 準も 1 種類だけではなくもっと増やしたい」とか「教育水準の違いや性別の違 いも考慮したい」と若年期における状態変数を増やしていくと、計算時間は指 数的に増えていく。この性質を、**次元の呪い**（curse of dimensionality）と呼ぶ。 次元の呪いをいかにして緩和するかについては様々な工夫が提案されてきたも のの、基本的な性質として状態変数を増やせば増やすほど計算時間は指数的に 増えていくことは理解しておいてほしい[17]。そのため、いかにして現実的な計 算時間で複雑なモデルを高い精度で解くかについて、常に工夫が求められるの である。

---

17) 次元の呪いへの取り組みについては、たとえば Rust (1997) を参照。

2.5 制御変数を連続にする：最適化

　状態変数 w と制御変数 a をともに離散化して考えるアプローチは、モデルを拡張した場合に計算量が指数的に増加するうえ、離散化するグリッドの数を節約すると精度が非常に悪くなるという問題を抱えている。実際、真の解である (2.4) 式は線形なのに、貯蓄関数を描いた図 2.1 (b) は直線ではない。そこで、もう少し洗練されたアプローチを紹介しよう。状態変数 w についてはこれまで同様に離散化して考えるが、制御変数 a についてはグリッド上の値に限定せず、連続的な値をとることを認めることとする。

　2.4 節と同様に、経済主体の最適化問題は、

$$\max_a \frac{[w_i - a]^{1-\gamma}}{1-\gamma} + \beta \frac{[(1+r)a]^{1-\gamma}}{1-\gamma} \tag{2.6}$$

となるが、今度は制御変数 $a \in \mathbb{R}$ については任意の実数をとりうる[18]。

　では、どうやって (2.6) 式の解を得ればよいのであろうか。通常、数値計算ソフトには最適化と呼ばれるライブラリが存在していて、ある関数（とその関数のパラメータ）をインプットとして、その関数の最大値あるいは最小値を探してくれる[19]。(2.6) 式であれば、カリブレーションしたパラメータ $\{\beta, \gamma, r\}$ を所与として、各 $w_i \in \{w_1, ..., w_N\}$ のもとで、生涯効用の値とそのときの a の値をみつけ出してくれる。本来は、どのようなアルゴリズムで計算しているのかまったく理解していないブラックボックスのまま数値計算を行うのは望ましくないが、まずは使ってみよう。具体的なアルゴリズムは以下のとおりである。

■ アルゴリズム

1. カリブレーション　パラメータを設定する。

---

18) 若年期の効用 $u(w_i - a)$ は a について減少関数で、老年期における効用 $u((1+r)a)$ は a の増加関数なので、(2.6) 式は最大値を持つ。

19) MATLAB のように始めからパッケージとして含まれている場合もあるし、追加が必要になる場合もある。また、専門家が書いた最適化アルゴリズムをネットからダウンロードして利用することも可能である。

図 2.2 最適化アルゴリズムから導出した貯蓄関数

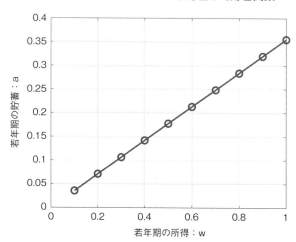

2. **グリッド生成** $w_i \in \{w_1, ..., w_N\}$ を離散化した若年期の所得とする。

3. **最適化** 各 w_i について、(2.6) 式を最大にするような a を探し出す。最大値を探すためには、各言語に備わっている（あるいは外部の）最適化関数を利用する（詳細は付録 B.2 を参照）。得られた各 w_i と a の組み合わせが貯蓄関数である。

　図 2.2 は実際に最適化関数を使って、各 w_i における最適な a を探してプロットした貯蓄関数である。前掲の図 2.1 (b) と比較してほしい。どちらも横軸に若年期の所得をとり、縦軸に若年期の貯蓄をとった貯蓄関数であるが、ガタガタしていた図 2.1(b) と違って図 2.2 はきれいな直線となっている。最適化を用いたアプローチも、若年期における所得 w はわずか 10 個の点しか計算していないが、制御変数 a がとりうる値を自由にすることによって、計算精度が大幅に改善された様子が見て取れる[20]。

　第 3 章で学ぶ動的計画法における価値関数反復法（VFI）は、基本的にこの考え方の延長線上にある。老年期における効用関数が価値関数に置き換わり、無

---

20) なお、MATLAB に組み込まれている fiminbnd と fminsearch という 2 種類の最適化関数を試してみたが、目に見える結果の違いはなく、どちらでも高い精度で計算できる。

限期間を取り扱うためもう少し洗練された数学が必要となるが、数値計算手法の基本的アプローチはここで学んだ方法を応用するだけである。

2.6　1 階条件を使う

2.6.1　非線形方程式のゼロ点を探す：求根アルゴリズム

ミクロ経済学をしっかり学んだ読者であれば、おなじみの 1 階条件 (2.3) 式を使って計算をしたくなる人もいるかもしれない。予算制約を代入した後の 2 期間モデルの 1 階条件は、

$$u'(w - a) = \beta(1 + r)u'((1 + r)a) \tag{2.7}$$

となる。すでに述べたように、マクロ経済学では異時点間の 1 階条件式をオイラー方程式と呼んでいる。

2.5 節と同様に、状態変数である w_i については離散化して考えよう。そうすると、

$$u'(\underbrace{w_i}_{\text{所与}} - \underbrace{a}_{\text{選択}}) = \underbrace{\beta(1 + r)}_{\text{パラメータ}}u'(\underbrace{(1 + r)}_{\text{パラメータ}}\underbrace{a}_{\text{選択}})$$

なので、結局のところ未知の変数は a のみである。(2.7) 式を、

$$R(w_i; a) \equiv \beta(1 + r)\frac{u'((1 + r)a)}{u'(w_i - a)} - 1 \tag{2.8}$$

と書き換えよう[21]。この変換によって、1 階条件を解くということは、ある w_i のもとで**残差関数**（residual function）$R(w_i; a)$ の**ゼロ点を探す問題**（root-finding problem；求根問題）に読み替えることができる。一般的に (2.8) 式のようなオイラー方程式を変換して得られた残差関数は複雑な形をした非線形方程式であ

---

21) オイラー方程式の左辺から右辺（あるいは右辺から左辺）を引くだけでも残差は計算できるが、比をとったのには次のような理由がある。皆さんは限界効用の値がどの程度の数値になるか、すぐに答えられるだろうか。あるいは、左辺と右辺の限界効用の差がどの程度小さければ十分に誤差は小さいといえるだろうか。経済統計であれば直観的にどの程度の誤差であれば許容できるというのはある程度判断できるが、オイラー方程式の誤差となるとほとんどの人はよくわからないだろう。そのため比をとって残差関数の形にするのである。

図 **2.3** $w_i \in \{0.5, 0.8, 1\}$ のときの残差

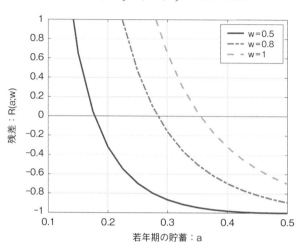

る可能性があり、ゼロ点を探すことは容易ではない。しかし、幸い非線形方程式のゼロ点を探す解法に関する研究は数学および科学技術計算において長い歴史を持つため、すでに様々なアプローチが存在している。

図 2.3 は、w_i がそれぞれ $\{0.5, 0.8, 1\}$ のときに、若年期の貯蓄 a の値を変化させていったときの残差 $R(w_i; a)$ の値をプロットしたものである。(2.8) 式が比較的シンプルなおかげで、残差関数は a に対して単調に減少する関数となっていることがわかる。そのため、残差関数が連続で、$R(x) > 0$ かつ $R(z) < 0$ なる x と z がみつかるのであれば、必ずその間にゼロ点が存在しているはずなので、今回のようなケースであればゼロ点を探し出すことは難しくない。たとえば、図 2.3 によると $w = 0.5$ の場合には、a が 0.17 近辺でゼロを通過する（＝オイラー方程式が等式で成立する）。これは、前掲の図 2.2 で得た貯蓄関数における $w = 0.5$ における最適貯蓄と整合的である。得られた貯蓄関数の図は、図 2.2 と見た目がまったく変わらない（同じモデルを計算したのだから当然！）ため、割愛する。

■ アルゴリズム

1. カリブレーション パラメータを設定する。

2. **グリッド生成**　$w_i \in \{w_1, ..., w_N\}$ を離散化した若年期の所得とする。

3. **求根法**　各 w_i について、(2.8) 式がゼロになる a を探し出す。ゼロ点を探すためには、各言語に備わっている（あるいは外部ライブラリの）求根アルゴリズムを利用する（詳細は付録 B.2.1 および B.2.2 を参照）。得られた各 w_i と a の組み合わせが貯蓄関数である。

2.6.2　射影法

最適化と求根アルゴリズムを使った上記の手法は、現在の所得水準 w を離散有限個に区切って、グリッドポイント上での最適貯蓄を計算するという点で共通している。それに対して、ここで紹介する**射影法**（projection method）では、政策関数全体をパラメトリックに近似するというアプローチをとる[22]。

貯蓄関数を近似する方法はいくつか考えられるが、たとえば、貯蓄関数 $a = g(w)$ を M 次の**多項式**（polynomial）

$$a = g(w) \approx \hat{g}(w; \boldsymbol{\theta}) = \sum_{m=0}^{M} \theta_m w^m \tag{2.9}$$

で近似したいとしよう。実は本章で用いている 2 期間モデルの場合、(2.4) 式から貯蓄関数が線形関数であることが判明しているので、必ず $a = \theta_1 w$ の形式で表現でき、高次の項は必要ない。また、定数項がないので $\theta_0 = 0$ である。しかし、一般的には政策関数はもっと複雑な形状をしているため、ここでは真の関数の形状は知らないふりをして話を進める。

射影法とは、オイラー方程式を満たす政策関数を探すという問題を、多項式における未知の係数ベクトル $\boldsymbol{\theta} \equiv \{\theta_m\}_{m=0}^{M}$ を探す問題に置き換えるアプローチである。今回はシンプルな多項式を用いているが、より一般的には $\hat{g}(w; \boldsymbol{\theta}) = \sum_{m=0}^{M} \theta_m \Psi_m(w)$ と書くことができる。このとき、$\Psi_m(w)$ は**基底関数**（basis function）と呼ばれる。実は、基底関数の選択によって射影法のアルゴリズムも若干変わってくる[23]。また、次数 M を増やせばそれだけ精度が高くなると考えられるが、計算しなければいけない未知数も増えるため計算が困

---

[22] 射影法は、**重み付き残差法**（weighted residual method）とも呼ばれる。射影法を用いた経済学における初期の研究として、Judd (1992) がある。

[23] 基底関数のなかでも頻繁に用いられる**チェビシェフ多項式**（Chebyshev polynomials）については、付録 B.1.3 で紹介する。

難になる。どのような場合にも当てはまる適切な M というのは存在しないが、まずは低い次数から試していき、当てはまりが悪ければ次数を増やしていくのが効率的であろう[24]。

ここで 2.6.1 項の残差関数 (2.8) 式を思い出そう。(2.9) 式が真の政策関数をうまく近似しているのであれば、この式を残差関数に代入した場合の残差はゼロに近いはずである。すなわち、

$$R(w; \boldsymbol{\theta}) \equiv \beta(1+r)\frac{u'((1+r)\hat{g}(w; \boldsymbol{\theta}))}{u'(w - \hat{g}(w; \boldsymbol{\theta}))} - 1 = 0$$

が「あらゆる w で」成立している。とはいっても、本来は複雑な非線形関数を多項式で近似しているので、w の定義域上のあらゆる値で残差がぴったりゼロになることは考えにくい。十分にゼロに近ければ、近似的にオイラー方程式を満たしているとみなしてよいが、問題は「何を持ってゼロに近いというべきなのか」である。たとえば、ある $\hat{\boldsymbol{\theta}}$ を用いて残差を計算した場合には全体的に小さな残差が存在しているのに対して、別の $\tilde{\boldsymbol{\theta}}$ を用いると所々残差がゼロになるが当てはまりが悪い箇所もある場合、どちらのほうがよい近似なのだろうか。

当てはまりのよさを定義するために、**距離関数**（metric function）ρ を導入しよう[25]。一般的に政策関数を探す問題は、

$$\boldsymbol{\theta}^* = \arg\min_{\boldsymbol{\theta}} \rho(R(w; \boldsymbol{\theta}), \mathbf{0}) \tag{2.10}$$

を満たす $\boldsymbol{\theta}^*$ を探す問題に置き換えることができる。

(2.10) 式の距離のとり方は様々であるが、ここではシンプルに任意に評価点 $\{w_i\}$ をとって、その評価点上での残差がゼロに近くなる係数ベクトル $\boldsymbol{\theta}$ を探すことにしよう。評価点上でのみ距離を測るというのも立派な距離関数であり、これを**選点法**（collocation method）と呼ぶ。

■ アルゴリズム

1. カリブレーション パラメータを設定する。

2. 選点を設定 選点 $w_i \in \{w_1, ..., w_N\}$ を定める。今回は、これまで使って

---

[24] 詳細は Fernández-Villaverde et al. (2015) を参照。

[25] ここでは Fernández-Villaverde et al. (2015) の定義を用いている。Judd (1998) は**ガラーキン法**（Galerkin method）などの様々な残差の評価方法を紹介している。

きた等分のグリッドと同じで 0.1 から 1 の区間を 0.1 刻みで 10 個設定する。

3. **関数を特定化** 近似したい政策関数の関数形を決める。今回は 1 次関数 $(\hat{g}(w; \boldsymbol{\theta}) = \theta_0 + \theta_1 w)$ とする。

4. **残差関数を設定** ある $\{\theta_0, \theta_1\}$ をインプットとして、選点上の残差 $R(w; \boldsymbol{\theta})$ を計算して返す関数を書く。

5. **求根法を使う** MATLAB などに備わっているゼロ点を探すアルゴリズムを使って、選点における残差の 2 乗和が十分にゼロに近くなる $\{\theta_0^*, \theta_1^*\}$ をみつける。得られた $\hat{g}(w; \boldsymbol{\theta}^*) = \theta_0^* + \theta_1^* w$ が貯蓄関数である。

実際に数値計算を行った結果を示そう。前述のとおり、もともと真の解は線形関数なので、我々が解くべき問題は (2.10) 式を満たす $a = \theta_0 + \theta_1 w$ の係数を探すという非線形方程式の解となる。傾きは $\frac{1}{1+(1+r)\{\beta(1+r)\}^{-1/\gamma}}$、切片はゼロなので、カリブレーションしたパラメータのもとでの真の値は $\theta_0 = 0$ と $\theta_1 = 0.3550$ である。それに対して、数値計算結果である θ_0 と θ_1 はそれぞれ $6.405\mathrm{e} - 15$ と $0.3550...$ となり、非常に近い値を得ることができた。

2.7 内生的グリッド法

2.5 節で説明した最適化や 2.6.1 項で説明した非線形方程式の根を探す方法は、最適化あるいは求根ライブラリを用いていて、極値やゼロ点を探す際にグリッドごとに繰り返し計算が必要になる。そのため、本章で扱っているような簡単なモデルであれば問題にならないが、より複雑なモデルであれば最適化や非線形方程式の根を探すステップが計算時間上のボトルネックになる。一方、射影法の場合、グリッドごとに極値やゼロ点を探す必要はなく、ゼロ点を探すステップ自体は 1 回限りであるが、一般的に近似の精度を高めるために多項式の次数を上げると、やはり係数を探す時間が大幅に増加するうえ、係数をみつけるのに失敗するという可能性も高くなる。そのため、様々な形で計算速度を早める方法が提案されている。Carroll (2006) による**内生的グリッド法** (endogenous gridpoint method: EGM) は、オイラー方程式に基づきながら、グリッドのと

り方を工夫することで繰り返し計算のステップを大幅に節約するユニークな方法である。そのため、EGM を使うことができるモデルであれば、計算速度を大幅にアップすることができる。

　EGM の考え方は一見するとややトリッキーである。これまで学習してきた最適化やオイラー方程式を満たす値を探すアプローチは、計算アルゴリズムの経済学的な解釈が明確であった。というのも、最適な貯蓄額を計算するために最適化や非線形方程式の解法に関する知識は要求されるものの、「現在の所得が w である経済主体が生涯効用を最大にするためにはどの程度貯蓄 a を残せばよいか」という問題をダイレクトに解いていたからである。一方、EGM では、状態変数である w ではなく制御変数である a を離散化して、状態変数については予算制約式から逆算する。具体的には、下記のようなアルゴリズムで計算する。

■ アルゴリズム

1. **カリブレーション**　パラメータを設定する。
2. **制御変数を離散化**　$a_j \in \{a_1, ..., a_N\}$ を離散化した老年期の資産とする。
3. **オイラー方程式の右辺を設定**　オイラー方程式 (2.7) の右辺を、

$$\Gamma(a_j) \equiv \beta(1+r)[(1+r)a_j]^{-\gamma}$$

   と定義する。β や γ、r は外生的パラメータとしてすでにカリブレーション済みなので、a_j を 1 つ定めれば、上式は容易に計算できる。

4. **逆関数を計算**　オイラー方程式より $u'(c_1) = \Gamma(a_j)$ である。効用関数が CRRA 型であれば、限界効用関数 $c_1^{-\gamma}$ の逆関数をとることが可能なので、

$$c_1 = \Gamma(a_j)^{-\frac{1}{\gamma}}$$

   を計算することができる。

5. **予算制約式から政策関数を計算**　離散化したあらゆる a_j についてステップ 3 の計算を行えば、ある a_j のもとでオイラー方程式を満たす $c_{1,j}$、すなわち最適な消費 c_1 と貯蓄 a の組み合わせを計算したことになる。予算制約は $c_{1,j} + a_j = w_j$ なので、所得 w_j のもとでの最適な消費と貯蓄の組み合わせが計算できたことになる。

図2.4 EGM によって得られた w 上の消費関数

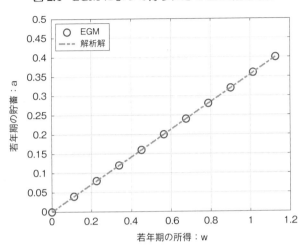

　以上のステップから、オイラー方程式を満たす $\{w_j, a_j\}$ の組み合わせを得ることができる。これは、これまで計算してきた貯蓄関数と同じである。2.6 節までに説明してきたアプローチはすべて状態変数 w を外生的に離散化していたのに対して、EGM では離散化するのは a であり、状態変数 w_j は1階条件の解から内生的に決定する。これが、内生的グリッド法（EGM）という名称の由来である。最大の長所は、従来の最適化あるいは求根といった繰り返し計算を要する部分が存在せず、各グリッド a_j に対する c_j の計算が一度で済んでいる点である。これによって、このアプローチが採用できるモデルであれば、大幅な計算速度の向上が期待できる[26]。

　1つ注意してほしいのは、図2.4 の横軸からもわかるように、このアルゴリズムで得られた w_j はこれまで外生的に与えてきたような 0.1 から 1 の等間隔のグリッドの値になっているとは限らない点である。ある所得水準 w_i のもとでの a を知りたい場合、2.8.1 項で説明する内挿法を利用する必要がある。

26）屈折点が多くて1階条件の場合分けが非常に複雑なモデルなどは、このアプローチに向いていない可能性がある。

2.8 3期間モデルと近似

2.7 節まで、数値計算的な発想をいくつか紹介してきた。残り 2 つの節では、モデルを 3 期間に拡張することで新たに必要となる知識を紹介しよう。

2.8.1 3期間モデル

2.7 節までの消費・貯蓄モデルにおける経済主体の生存期間を 1 期間だけ延長しよう。生涯効用関数は 3 期目を加えて、

$$U(c_1, c_2, c_3) = \frac{c_1^{1-\gamma}}{1-\gamma} + \beta \frac{c_2^{1-\gamma}}{1-\gamma} + \beta^2 \frac{c_3^{1-\gamma}}{1-\gamma}$$

とする。予算制約も 3 期目が加わることから下記のように少しだけ書き換える。

$$c_1 + a_2 = y_1 + (1+r)a_1$$
$$c_2 + a_3 = y_2 + (1+r)a_2$$
$$c_3 = y_3 + (1+r)a_3$$

上から若年期、中年期、老年期の予算制約である。これまでは若年期でのみ所得 w を得ていたが、3 期間モデルではライフサイクルをより明確に意識して、ここでは若年期と中年期はそれぞれ外生的に決まっている y_1 と y_2 だけの労働所得を得ることができ、引退した後の老年期では y_3 だけ年金を受け取るとしよう。また、この個人は最初から、親からの遺産などにより、a_1 だけの資産を保有しているとする。3 期間に拡張されたので、意思決定も若年期と中年期にそれぞれどれだけ消費をして貯蓄を行うかという問題をそれぞれ解くことになる。モデルの数学的な性質は基本的にこれまでと一緒であり、この消費者は下記の 1 階条件を満たすように 1 期目と 2 期目の消費と貯蓄を決定する。

$$c_1^{-\gamma} = \beta(1+r)c_2^{-\gamma}$$
$$c_2^{-\gamma} = \beta(1+r)c_3^{-\gamma}$$

生存期間が 1 期間延びているものの有限期間であることから、**後ろ向き帰納法**

（backward induction）を用いて、2.7 節までと同様、老年期から後ろ向きに解いていく。

さて、2.7 節までの 2 期間モデルと比較して、数値計算の観点から何が変わったのだろうか。2 期目から 3 期目にかけての消費者の意思決定はほぼこれまでどおりであり、下記のオイラー方程式を解けばよい。

$$u'(y_2 + (1+r)a_{2,i} - a_3) = \beta(1+r)u'(y_3 + (1+r)a_3) \tag{2.11}$$

時間を表す添字が 1 つズレていることと、2 期間モデルでは存在しなかった（外生的に決まっている）フロー所得 y が追加されているという点を除けば、2.7 節まで扱っていた問題とまったく同じである。そのため、貯蓄 a_2 を離散有限個のグリッドで近似して、その状態変数上で (2.11) 式を満たす貯蓄 a_3 を探せばよい。2.7 節までに紹介したいずれの方法を使っても、グリッド $\{a_{2,i}\}_{i=1}^N$ 上の貯蓄関数 $a_3 = g(a_{2,i})$ を得ることができる。以下では、2.6.1 項で紹介したオイラー方程式に基づいたゼロ点を探す手法に基づいて話を進めていく。

1 期目から 2 期目にかけてはどうだろうか。同じようにオイラー方程式を計算すればよいわけだが、1 カ所だけ 2 期間モデルと重要な違いがある。ここでは、1 期目に満たすべきオイラー方程式は、

$$\begin{aligned}u'(y_1 + a_{1,i} - a_2) &= \beta(1+r)u'(y_2 + (1+r)a_2 - a_3)\\&= \beta(1+r)u'(y_2 + (1+r)a_2 - g(a_2)) \tag{2.12}\end{aligned}$$

である。2 期間モデルの場合、最終期の消費関数は「すべてを消費する」という形ですでに知っていたので、$c_2 = (1+r)a$ から直接消費を計算して、それをオイラー方程式の右辺に代入すればよかった。消費関数を知っていれば、予算制約から貯蓄関数、すなわち政策関数もわかることになる。言い換えると、我々は 2 期間モデルの 2 期目に関しては「真の」消費関数と貯蓄関数（政策関数）を知っていたのである。ところが、我々は 3 期間モデルにおける 2 期目の真の貯蓄関数は知らない。知っているのは、前のステップで計算したグリッド $a_{2,i}$ とその上の貯蓄水準 a_3 の組み合わせだけである。

(2.12) 式を解いて 1 期目の貯蓄関数を計算する際、a_2 は連続的に変化しうるが、もし (2.12) 式を満たす真の解がグリッド $a_{2,i}$ と $a_{2,i+1}$ の間にある場合、$g(a_2)$ をどのように計算すればよいのだろうか。

そこで必要になってくる知識が、**内挿法**（interpolation method）である。一番シンプルな内挿は、直線で結んだ間の点をとるというものである。$a_{2,i}$ と $a_{2,i+1}$ の間に知りたい a_2 が存在しているのであれば、最適貯蓄水準も $a_{3,i}$ と $a_{3,i+1}$ の間にあるはずだと考えるのはごく自然であろう。実際、$a_{2,i}$ と $a_{2,i+1}$ の間隔が十分に狭ければ、この方法は大外れしない場合が多い。この直線的に間の値をとるという方法を、**線形補間**（linear interpolation）と呼ぶ。$x \in [a_{2,i}, a_{2,i+1}]$ であれば、

$$\tilde{a}_3 = \tilde{g}(x) = g(a_{2,i})\frac{a_{2,i+1} - x}{a_{2,i+1} - a_{2,i}} + g(a_{2,i+1})\frac{x - a_{2,i}}{a_{2,i+1} - a_{2,i}}$$

が線形補間によって近似した貯蓄水準となる。

線形補間はシンプルながら強力であり、様々な局面で役に立つ。しかし、より複雑な関数を近似したい場合、多項式補間や**3次のスプライン補間**（cubic spline interpolation）といったより洗練された方法を用いたほうが精度が高まる。様々な内挿法および近似法については、第3章および付録 B.1 で紹介する。

2.8.2　3期間モデルの解法

我々は、2.6.1 項で説明した求根アルゴリズムを用いた手法を使って導出した、2期目と3期目の1階条件から有限個の $a_{2,i}$ のもとでの最適な貯蓄 $a_{3,i}$ を知っている。さらに、$a_{3,i}$ と $a_{3,i+1}$ の隙間を線形補間を使って近似すれば、解くべき式は、

$$u'(y_1 + a_{1,j} - a_2) = \beta(1+r)u'(y_2 + (1+r)a_2 - \tilde{g}(a_2)) \tag{2.13}$$

となって、1期目と2期目の意思決定問題についても、これまでと同様の手法が使えるということになる。

■ アルゴリズム

1. **カリブレーション**　2期間モデルから3期間モデルに拡張しているため、パラメータを再設定する。具体的には、モデルの1期間を30年から20年に変更し、それに合わせて割引因子および利子率を $\beta^{20} = 0.985^{20}$、$1 + r = 1.025^{20}$ に調整し直す。また、年功序列型賃金をイメージして、$y_1 = 1$ から $y_2 = 1.2$ へと労働所得が増えるケースを考えよう。老年期

図 2.5　3 期間モデルにおける貯蓄関数

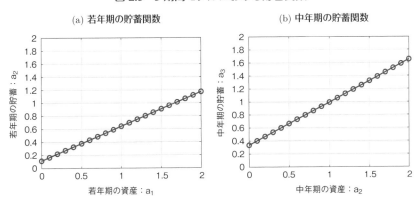

(a) 若年期の貯蓄関数　　　　　　　　　　(b) 中年期の貯蓄関数

は年金を $y_3 = 0.4$ だけ受け取る。

2. **2 期目のグリッドを生成**　$a_{2,i} \in \{a_{2,1}, ..., a_{2,N}\}$ を離散化した第 2 期の資産とする。

3. **2 期目の政策関数を計算**　各 $a_{2,i}$ について、(2.11) 式を満たす a_3 を探し出す。このステップまでは 2 期間モデルの場合とまったく同じである。

4. **1 期目のグリッドを生成**　$a_{1,j} \in \{a_{1,1}, ..., a_{1,N}\}$ を離散化した第 1 期の資産とする。特別な理由がなければ a_2 のグリッドと同じで問題ない。

5. **補間の準備**　$\tilde{a_3} = \tilde{g}(a_2)$ を近似する内挿法を 1 つ定める。今回は線形補間なので、各言語の近似に関するライブラリを使ってグリッド間の傾きを計算する。

6. **1 期目の政策関数を計算**　ステップ 3 で得た中年期の貯蓄関数 $a_{3,i} = g(a_{2,i})$, $i = 1, ..., N$ を所与として、各 $a_{1,j}$ について、(2.13) 式を満たす a_2 を探し出す。

図 2.5 は、3 期間モデルにおける若年期と中年期の貯蓄関数をそれぞれプロットしたものである。カリブレーションパラメータの変更、およびフロー所得の存在によって、中年期の貯蓄関数は図 2.2 とは異なっている。また、ライフサイクルの局面が異なるので、同じ資産水準であっても最適貯蓄は同じ金額ではなく、中年期のほうが若年期よりも貯蓄が多くなるという性質が読み取れる。こ

ういった性質は、年金を含む将来の期待所得や金利、割引因子によって変わってくる。読者は、賃金プロファイル $\{y_1, y_2\}$ や年金給付額 y_3 が変わると貯蓄がどのように変化するかを、自分で手を動かして確認をしてみてほしい。

本節では 2 期間モデルをわずか 1 期間だけ拡張したが、当然、もっと長い期間を考えることも可能である。たとえば人生全体を 80 期間で表現をして、労働供給や年金・医療サービスの受給といった様々なライフイベントを追加することによって、リッチなライフサイクル・モデルに拡張することもできる。また、ライフサイクル・モデルにおける意思決定に関わるパラメータを推計し、それを政策の議論につなげることも可能である。これらの応用例については、第 3 章と第 6 章で紹介する。

2.9 リスクの導入

本章の最後に、**リスク**（risk）を導入しよう。RBC モデルやニューケインジアン・モデルでは、**全要素生産性**（total factor productivity: TFP）ショックや金融政策ショックといった外生的なマクロショックが、景気循環を説明するうえで重要であると考える。また、第 5、6 章で詳しく説明するように、各個人も所得変動や健康状態などのリスクに直面している。そのため、経済変数のいくつかは確率変数になるかもしれない。

再び 3 期間モデルを考えよう。経済主体は不確実性に直面していて、**労働生産性**（labor productivity）が確率的に変わりうるとする。そこで、若年期の労働所得を $y_1 = w_1 l_1$、中年期の労働所得を $y_2 = w_2 l_2$ と書き直すことにしよう。w_1 と w_2 はそれぞれ若年期と中年期の賃金で、2.8 節同様に年齢ごとの所得成長にマッチするように外生的に設定するパラメータである。一方、l_1, l_2 が労働生産性を表す部分であり、高（high）、中（medium）、低（low）の 3 種類の値をとりうると仮定する。すなわち、労働生産性がランダムに変化することで労働所得 y_1 と y_2 が変化する。

若年期の期初の時点で労働生産性 $l_1 \in \{l^h, l^m, l^l\}$ の値は決まっているものとする。たとえば、それまでに受けた教育などによって獲得したスキルに応じて、経済に参加した時点での労働生産性が決まっているような状況である。この状

況では、彼・彼女の若年期の意思決定問題は現在保有している資産 a_1 だけでなく、現在の労働生産性 l_1 にも依存する。すなわち、状態変数の数が 1 つ増えるのである。そのため、労働生産性ごとに政策関数 $a_2 = g(a_1, l_1)$ を計算する必要がある。中年期についても同様で、求めたい政策関数は $a_3 = g(a_2, l_2)$ となる。なお、年金受給額は労働生産性の影響を受けないと仮定する。若年期と中年期の予算制約も下記のように少しだけ変わる（老年期は 2.8 節と同じなので割愛）。

$$c_1 + a_2 = w_1 l_1 + (1 + r)a_1$$
$$c_2 + a_3 = w_2 l_2 + (1 + r)a_2$$

先ほどと同じように後ろから解いていこう。中年期から老年期にかけての 1 階条件は、

$$u'(w_2 l_2 + (1 + r)a_{2,i} - g(a_{2,i}, l_2)) = \beta(1 + r)u'(y_3 + (1 + r)g(a_{2,i}, l_2))$$

となる。老年期の年金 y_3 にはリスクがないため、それぞれの $a_{2,i}$ と l_2 について上式を満たす a_3 を探すので、計算量がちょうど 3 倍になっている。

では、若年期から中年期にかけての 1 階条件はどうなるであろうか。若年期において次期の労働所得が不確実であることから、**期待効用**（expected utility）を計算する必要がある。そのため、若年期から中年期にかけての 1 階条件は、

$$\begin{aligned}
&u'(w_1 l_1 + (1 + r)a_{1,i} - g(a_{1,i}, l_1)) \\
&= \beta(1 + r)\mathbb{E}u'(w_2 l_2 + (1 + r)g(a_{1,i}, l_1) - g(g(a_{1,i}, l_1, l_2)))
\end{aligned} \tag{2.14}$$

となる。ただし、$\mathbb{E}$ は期待値オペレータである。

現実のデータを観察すると、中年期の労働生産性 l_2 は若年期と独立に決定するのではなく、過去の所得が高いほど現在の所得も高くなり、過去の所得が低いと現在や将来の労働所得も低くなることが、ミクロ計量経済分析によってよく知られている[27]。l から l' への**遷移確率**（transition probability）を $p(l, l') \in [0, 1]$ と書くとする。なお、プライム記号（$'$）は次の期の変数であることを示す。確率なので、若年期の労働生産性が l の場合に必ず $\sum_{l' \in \{l^h, l^m, l^l\}} p(l, l') = 1$ に

---

27) たとえば、Storesletten et al. (2004a,b) を参照。

なる。

今は 3 種類の状態を考えているので、**遷移確率行列** (transition probability matrix) は

$$
P = \begin{bmatrix}
p(l^h, l^h) & p(l^h, l^m) & p(l^h, l^l) \\
p(l^m, l^h) & p(l^m, l^m) & p(l^m, l^l) \\
p(l^l, l^h) & p(l^l, l^m) & p(l^l, l^l)
\end{bmatrix}
$$

となる。(2.14) 式を遷移確率行列を用いて書き直すと

$$
u'(w_1 l_1 + (1+r)a_{1,i} - g(a_{1,i}, l_1))
$$
$$
= \beta(1+r) \sum_{l'} p(l_1, l') u'(w_2 l' + (1+r)g(a_{1,i}, l_1) - g(g(a_{1,i}, l_1), l'))
$$

となる。

最後に、遷移確率行列の値をどのようにカリブレーションするかを説明していこう。一般的に、状態の数は 3 種類とは限らず、遷移確率を直接データから推計することは困難である。そのため、多くの先行研究では「労働生産性を **1 階の自己回帰** (first-order auto-regressive: AR(1)) **過程**に従うと仮定したうえでパラメータを推定し、推定したパラメータに基づいて**有限マルコフ連鎖** (finite Markov chain) で近似する」というステップで、遷移確率行列を計算している。有限マルコフ連鎖で近似するための方法は、Tauchen (1986) や Tauchen and Hussey (1991)、Rouwenhorst (1995) などによって開発されており、その近似精度についても Flodén (2008) によって検証されている。詳細は付録 C で詳しく説明している。

労働所得に関するショックのサイズ（たとえば、l^h がどれくらい大きいか）と持続性の大きさ（遷移確率行列の中身）は極めて重要な実証的課題と考えられており、様々な研究者が労働所得に関する不確実性の性質を研究してきた[28]。本来であればカリブレーションに大きな労力が必要となるのであるが、本節ではこれまでと同様に詳細な議論は避けて、数値例を示すにとどめておこう。まず、労働生産性 l は下記の AR(1) 過程に従うとする。

---

28) たとえば、Blundell et al. (2008) は米国の個票データを用いて、消費と所得リスクの関係から一時的な所得の変動と持続的な所得の変動がそれぞれどの程度の大きさであるかを推定している。

$$\log l_{t+1} = \rho \log l_t + \varepsilon, \quad \varepsilon \sim \mathcal{N}(0, \sigma_\varepsilon^2)$$

$\rho = 0.8$、$\sigma = 0.1$ で労働生産性の状態が 3 つの場合、Tauchen (1986) による近似法を用いて遷移確率行列を計算すると、

$$P = \begin{bmatrix} 0.7451 & 0.2528 & 0.0021 \\ 0.1360 & 0.7281 & 0.1360 \\ 0.0021 & 0.2528 & 0.7451 \end{bmatrix}$$

となる。対角要素の値が大きいことから、ショックには持続性があり、他の状態に遷移しにくい様子が見て取れる。これを経済学的に解釈をすると、若年期に決まった労働生産性は中年期にも強く影響を与えていて、一番低い状態でスタートした個人の所得が中年期に一番高い状態に移る確率はわずか 2.1% しかないという状況である。また、3 つの状態における労働生産性はそれぞれ $l \in \{0.8027, 1, 1.2457\}$ である。すなわち、労働所得が高い人は低い人のおよそ 1.5 倍程度の稼ぎとなる。なお、ここでは部分均衡を想定しているため $w = 1$ と仮定しているが、マクロ経済を考えて一般均衡を想定する場合、平均賃金 w は均衡条件から内生的に決定することになる。一般均衡モデルについては第 5 章で詳細に説明する。

■ アルゴリズム

1. **カリブレーション**　3 期間モデルに合わせてパラメータを設定する。併せて、前述のとおり、所得リスクのパラメータ（l と P）をカリブレートする。

2. **2 期目のグリッドを生成**　$a_{2,i} \in \{a_{2,1}, ..., a_{2,N}\}$ を離散化した中年期の資産とする。

3. **2 期目の政策関数を計算**　各 $a_{2,i}$ および l_2 について、(2.11) 式を最大にするような a_3 を探し出す。所得リスクの存在によって状態変数が 1 つ増えた（＝繰り返し計算が多重になった）点に注意してほしい。

4. **1 期目のグリッドを生成**　$a_{1,i} \in \{a_{1,1}, ..., a_{1,N}\}$ を離散化した若年期の資産とする。

5. **補間の準備**　$\tilde{a_3} = \tilde{g}(a_2, l_2)$ を近似する内挿法を 1 つ定める（今回も線形補間を使用）。

図 2.6 3 期間モデルにおける貯蓄関数

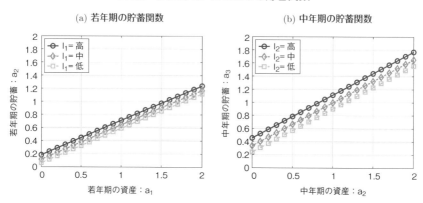

(a) 若年期の貯蓄関数　　　　　　　　(b) 中年期の貯蓄関数

6. 1 期目の政策関数を計算　ステップ 3 で得た中年期の貯蓄関数を所与とし
て、各 $a_{2,i}, l_1$ について、(2.12) 式を最大にするような a_2 を探し出す。

実際に労働所得にリスクを導入した 3 期間モデルを数値計算した結果を、図
2.6 に示している。政策関数の形状は図 2.5 と似ているが、一番の相違点は労働
生産性を加えて状態変数が 2 つになった点である。また、労働生産性が 3 状態
あるため、政策関数（貯蓄関数）も若年期と中年期でそれぞれ 3 本の政策関数
が存在している。

2.10 本格的な分析に向けて

本章で用いた例のコードは、すべて本書の GitHub リポジトリからダウンロー
ド可能である（詳細は付録 A を参照）。「パラメータを変更したら最適貯蓄がど
の程度変わるのか」や「グリッドサイズを変えたら精度と計算時間はどのくらい
影響を受けるのか」といったことを自分で手を動かして実際に試すことによっ
て、数値計算に関する理解が進むことは多い。まずは、自分でプログラムコー
ドを動かしてみて、本文中に掲載されている図を再現してみてほしい。

2 期間モデルや 3 期間モデルはそれ自体が理論分析として有用になる場合も

あるが、1 期間で想定している期間が長いため、現実の経済問題をそのまま定量分析につなげるというよりは、直観的な理解を促す目的で用いられることが多い。現実の経済をより直接的に分析したい場合、本章で学習したモデルをより一般的に書き直す必要がある。

　一般化したモデルの 1 つが、無限期間生存する経済主体が存在する動学的経済モデルである。無限期間を考える場合、特に「無限」の数学的取り扱いが厄介なため、より洗練された経済モデルへの理解が必要になってくる。数学的な厳密さは、研究や学術論文では必ず要求されるものであり、避けて通ることができない。しかし、本章で学んだ 2 期間・3 期間モデルのエッセンスをしっかり理解していれば、基本はできているはずである。次の第 3 章からは、現代のマクロ経済学のワークホースモデルの 1 つである新古典派成長モデルを勉強しながら、それをいかに数値計算で解いていくかを併せて学んでいこう。

第 **3** 章

動的計画法

3.1 局所的近似と大域的近似

第 2 章では、実際に 2 期間モデル・3 期間モデルを近似的に解くことによっ
て、数値計算を使ってどのようなことができるのかを解説しつつ、数値計算手
法の基本的な使い方を概観した。本章では、本格的な動学的マクロ経済モデル
を導入しながら、その代表的な解法の 1 つである動的計画法（DP）について説
明する。

現在のマクロ経済モデルは、**新古典派成長モデル**（neoclassical growth model）
に支えられているといっても過言ではない。新古典派成長モデルは、実物的景
気循環（RBC）理論やニューケインジアン・モデルなど、現在のマクロ経済モ
デルのベースとなっている。

すでに述べたとおり、似たような経済問題であってもモデルの特性や知りた
いことに応じて利用できる解法はいくつか存在しており、常にどれかの方法が
「最適」になるわけではない。たとえば、多くの景気循環の研究では**定常状態**
（steady state）の近傍を**局所的**（local）に（対数）線形近似で解くアプローチ
が頻繁に用いられている[1]。線形近似は現在でも様々なショックからの**インパ**

---

1) 景気循環研究における線形近似アプローチについては、すでに良書が存在している。たとえ
ば、加藤 (2007) や廣瀬 (2012) を参照。

ルス応答関数（impulse response function）を計算するうえで重要な手法の 1
つである。しかし、近年は金融政策におけるゼロ金利制約の存在や家計が直面
する流動性制約といった、線形近似が不可能な非線形現象に注目することが多
くなったため、モデルを**大域的**（global）に解く必要に迫られる場面が増えて
きた。

　動的計画法は、消費者や企業の意思決定問題を大域的に解くことができるう
えに、強い非線形性が存在するモデルにおいても強みを発揮する。また、構造
推定と呼ばれる数値計算と推定を組み合わせた手法のパーツとしても利用され
る汎用性の高いアプローチである。

3.2　ロビンソン・クルーソーとベルマン方程式

　まずは、様々なマクロ経済モデルの基礎になっている新古典派成長モデルを
設定しよう。ここでは、無人島で生活するロビンソン・クルーソーという**社会
計画者**（social planner）が直面する意思決定問題を考える。自分しかいない孤
島で暮らしていくことになったロビンソン・クルーソーは、生きていくために
1 人で生産と消費・貯蓄の計画を立てないといけない。無人島なので、他の経
済主体との市場における取引は存在しないが、生産と消費・貯蓄だけでも立派
な経済活動である。彼がやるべきことは、助けが来るまでの期間について、消
費と貯蓄の**最適経路**（optimal path）を考えて実行することである。

　時間は離散的に進むと考えて、現時点でのカレンダー年を $t \geq 0$ と書くこと
にする。また、話を簡単にするために、必ず T 期終了後に助けが来ることがわ
かっているとしよう（$t = 0, ..., T$）。無人島にたどり着いたロビンソン・クルー
ソーが考えるべきことは、0 期時点で手元にある資本（種）$k_0 > 0$ を使って、
$T + 1$ 期間の最適な消費・貯蓄計画を立てることである。

　この種は、そのまま食べてしまうこともできるが、植えて収穫をすれば増やす
こともできる。すべて食べ切ってしまうと次期に食べるものがなくなって死ん
でしまうが、すべての種を蒔いてしまうと、今期に食べるものがなくなってや
はり死んでしまう。そのため，ちょうどよいバランスを考えなくてはいけない。

　この状況を**資源制約**（resource constraint）として表現すると、

$$c_t + k_{t+1} \leq f(k_t) \tag{3.1}$$

となる。ただし、c_t は t 期における消費である。

$f(k_t)$ は生産関数で、k_t 単位の種を蒔くと $y_t = f(k_t)$ だけの新たな種が収穫できる。標準的な仮定として、生産関数は $f'(k_t) > 0$ および $f''(k_t) < 0$ を満たすとする。なお、(3.1) 式では生産した財を消費も貯蓄もせず捨ててしまうことを許容するために $\leq$ を用いて不等式で示しているが、種の効用が正である限り資源制約は等式で成立する。

ロビンソン・クルーソーの目的は無人島生活での消費から得られる効用の割引現在価値を最大化することなので、**目的関数**（objective function）は、

$$\max_{\{c_t, k_{t+1}\}_{t=0}^{T}} \sum_{t=0}^{T} \beta^t u(c_t) \tag{3.2}$$

となる。効用関数 $u(c_t)$ には、$u'(c_t) > 0$ および $u''(c_t) < 0$ を仮定しておく。

ロビンソン・クルーソー経済において我々が知りたいことは、(3.2) 式の目的関数を最大にする消費および資本（種）の経路 $\{c_t, k_{t+1}\}_{t=0}^{T}$ である。T 期に必ず救出されるのであれば、無人島に種を残していっても仕方がないので、T 期に保有している種はすべて食べてしまうのが最適な計画である。すなわち、最適貯蓄計画では必ず $k_{T+1} = 0$ となる[2]。また無人島では誰かから種を借りることはできないので、必ず $k_t \geq 0$ でなければならない。

これまで説明してきたとおり、資源制約 (3.1) 式のもとで (3.2) 式を最大化するという動学的最適化問題を解く方法はいくつか存在しているが、ここでは動的計画法に基づくアプローチを紹介しよう[3]。ロビンソン・クルーソーが最適計画を立てる際に必要な情報は、無人島であと何年間生存しないといけないかという残存期間と計画を立てる時点で保有している資本量である。そこで問題を組み立て直そう。

----

2) 最終期における貯蓄の割引現在価値がゼロになる条件は**横断性条件**（transversality condition）と呼ばれている。また、最終期に負債を残すことを排除する条件を**非ポンジゲーム条件**（no-Ponzi game condition）と呼ぶ。両者の説明については Romer (2011) や齊藤 (2006) を参照。

3) ラグランジュ未定乗数法とオイラー方程式を用いた方法は、第 4 章で説明をする。また、連続時間モデルであれば、**最大値原理**（maximum principle）や**変分法**（calculus of variation）などを用いて解くことができる。

$V_0(k_0)$ を、0 期において k_0 だけ資本を保有していた場合に達成できる最大効用と定義する。当然、達成可能な最大効用は現在保有している資本量に依存していて、k_0 が増加すれば $V_0(k_0)$ も増加する。すなわち、最適計画を立てる際に必要になる情報 k_0 は第 2 章で定義した状態変数の一例である。$V_0(k_0)$ を**価値関数**（value function）と呼ぶ。

(3.2) 式の目的関数は、価値関数を使って次のように書き直すことができる。

$$V_0(k_0) = \max\{u(c_0) + \beta u(c_1) + \beta^2 u(c_2) + \cdots + \beta^T u(c_T)\}$$
$$= \max\{u(c_0) + \beta \max[u(c_1) + \beta u(c_2) + \cdots + \beta^{T-1} u(c_T)]\}$$
$$= \max\{u(f(k_0) - k_1) + \beta V_1(k_1)\} \tag{3.3}$$

ただし、$V_1(k_1)$ は 1 期に資本を k_1 だけ保有していた場合に T 期間で達成できる最大効用である。また、同じだけ資本を保有していても残存期間が異なれば価値関数は異なる（$V_0(k) \neq V_1(k)$）ため、現在が何期目であるかを示す添字 t も状態変数の 1 つとして明示的に書く必要がある。

(3.3) 式は、0 期に k_0 だけの資本を保有していたロビンソン・クルーソーが $T + 1$ 期間を通じた最適貯蓄計画を解く問題を、「0 期の消費・貯蓄選択問題」と「1 期に資本 k_1 だけ保有している際の最適貯蓄問題」に分割したことを意味している。言い換えると、次期以降は k_1 からスタートして最適な貯蓄計画をするとして、今期に種をどれだけ食べて次期初の資本としてどれだけ残すかを選択する問題に設定し直すのである。これにより、$T + 1$ 期間の消費と貯蓄の流列 $\{c_t, k_{t+1}\}_{t=0}^T$ を探す問題を、k_0 を所与として最適な k_1 を探す問題に変換できる。このように再定義することができる背景には、0 期に最適計画ができているのであれば、それ以降の部分問題も最適計画になっているという前提がある。この性質を**最適性原理**（principle of optimality）と呼ぶ。また、(3.3) 式はベルマン方程式と呼ばれている。

以下では、この動的計画法を使った解法を紹介していく。なお、動的計画法はもともと理系分野で発達した手法なので、経済学以外の分野にもさまざまな教科書や専門書が存在している[4]。

---

[4] 動的計画法を詳細に扱ったテキストとして、Stokey et al. (1989)、Bertsekas (2012, 2017) や Stachurski (2022) がある。

3.3 有限期間モデルの解法

3.3.1 後ろ向き帰納法

　有限期間のロビンソン・クルーソー経済を実際に解いてみよう。我々が知りたいのは、価値関数 $V_t(k)$ と、第2章と同じく今期の資本と次期の最適な資本を結び付ける政策関数 $k_{t+1} = g_t(k_t)$ であることを思い出そう。政策関数が得られれば、初期資本 k_0 のもとで、$k_1 = g_t(k_0) \rightarrow k_2 = g_t(k_1) \rightarrow \cdots$ と逐次解を計算することができる。数値計算の基本的な考え方も第2章と同様であり、最終期から後ろ向きに解いていけばよい。

　関数型を特定化して、パラメータを設定しよう。ロビンソン・クルーソーは10期（$T = 10$）後に助けが来ることを知っており、割引因子 β は 0.96 とする。効用関数は対数型（$u(c) = \log c$）を仮定する。また、生産関数は $f(k) = k^\alpha$ と特定化して、$\alpha = 0.4$ と設定しよう。

　状態変数 k を離散化して、$k_i \in \{k_1, ..., k_N\}$ を資本に関するグリッドとする。最終期である T 期においては、資本（種）を残しておく必要はない。すなわち、

$$c_{T,i} = f(k_i)$$
$$V_T(k_i) = \log c_{T,i}$$

をグリッド上で計算すればよい。

　1期さかのぼって、$T-1$ 期における最適化問題を考えてみよう。$T-1$ 期と T 期の2期間の最適化問題なので、こちらは第2章で勉強した2期間モデルと構造はまったく同じである。そのため、最適化によって政策関数と価値関数を計算すれば、近似的な価値関数（実際には点の集まり）$\{V_{T-1}(k_i)\}_{i=1}^{N}$ を得られる。

　さらにさかのぼって、$T-2$ 期における最適化問題を考えよう。解きたい問題は、

$$V_{T-2}(k_{T-2,i}) = \max_{k_{T-1}}\{u(k_{T-2,i}^\alpha - k_{T-1}) + \beta V_{T-1}(k_{T-1})\} \tag{3.4}$$

である。

　残存期間は $T-2$ 期、$T-1$ 期、T 期の 3 期間なので、やはり 2.8 節で勉強した 3 期間モデルの解法が適用できる。2 期間モデルとの違いは、(3.4) 式の右辺第 2 項の価値関数は連続的な関数ではなく、$\{V_{T-1}(k_i)\}_{i=1}^{N}$ という離散個の点の集まりである点のみである。2.8.1 項では点と点を直線で結ぶ線形補間を紹介したが、ここで関数の近似についてもう少し理解を深めておこう。

3.3.2　3 次のスプライン補間

　すでに紹介した線形補間は、k_i と k_{i+1} の間に知りたい k が存在しているのであれば、価値関数の値も $V(k_i)$ と $V(k_{i+1})$ の間にあるはずとみなし、その間を直線で結んで近似をしようという考え方であった[5]。$k \in [k_i, k_{i+1}]$ であれば、

$$V(k) = V(k_i)\frac{k_{i+1}-k}{k_{i+1}-k_i} + V(k_{i+1})\frac{k-k_i}{k_{i+1}-k_i}$$

が線形補間によって近似した価値関数の値である。

　線形補間は直観的で強力な方法であるが、欠点も存在する。証明は省略するが、我々が現在考えているロビンソン・クルーソー・モデルにおいて、真の価値関数 V は微分可能な関数である[6]。線形補間をしてしまうと、線と線のつなぎ目（グリッドポイント上）で微分不可能になるため、価値関数の**微分可能性（differentiability）**という重要な性質の 1 つを落としてしまうという問題が生じる。

　微分可能性を維持する方法はいくつか考えられるが、頻繁に用いられる方法の 1 つとして 3 次のスプライン補間による近似がある[7]。3 次のスプライン補間とは、全体を 2 階微分可能な 3 次関数で近似しつつ、グリッドポイント上でも微分可能になるようにつなげることによって、全体を補間する方法である。

　例として、

$$y = 0.05(x-5)^3 - 0.3x^2 + 0.1x$$

---

5) ロビンソン・クルーソー・モデルでは価値関数は残存期間にも依存しているが、記法の簡潔化のため、現時点を表す添字の期間 t を落としている。

6) 詳細は Benveniste and Scheinkman (1979) を参照。

7) スプライン補間は広い概念であり、1 次のスプライン補間であれば線形近似と同じになる。また、一般的に高次のスプライン補間も考えられるが、本書では 3 次のスプライン補間のみ用いている。なお、B–スプライン補間という概念も存在しているが、こちらは本書では紹介していない。関心がある読者は Judd (1998) を参照。

が我々が知りたい真の関数であるとする。しかし、我々はその真の姿を知らず、図 3.1(a) のようにわずか 5 個の代表的な点 $x \in \{-10, 0, 10, 20, 30\}$ と、その上での y の値しか知らないとする。我々はもともとの関数の形状も知っているため、図 3.1(a) がスムーズな曲線であることは推測できるが、5 個の点の情報だけを用いて、間を線形補間および 3 次のスプライン補間で近似したのが図 3.1(b) である。線形補間は当然カクカクしていてグリッドポイント上で折れ曲がっているのに対して、3 次のスプライン補間はより自然な形で 3 次関数を近似している様が見て取れる。

　また、我々が知っている（手元にデータがある）x の定義域は $[-10, 30]$ であるが、図 3.1(b) では定義域の外側も補間している。これを**外挿法**（extrapolation method）と呼ぶ。線形近似の場合、外側の領域は $x = -10$ と $x = 0$（あるいは $x = 20$ と $x = 30$）の間の傾きを使って直線で延伸したものであるのに対して、3 次のスプライン補間では曲線で延伸をしているという違いがある。しかし、いずれの場合においても関数の定義域の外は情報がないことから当てはまりが悪くなるため、使用する際には注意が必要である[8]。

　価値関数の計算に戻ろう。図 3.1(c) は価値関数 $V_{T-1}(k_i)$ のグリッド上の値である。グリッドは 0.05 から 1 の間に 11 個の点をとっている（$N = 11$）[9]。この点を線形補間および 3 次のスプライン補間したのが、図 3.1(d) である。やはり、線形補間は若干カクカクしている一方で、3 次のスプライン補間はスムーズである。幸い価値関数は複雑な形ではないため、どちらも価値関数をそれなりにうまく近似しているように見えるが、定義域 $[0.05, 1]$ の外側を外挿する場

----

[8] 向山敏彦教授は、自身の経験をまとめたノートのなかで、線形補間の長所として何か計算上の問題が起こっても他の部分に影響が波及しにくい点を挙げている。3 次のスプライン補間は（波打ったような形状になるという）その性質上、2 次導関数を通じて誤差などの影響が周りに及んでしまうが、線形補間はそのような影響が出にくい。また、外挿法も思いがけない形で計算結果に問題を波及させてしまう可能性があることから、使用を控えることを勧めている。こういったいわゆる Tips（秘訣、こつ）は経験から来るものであり、初学者には最初はピンとこないこともあるかと思う。ベテランのアドバイスに耳を傾けながら、何がどう問題なのかを手を動かしながら学ぶことが非常に重要である。詳細は、向山教授のノート "Computing the Krusell-Smith Model: A Personal Experience" (https://toshimukoyama.github.io/MyWebsite/KS_draft.pdf) を参照。

[9] 資本が 0 だと生産ができなくなり、その結果として消費も 0 となり最適化問題を定義できなくなるため、定義域の下限は必ず正値である必要がある。

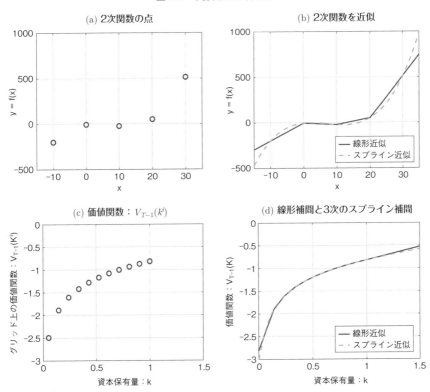

図 3.1 内挿法と外挿法

合には、線形補間と 3 次のスプライン補間で目に見える大きな違いが生じている[10]。

　現在の資本 k が小さくなると消費も 0 に近づくため、対数型効用関数のもとで限界効用はどんどん大きくなり、本来、価値関数の傾きは ∞ に近づいていく。しかし、どちらの近似もその性質を完全に再現できていない。関数を近似する際には、近似しやすい形状とそうではない形状が存在していることに注意

----

[10] 最適化によって最適貯蓄 k' を探す際、k' については様々な値を試しに計算してみる必要がある。そのため、外挿法は内挿法と並んで必須であるが、どのように外挿するかは使っているパッケージやライブラリによってかなり異なることがある。そのため、実際に使う際にはそれらのマニュアルに目を通したほうがよいだろう。

しながら利用する必要がある。また、3 次のスプライン補間には関数の凸性を維持したまま補間をする**形状保存スプライン補間法**（shape-preserving spline interpolation method）という方法も存在している。

3.3.3　計算結果

内挿法と第 2 章で学んだ最適化を組み合わせることによって、

$$V_t(k_{i,t}) = \max\{u(k_i^\alpha - k') + \beta V_{t+1}(k')\}$$

をグリッド上で解くことができるようになる。なお、ここでは時間を表す添字 t に代えて、次期の変数を k' とプライム（'）を付けて表記している。後は、計算を最終期から繰り返し $t = 0$ 期までさかのぼっていけばよい。

図 3.2 が実際に価値関数と政策関数を計算した結果である。グリッドの数がわずか 11 個のため滑らかな曲線には見えないが、図 3.2 (a) のとおり、価値関数は凹関数であり、効用関数の基本的な性質を引き継いでいる。同じ資本保有量でも、残存期間に応じて最適な貯蓄水準は異なるため、政策関数は図 3.2 (b) のとおり、時間の経過とともに下方シフトしていくことが読み取れる。また図 3.2 (c) のとおり、消費関数も凹関数の性質を有しており、ここから消費者行動の分析につなげることも可能である。

なお、有限 $T + 1$ 期間のロビンソン・クルーソー・モデルには、以下の解析解が存在する。

$$k_{t+1} = \alpha\beta \frac{1 - (\alpha\beta)^{T-t}}{1 - (\alpha\beta)^{T-t+1}} k_t^\alpha, \quad t = 0, 1, \ldots, T$$

図 3.2 (d) は解析的に得られる真の政策関数と近似解とを比較したものであり、グリッドが 11 個程度だと、少し目立つ誤差が生じることが確認できる。

3.4 無限期間モデル（新古典派成長モデル）

ロビンソン・クルーソーはいずれ無人島生活から脱出するので有限期間の経済活動を考えることができたが、我々が生活する社会では明確な最終期は存在していない。確かに我々人間の生命は有限であるが、自分の世代から子ども、

図 3.2　ロビンソン・クルーソー・モデル

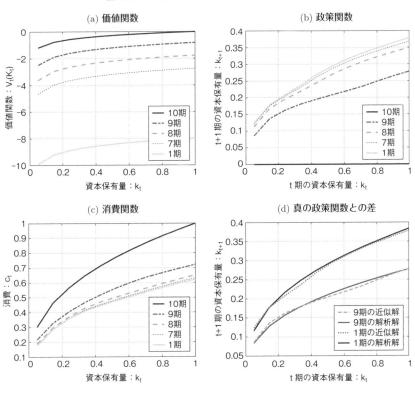

孫、そのまた子どもへと続く社会経済の行く末を案じるのであれば、永遠に続くとみなすことができる。そのため永続的な経済活動を考える必要がある。それが**無限期間モデル**（infinite horizon model）である。

　本節では、3.2 節でセットアップした代表的個人（ロビンソン・クルーソー）が存在する経済を無限期間に拡張しよう（彼は永遠に無人島で過ごすことになってしまったのである！）。

$$\max_{\{c_t, k_{t+1}\}_{t=0}^{\infty}} \sum_{t=0}^{\infty} \beta^t u(c_t)$$

subject to

$$c_t + k_{t+1} = f(k_t) + (1-\delta)k_t, \quad k_0 \text{ given}$$

　ただし、無限期間モデルなので目的関数が発散しないように $\beta \in [0, 1)$ とする。

　基本的な考え方は 3.2 節のロビンソン・クルーソー経済と同じである。代表的個人は無限期間の消費から生じる自身の効用の割引現在価値を最大化するように、消費 c_t と貯蓄 k_{t+1} を選択する。ここではより一般的に、資本 k_t は生産に投下されて財 $f(k_t)$ を生み出すが、毎期 δ の割合で減耗すると考える[11]。

　これをベルマン方程式の形で書き換えると、

$$V(k) = \max_{k'}\{u(f(k) + (1 - \delta)k - k') + \beta V(k')\} \tag{3.5}$$

となる。

　上式は (3.3) 式で定義したベルマン方程式とほぼ同じ表記に見えるが、いくつか異なる点がある。まず、(3.3) 式では時間を表す添字 t がすべての変数に書いてあったが、それが消えて次期の変数を k' とプライム（$'$）を付けて表記している。また、価値関数も何期目かによって形状が変わるため、添字 t を付けて期間ごとに区別していた。有限期間モデルでは、「今が何期目か」あるいは「残存期間は何期間あるか」という情報が意思決定を考えるうえで重要なため、時間 t を状態変数の 1 つとして明記する必要があった。しかし、無限期間モデルの場合、どの時点から考えても残存期間は無限である。意思決定に必要な情報は k に集約されており、時間の情報を明示的に書く必要はなくなる[12]。言い換えると、経済主体の意思決定を**再帰的**（recursive）に書き直したのである。

　1 階条件は、

$$u'(f(k) + (1 - \delta)k - g(k)) = \beta V'(g(k))$$
$$V'(k) = (1 - \delta + f'(k))u'(f(k) + (1 - \delta)k - g(k))$$

である。

---

11) ロビンソン・クルーソー経済では、種は蒔くとなくなってしまうので、資本減耗率 100% を暗黙のうちに仮定していた。

12) あらゆる無限期間モデルでこのような表現ができるわけではない。定式化によっては、過去の**歴史**（history）の経路が状態変数となり、現在の経済を定めるうえで重要になることがある。その場合には、単純な再帰的表現はできなくなることもある。

3.5 無限期間モデルの解法：価値関数反復法

3.5.1 ベルマン方程式の特徴付け

ロビンソン・クルーソー経済では、価値関数を繰り返し計算してどこに行き着くかを気にする必要はなかった。T 期がどれだけ大きな値でも、有限回の足し算であれば必ず解は存在する。しかし、無限期間モデルの場合には数学的な取り扱いに注意をする必要がある。

動的計画法およびその数値計算を正しく使うためには、理論的な理解が重要になってくる。しかし、そのためには数学的な準備が必要になるため、ここではベルマン方程式の重要な性質について、直観的な結果だけを証明は付さずに紹介する。動的計画法について厳密な理解を得たい読者は、Stokey et al. (1989) にじっくりと取り組むことをお勧めする。

(3.5) 式で定義されたベンチマーク・モデルの解法は、3.3.1 項で紹介した後ろ向き帰納法と似ている。それが、**価値関数反復法**（value function iteration: VFI）である。価値関数の性質および VFI には昔から多くの研究の蓄積があり、以下に示すように、その長所と短所もはっきりしている。

3.5.2 縮小写像と微分可能性

■ **縮小写像** 有限期間モデルの場合には後ろ向きに計算することで、全期間の価値関数を計算することができた。(3.5) 式では明示的な終わりはないが、次のような方法で有限期間モデルの場合と同じことができる。

まず、任意に価値関数 $V^{(0)}$ を**当て推測**（initial guess）する。そして、

$$V^{(1)}(k) = \max_{k'}\{u(f(k) + (1 - \delta)k - k') + \beta V^{(0)}(k')\}$$

を計算する。その後、得られた $V^{(1)}(k)$ を右辺に代入して、同じようにベルマン方程式を解くのである。一定の条件下において、この繰り返し計算が真の価値関数に**収束**（converge）することが、**縮小写像の性質**（contraction mapping property）として知られている[13]。すなわち、真の価値関数の形状を知らなくても、繰り返し計算によって安定的に真の関数に近い近似解を計算できるのである。

多くの数値計算手法では、実際にもっともらしい値が得られていても、本当に真の値に収束したのかを厳密かつ理論的に確認できない場合が多い[14]。そのなかで、VFI は理論的に収束することが確認されているため、信頼性のある手法だといえる[15]。VFI の縮小写像の性質は、「モデルが複雑であっても、そのモデルをベルマン方程式の形に落とし込むことができれば、数値計算的に分析可能にしてくれる」という意味で、極めて強い性質である。一方で、VFI は収束スピードが遅いことが知られており、何らかのスピードアップの工夫がなければ、真の解を得るのに時間がかかることがままある。

■ **微分可能性**　3.3.2 項で 3 次のスプライン補間について説明した際にも言及したように、価値関数は緩やかな条件のもとで 1 階微分可能であることが知られている (Benveniste and Scheinkman, 1979)。また、Santos and Vigo-Aguiar (1998) は価値関数の 2 階微分可能性について分析すると同時に、価値関数が 3 階微分可能にはならない反例を提示している。たいていの場合、3 階微分ができるかどうかはあまり関心がないだろうが、1 階微分可能性はオイラー方程式の導出に必須のため重要な性質となる。また、2 階微分が可能であるか否かもニュートン法（付録 B.2.1 参照）を使う際などに大切になるため、この性質もまた数値計算で VFI を行う際の強みと言える。

----

13) 詳しくは、Stokey et al. (1989) や Santos and Vigo-Aguiar (1998) を参照。

14) たとえば、同じ無限期間モデルをオイラー方程式から計算する場合、第 4 章で扱うようなオイラー方程式の繰り返し計算によって真の値に収束するかどうかは、価値関数ほど頑健な結果が得られていない。詳しくは、たとえば Judd et al. (2000) を参照。

15) より正確には、理論的には、定義域が有限であれば収束することが知られている (Stokey et al., 1989)。数値計算では定義域は必ず有限 (無限区間を扱うことは不可能) なので問題はない。一方、Alvarez and Stokey (1998) によると、同次関数であれば価値関数の繰り返し計算は収束する。たとえば、よく使われる CRRA 型効用関数がこれに相当するため、典型的なマクロ経済モデルでは収束の性質は得られる。

3.6 動的計画法の数値計算

　価値関数を VFI によって求める際に用いられる方法としては、大きく分けて以下の 2 種類がある。

(1) 状態変数と制御変数をともに離散化して解く方法：グリッドサーチ (2.4 節に対応)
(2) 状態変数は離散個で近似をして、制御変数のみ自由な値を認める方法：パラメトリック・アプローチ (2.5 節に対応)

どちらも第 2 章の 2 期間モデル・3 期間モデルで学習した数値計算手法の応用である。

3.6.1　状態変数と制御変数を離散化する：グリッドサーチ

　まず、状態空間と制御変数がともに離散的な場合の VFI からスタートしよう。このアプローチは、十分な精度で計算をしようとすると非常に遅く、コンピュータのメモリも大量に消費するという短所がある一方、安定していて強い非線形性のあるモデルでも扱うことが可能であるという長所がある。そのため、実践的な方法として、非線形性があるモデルをまずはグリッドサーチで解いてみて、計算速度の面で不満があるのであればより高速化可能な方法に切り替える、といったステップが考えられる。

　ベンチマーク・モデルを $u(c) = \log c$、$f(k) = k^\alpha$、$\delta = 1$ と特定化した場合、次のような解析解が存在していることが知られている[16]。

$$V(k) = A + B \log k$$
$$A = (1 - \beta)^{-1} \left[\log(1 - \alpha\beta) + \frac{\alpha\beta}{1 - \alpha\beta} \log \alpha\beta \right], \quad B = \frac{\alpha}{1 - \alpha\beta}$$
$$k' = \alpha\beta k^\alpha$$

もちろん、本来であれば、解析解が存在しているモデルをわざわざ数値計算

---

16) Stokey et al. (1989) の p.12 を参照。

を使って近似的に解く必要はない。ここでは、近似的な計算によって得られた解と真の解がどの程度近い（離れている）かを確認するために、あえて解析解が存在するモデルで近似計算を行っている。

まず、状態変数 k および制御変数 k' を離散 N 個に区切る（$k_i \in \{k_1, ..., k_N\}$、$k'_j \in \{k'_1, ..., k'_N\}$）。資本 k および k' の状態は離散個に区切った値しかとらないとする。グリッドを設定する際に、状態変数の上限 $\overline{k} = k_N$ および下限 $\underline{k} = k_1$ を設定する必要がある。下限については、モデルによっては借入制約などが考えられるが、我々のモデルでは資本がないと生産が行えなくなってしまうので、正値とする（$k_1 > 0$）。上限の設定は、場合によっては試行錯誤が必要になる。理論的な上限がある場合はよいが、多くの経済成長モデルなどでは明示的な上限は必ずしも存在しない。我々のモデルの場合、後で図 3.3 (b) で示すように、政策関数と 45 度線が交わる点で傾きが 45 度より緩やかとなる。これは、45 度線との交点より右の領域では、時間とともに資本が減少していくことを意味しており、交点が定常状態となる。そのため、45 度線との交点の右側で最大値を設定した。

以下は、アルゴリズムの概観である。

■ アルゴリズム

1. **グリッド生成**　状態空間および制御変数を有限個のグリッドに区切る。今回は 10001 個とした。グリッド上における価値関数 $V^{(0)}(k_i)$ の初期値を当て推量する。前述のとおり、価値関数は収束するので、始めはすべて 0 からスタートしても問題ないし、よりよい初期値を知っている場合にはそれを利用する。

2. **収束の基準**　収束の基準になるパラメータ ε を与えておく。どのような値にするかはモデルによるが、あまり緩くすると問題を解いたことにならないし、厳しくしすぎるといつまでたっても収束しない。今回は $\varepsilon = 10^{-5}$ とした。

3. **効用関数を設定**　効用関数 $u(k_i^\alpha + (1 - \delta)k_i - k'_j)$ を状態変数と制御変数の全グリッド上で評価する。よって、$N \times N$ の行列になる。

4. **価値関数の組み合わせを計算**　各 k_i について

図 3.3　制御変数が離散的な場合の価値関数と政策関数

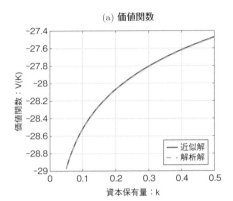

(a) 価値関数

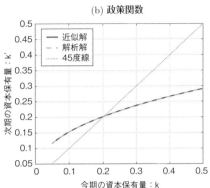

(b) 政策関数

$$V^{(n)}(k_i) = u(k_i^\alpha + (1 - \delta)k_i - k_j') + \beta V^{(n-1)}(k_j')$$

をすべての k_j' に関して計算する。右辺第 2 項の $V^{(n-1)}(k_j')$ は、初期値ではステップ 1 で与えた値を使う。

5. **価値関数を最大にする貯蓄を探す**　各 k_i について、$V^{(n)}(k_i)$ を最大にする k_j' を探す。

6. **収束しているか確認**　古い価値関数 $V^{(n-1)}$ と新しい価値関数 $V^{(n)}$ の距離を測る。すべての k_i について $\|V^{(n-1)}(k_i) - V^{(n)}(k_i)\| < \varepsilon$ であればストップ。そうでなければ、$V^{(n)}$ を $V^{(n-1)}$ に代入して、ステップ 4 とステップ 5 を繰り返す。縮小写像の性質があるため、いずれ収束する[17]。

　それでは、実際の数値計算結果を確認していこう。図 3.3 (a) は、近似した価値関数と解析解から計算した真の価値関数である。高い精度で真の関数を近似できていることが見て取れる。図 3.3 (b) は同様に近似した政策関数と真の政策関数を比較している。目では見分けがつかないほど近いことから、高い精度で近似計算がうまくいっていることが確認できる。政策関数は 0.2 近辺で 45 度線と交わることから、0.2 を上回る資本ストック k からスタートするとどん

---

17) 離散化した動的計画法の収束と安定性に関しては、Santos and Vigo-Aguiar (1998) も参照。

どん資本は減っていくことになる。そのため、極端に大きな値をとる必要はないが、グリッドの最大値は 0.2 を超えていて切りがよい数値である 0.5 に設定した。

3.6.2 制御変数を連続にする：パラメトリック・アプローチ

上記の方法は、状態変数と制御変数の両方を離散化しているため、今回のベンチマーク・モデルのようなシンプルなモデルであれば問題ないが、モデルを拡張する場合には計算速度と精度、さらにはコンピュータのメモリサイズの点から計算が困難になる場合が多々あり、より洗練された手法が必要になる。そこで、2.5 節でみたように、状態変数のみ離散近似をして、制御変数については連続的な値をとることを許容し、状態変数の間の値については内挿法で埋めることを考えよう。

以下は、制御変数が連続な場合の動的計画法の解法である[18]。

■ アルゴリズム

1. **グリッド生成**　状態空間の評価点を有限個のグリッドに区切る。今回は 21 個とする。グリッドサーチと同様に、有限個のグリッド上における価値関数の値 $V^{(0)}(k_i)$ の初期値を当て推量する。価値関数は収束するので、やはり始めは 0 からスタートしても大丈夫であるが、たとえば、離散近似でラフに計算した価値関数を初期値として採用するなど工夫をすると、収束が速くなる。

2. **収束の基準**　収束の基準になるパラメータ ε を与える。

3. **近似・評価**　近似点 k_i 上にない価値関数の値については、線形補間や 4.2.1 項および付録 B.1.2 で説明する多項式補間、3 次のスプライン補間などを使って近似する必要があるため、その係数を計算する。$V(k; \mathbf{b})$ をパラメータ $\mathbf{b}$（たとえば、線形近似の場合はグリッド間を近似した 1 次関数の切片および傾きの $2(N-1)$ 個のパラメータ）を使って近似したときの、k 上での価値関数の値とする。

---

[18] アルゴリズムの詳細については、Judd (1998) の第 12 章（特に Algorithm 12.5）および Cai and Judd (2014) を参照。Judd (1998) のアルゴリズムは Johnson et al. (1993) に基づいている。

図 3.4 価値関数と政策関数の繰り返し計算の収束速度比較

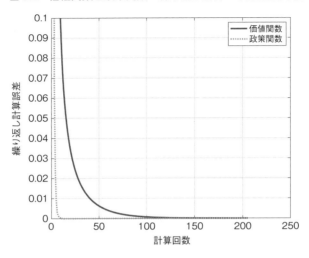

4. **最適化** 各 k^i について、

$$V^{(n)}(k_i) = \max\{u(k_i^\alpha + (1-\delta)k_i - k') + \beta V^{(n-1)}(k'; \mathbf{b})\}$$

を計算する。価値関数を最大にする k' を探すためには、各言語に備わって
いる最適化関数を利用する。このステップで新しい価値関数 $\{V^{(n)}(k_i)\}$
および政策関数 $g(k_i)$ を得る。

5. **収束しているか確認** 古い価値関数 $V^{(n-1)}$ と新しい価値関数 $V^{(n)}$ の距離
を測る。あらゆる k_i について**繰り返し誤差**(iteration error)が $\|V^{(n-1)}(k_i)$
$-V^{(n)}(k^i)\| < \varepsilon$ であればストップ。そうでなければ、$V^{(n)}$ を $V^{(n-1)}$
に代入して、ステップ 3 とステップ 4 を繰り返す。

　制御変数が連続的な場合に VFI によって得られた価値関数および政策関数
は、図 3.3 (a)、(b) と見た目はほぼ一緒になるため割愛する。図 3.4 は、収束
しているか否かを確認する際に必要になる繰り返し計算誤差の値をプロットし
たものである。およそ 200 回で繰り返し計算誤差は、$\varepsilon = 10^{-5}$ 以下になる。注
目してほしいのは、価値関数の繰り返し計算誤差より政策関数の繰り返し計算
誤差のほうが早く 0 に近づいている点である。これは偶然ではなく、多くの場

合で成り立つ。価値関数は繰り返し計算で収束するというありがたい性質があるが、その収束速度は決して早くないことが知られている。我々が知りたいのは価値関数そのものではなく、政策関数であることが多いので、政策関数が十分に収束している（繰り返し計算の誤差が小さい）ことを収束の基準としてもよい。

3.7 計算速度を改善する：政策関数反復法

VFI は収束するという理論的性質が厳密に証明されているため安定した数値計算を行うことができるが、収束に時間がかかるのは大きな欠点である[19]。価値関数の繰り返し計算をいかにスピードアップさせて、本当に知りたい政策関数を素早く計算するかについては、これまでに多くの研究蓄積がある[20]。代表例として**ハワードによる改善アルゴリズム**（Howard's improvement algorithm）を紹介しよう。この方法は**政策関数反復法**（policy function iteration: PFI）とも呼ばれている。以下が詳細なアルゴリズムである。

■ アルゴリズム
1. **グリッド生成**　状態空間の評価点を有限個のグリッドに区切る。
2. **収束の基準**　収束の基準になるパラメータ ε を与える。
3. **政策関数を当て推量**　価値関数ではなく、有限個のグリッド上における政策関数の値 $k' = g^{[0]}(k_i)$ の初期値を当て推量する。たとえば、全資産の半分を貯蓄する関数 $k' = \frac{1}{2}[f(k) + (1-\delta)k]$ からスタートするとしよう。$\frac{1}{2}$ を別の数字にしても問題はない。
4. **価値関数の計算**　当て推量をした政策関数を使って価値関数を繰り返し計算する。すなわち、$\tilde{V}^{(n)}(k) = u(k^\alpha + (1-\delta)k - g^{[0]}(k)) + \beta \tilde{V}^{(n-1)}(k)$ を計算する。この段階では最適化は不要なので、$k' = g^{[0]}(k^i)$ を使って左辺で得られた価値関数を右辺に代入してひたすら再計算を繰り返せば

---

19) 理論的な性質に関しては、Stokey et al. (1989) を参照。
20) 詳細は Rust (1996) を参照。

よい。なお、このステップで価値関数についてはアップデートを繰り返すが、政策関数は不変である点に注意してほしい。

5. **最適化**　ステップ 4 で得られた価値関数 $\tilde{V}$ を使って、各 k_i について、

$$V(k_i) = \max\{u(k_i^\alpha + (1 - \delta)k_i - k') + \beta\tilde{V}(k'; \mathbf{b})\}$$

を計算して、新しい政策関数 $k' = g^{[1]}(k_i)$ を得る。この政策関数を使ってステップ 4 を再計算する。

6. **収束しているか確認**　ステップ 4 とステップ 5 を繰り返して、あらゆる k_i について $\|V^{(n-1)}(k_i) - V^{(n)}(k_i)\| < \varepsilon$ であればストップ。

VFI とどこが違うかすぐにわかっただろうか。ハワードによる改善アルゴリズム（あるいは PFI）では、まず政策関数を当て推量して、その政策関数を使って価値関数をとりあえず計算してみる。今度はその価値関数を使って、最適化の解となる政策関数を一度だけ計算する。また、その政策関数を使って繰り返し計算から新たな価値関数を計算し直す。この繰り返しによって真の価値関数と政策関数を導出しようというのが基本的なアイディアである。通常、数値計算で一番時間がかかるのは最適化や非線形方程式の根を探す箇所なので、そこをできるだけ減らそうというわけである。

結果的に得られる価値関数と政策関数はこれまでとまったく同じ見た目なので図示はしないが、VFI では価値関数が収束するまで 200 回程度かかっていた繰り返し計算が、今回のモデルの場合、PFI ではわずか 2 回で収束することが、前掲の図 3.4 より見て取れる[21]。実際にどの程度の時間短縮になっているかは、自身でコードを走らせて確認をしてみてほしい。

3.8 オイラー方程式で測った誤差

図 3.5 は得られた政策関数 $k' = g(k)$ をオイラー方程式 $u'(c) = \beta u'(f(k') +$

---

21) PFI が 2 回で収束しているのは今回のモデルの政策関数が線形関数という単純な形をしているおかげであり、より複雑なモデルではもう少し収束に時間がかかる。しかし、VFI が一般的に収束が遅いことに変わりはない。

図3.5　オイラー方程式に代入した際の誤差

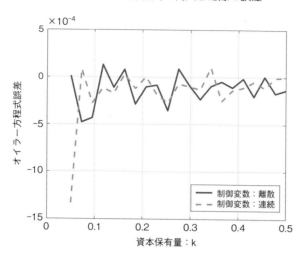

$(1-\delta)k - g(k'))f'(k')$ に代入して、1 階条件の誤差

$$\frac{\beta u'([g(k_i)]^\alpha + (1-\delta)g(k_i) - g(g(k_i)))f'(g(k_i))}{u'(k_i^\alpha + (1-\delta)k_i - g(k_i))} - 1 \tag{3.6}$$

を計算したものである[22]。真の政策関数ではオイラー方程式が等式で成立するため、(3.6) 式は 0 になるはずであるが、近似によって誤差が生じている。また、制御変数を離散化した場合はグリッドを 10001 個に区切ったのに対して、制御変数が連続の場合にはわずか 21 個で同程度の誤差となる。誤差については、第 4 章で時間反復法について学習する際に、改めてより詳細に議論する[23]。計算時間も、筆者のノートパソコンでは離散化の場合が 60 秒程度の計算時間を要するのに対して、制御変数を連続にした場合には 17 秒程度で計算が完了する[24]。このように、数値計算手法の選択によって計算時間と精度が変わってくる。

---

22) グリッドサーチの誤差については、パラメトリック・アプローチと同じ場所の 21 箇所のグリッド上で誤差を計算している。

23) 計算誤差に関する厳密な議論に関心がある読者は、Judd et al. (2017) を参照。

24) いずれも MATLAB で実行した場合。

3.9 リスクの導入と状態変数の追加

　これまで無限期間モデルにおける状態変数は資本 k のみであった。ここに 2.9 節で学習したようにリスクを導入してみよう。無人島で暮らすロビンソン・クルーソーは種を蒔いてそこからの収穫によって生活をしているわけだが、天候をコントロールすることは不可能なため、生産は安定せず、常に干ばつや日照りのリスクに晒されている。このような状況を表現するために生産関数を $f(k_t, A_t) = A_t k_t^\alpha$ と書くことにしよう。A_t はマクロ経済の生産性を表すパラメータであり、通常は全要素生産性 (TFP) の変動を使ってカリブレーションをする。天候リスクに晒されている状況下では、ロビンソン・クルーソーの意思決定問題の状態変数にはこれまでどおりの資本 k_t に加えて、現在の生産性 A_t が入ることになる。

　将来の生産性は一般的に慣性を持つ。すなわち、現在の生産性が低い場合はしばらく低い生産性が続き、逆に高い生産性が実現した場合はその後もしばらく高い生産性が続く可能性が高い。たとえば、生産性の状態は良い（good）と悪い（bad）の 2 種類で $\{A^g, A^b\}$ のどちらかの値をとるとしよう。A の遷移確率行列を

$$P_A = \begin{pmatrix} p_{gg} & p_{gb} \\ p_{bg} & p_{bb} \end{pmatrix} \tag{3.7}$$

と書くことにする。対角要素 p_{gg} と p_{bb} は持続性を表している。たとえば、$p_{gg} = 0.9$ であれば 90%の確率で次期も良い状態が続き、10%の確率で悪い状態に移行することを表している[25]。$p_{gg} = p_{bb}$ とは限らないので、現在の状態が g か b かに応じて、次期にどちらの状態が実現するかの期待値は異なる。また、当然、現在の生産量も変わってくる。

　以上から生産性が変動するリスクに直面している経済主体の意思決定問題は次のように書くことができる。

$$V(k, A) = \max_{k'} \{ u(Af(k) + (1 - \delta)k - k') + \beta \mathbb{E}V(k', A') \} \tag{3.8}$$

---

[25] $p_{gg} = 0.9$ であれば、平均的には 10 期間良い状態が続く。

図 3.6 リスクを導入した場合の価値関数と政策関数

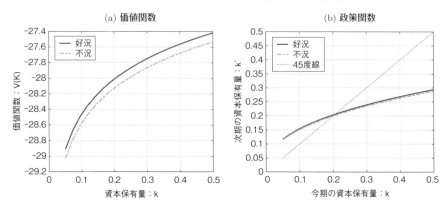

(3.5) 式との違いは、(1) 価値関数の状態変数に生産性 A が加わった、(2) 将来が不確実になったので次期の価値関数に期待値オペレータ $\mathbb{E}$ が加わり期待値を最大化する問題になった、(3) 生産関数にも A が加わった、の 3 点である。なお、遷移確率行列 (3.7) 式のもとで $\mathbb{E}V(k', A')$ は、現在の A に応じて、それぞれ

$$\mathbb{E}V(k', A'|A^g) = p_{gg}V(k', A^g) + p_{gb}V(k', A^b)$$
$$\mathbb{E}V(k', A'|A^b) = p_{bg}V(k', A^g) + p_{bb}V(k', A^b)$$

となる。

　実際に (3.8) 式を計算した結果が図 3.6 である。アルゴリズムは、3.6.2 項で説明したパラメトリック・アプローチに状態変数 A のためのループを追加しただけなので割愛する。また追加的なパラメータとして、景気循環を想定して、状態が良い (好況) 場合の生産性は $A^g = 1.01$、状態が悪い (不況) 場合は $A^b = 0.99$ とする。好況と不況の持続性を表すパラメータ p_{gg} と p_{bb} は、平均的な好況・不況持続期間が 8 期間と想定して、0.875 とした。それ以外のパラメータはこれまでと同様の値を用いている。

　これまでと異なり、価値関数・政策関数が好況時と不況時のそれぞれについて存在するため、2 本の線になっている点である。不況時の政策関数は好況時よりも下にあるため、同じ資本保有量であっても、投資額は少なくなる、すな

わち $g(k, A^g) > g(k, A^B)$ であることが読み取れる。A の状態の数は 2 つである必要はないため、景気の状態をもっと細かく設定をすることも可能である。ただし、A の状態の数を増やせば、A の状態の数 × k の状態の数だけ最適化問題を計算することになるため、計算時間がどんどん増える点に注意する必要がある。

3.10 ♣ 構造推定に向けて

動的計画法を用いて政策関数を計算することができるようになると、様々な方面に応用・拡張することができる。そのうちの 1 つが、構造推定である。実証分析を行う際に、明示的に理論モデルを考えないで回帰分析などから分析を行う方法を**誘導型**（reduced form）アプローチと呼ぶのに対して、経済主体の意思決定に基づく理論モデルを構築したうえでパラメータを推定して分析する方法を構造推定と呼ぶ。

構造推定にも様々なアプローチがあるが、ここでは動的計画法からパラメータの推定を行う方法を紹介しよう。本節のモデルは Gourinchas and Parker (2002) を大幅に簡略化したものである。

消費のパターンは年齢ごとに異なり、若い時期は消費額が増えていき、50 歳前後をピークとしてその後に低下する山型となることが知られている[26]。山型を作り出す原因は様々であるが、その 1 つとして**予備的貯蓄**（precautionary savings）の存在が指摘されている。一般的に将来の労働所得は不確実であり、労働者は失業などによって大幅に所得が低下するリスクに直面している。そのため、多くの人たちはいざという時のために備えて多めに貯蓄しようと考える。これが予備的貯蓄である。Gourinchas and Parker (2002) は予備的貯蓄が山型の消費プロファイルを作り出す原因の 1 つであることを、ミクロデータ（米国の Consumer Expenditure Survey〔CEX〕）とライフサイクル・モデルを用いて示した。

----

26) 近年の研究成果としては、たとえば Fernández-Villaverde and Krueger (2007) や Hansen and İmrohoroğlu (2008)、Aguiar and Hurst (2013) を参照。

　まずは、動的計画法を使って解くライフサイクル・モデルを設定しよう。本章で紹介したロビンソン・クルーソー・モデルにライフサイクルの要素を加えていく。

　ある個人は最大で J 歳まで生きることができるとしよう。ただし、**死亡リスク**（mortality risk）に直面していて、j 期から $j+1$ 期にかけての生存確率を $0 < s_{j+1} < 1$ と書くことにする。寿命が最大で J 歳なので、$s_{J+1} = 0$ である。また、$s_1 = 1$ とする。経済活動を開始する 1 期時点での j 歳までの累積生存確率を $S_j = \prod_{i=1}^{j-1} s_i$ とする。このときある個人の目的関数は

$$\max \sum_{j=1}^{J} \beta^{j-1} S_j \mathbb{E} u(c_j)$$

となる。ただし、$\mathbb{E}$ は期待値オペレータで、以下で説明するように所得リスクに直面していることから期待効用を最大にするように意思決定を行う。

　彼・彼女は jr 歳までは働いて労働所得 $\eta_j z$ を稼ぐことができる。ただし、z は労働生産性に関するリスクで、2.9 節と同じように $z \in \{z^h, z^m, z^l\}$ の 3 種類の値をとるとする。また z の遷移確率を $p(z, z')$ と書くこととする。一方、η_j は年齢ごとに**確定的**（deterministic）に変わってくる労働生産性を表現するパラメータである[27]。実際の賃金データをみると賃金カーブは 50 歳付近をピークとした山型になっていて、その形状を複製（リプリケート）するために年齢ごとの生産性を導入する[28]。

　引退後は働かないと仮定しているため労働所得がゼロ $(\eta_j = 0)$ になる代わりに公的年金を ss だけ受け取る。まとめると、予算制約は若年期と引退期で下記の 2 種類となる。

$$c_j + a_{j+1} \le \eta_j z + (1+r)a_j, \quad 1 \le j < jr$$

$$c_j + a_{j+1} \le ss + (1+r)a_j, \quad jr \le j \le J$$

　よって、ベルマン方程式で表現をすると若年期の最適化問題は

----

27) 年齢ごとの労働生産性をデータからいかにカリブレーションするかについては、Hansen (1993) を参照。

28) 実際の賃金カーブの形状は学歴やコーホートによって異なっている。たとえば、大卒男性の賃金カーブが明確に山型の形状をしているのに対して、高卒女性の賃金カーブはよりフラットである。

$$V_j(a, z) = \max_{c,a'}\{u(c) + \beta s_{j+1} \sum_{z'} p(z, z')V_{j+1}(a', z')\}$$

subject to

$$c_j + a_{j+1} \leq \eta_j z + (1+r)a_j$$

となり、引退後の最適化問題は

$$V_j(a) = \max_{c,a'}\{u(c) + \beta s_{j+1} V_{j+1}(a')\}$$

subject to

$$c_j + a_{j+1} \leq ss + (1+r)a_j$$

となる。

■ **カリブレーションと推定**　Gourinchas and Parker (2002) は 2 段階で構造推定を行っている。モデルにおける未知の変数は数多くあるが、すべてを推定対象とするのは困難なので、いくつかのパラメータは事前に別データに基づいてカリブレーションを行い、残りのパラメータについてはデータ（彼らの場合はCEX）とマッチするように推定するのである。まずは事前に設定するパラメータについて議論をしよう。

　各個人は 20 歳（$j = 1$）から経済活動を開始して、最大で 105 歳まで生きることができるとする（$J = 86$）。引退は一律で 64 歳（$jr = 45$）としよう。生存確率 $\{s_j\}_{j=1}^{86}$ は、国立社会保障・人口問題研究所（社人研）が「日本の将来推計人口」のなかで年齢ごとの死亡率を公表しているため、1 から 2020 年の死亡率を引いて導出した[29]。なお、最大で 105 歳まで生存すると仮定したのは上記の社人研による推定結果が 105 歳まで公表されているためである。残りのパラメータについても、公表されたデータを使ってカリブレートしていく。年齢ごとの労働生産性 $\{\eta_j\}_{j=1}^{45}$ は、山型の賃金カーブを描いてほしいので、厚生労働省の「賃金構造基本統計調査」の 2010 年代の平均値に基づいて年齢ごとの男

---

[29]　本書執筆時点で最新の推定は令和 5（2023）年推定である。推定の詳細は、国立社会保障・人口問題研究所「日本の将来推計人口（令和 5 年推計）」(https://www.ipss.go.jp/pp-zenkoku/j/zenkoku2023/pp_zenkoku2023.asp) を参照。

性の平均賃金を用いる。

　本書は男女格差や学歴間格差の研究書ではないので詳細には深入りしないが、賃金カーブのカリブレーションは、研究課題によっては慎重になる必要がある。たとえば、男性と女性では明らかに年齢ごとの賃金の平均値は異なるし、学歴間でも賃金カーブの水準、形状は大きく異なる。様々な個人の「平均値」を考えるのであれば、男女や学歴でウェイトをとった全体の平均値を計算するというのも場合によっては考えられるし、モデルを複雑化して男女差や学歴を状態変数に加えるということも考えられる。通常、こういった取捨選択は研究テーマおよびモデルが（現実的な計算時間で）解けるかといったトレードオフとの兼ね合いで決まってくる。

　残りのパラメータも設定していこう。労働生産性 η の平均値を 1 に基準化したうえで、公的年金 ss を**所得代替率**（replacement rate）に基づいて 0.5 と設定する。金利 r は年率で 4% とする。最後に、労働所得リスクについては 2.9 節で設定した遷移確率をそのまま使うことにしよう。

■ **シミュレーション積率法の考え方**　ここまででほとんどのパラメータは設定し終わった。残りは人々の選好を表す割引因子 β と、効用関数を CRRA 型とした際の相対的リスク回避度 γ である。この 2 つのパラメータ次第で、個人の年齢ごとの消費プロファイルの形状は変わってくる。Gourinchas and Parker (2002) は他に年齢ごとの家族人数の相違や遺産動機なども効用関数に含めて推定を行っている。

　推定したいパラメータのベクトルを $\boldsymbol{\theta}$ と書くことにしよう。1 つパラメータ $\boldsymbol{\theta}$ を設定すれば、上記のライフサイクルを定量的に解くことができる。すなわち、年齢ごとの政策関数 $a' = g_j(a, z)$ が得られる。それに基づいて、シミュレーションから年齢ごとの平均消費プロファイル $\{\tilde{C}_j(\boldsymbol{\theta})\}_{j=1}^{86}$ を計算することは容易である。一方で、総務省が公表している「全国消費実態調査（全国家計構造調査）」や「家計調査」の集計データを用いれば、実際の年齢ごとの消費プロファイル $\{C_j\}_{j=1}^{86}$ を計算することは可能である[30]。パラメータ $\boldsymbol{\theta}$ を変えると年齢ごと

---

30) ただし、総務省が公表している消費支出データは年齢階層ごとになっているため、1 歳刻みの年齢消費プロファイルを計算するためには補間が必要になる。

の消費プロファイルの形状も変化するので、データとの誤差 $\{\tilde{C}_j(\boldsymbol{\theta}) - C_j\}_{j=1}^{86}$ を最小にする $\boldsymbol{\theta}$ こそが現実を最もうまく説明するパラメータであると考えることができる。

上記の考え方をフォーマルに書くと次のようになる。

$$\boldsymbol{\theta}^* = \arg \min_{\boldsymbol{\theta}}(\tilde{\mu}(\boldsymbol{\theta}) - \mu)W(\tilde{\mu}(\boldsymbol{\theta}) - \mu)$$

$\tilde{\mu}(\boldsymbol{\theta}) - \mu$ は前述のデータとシミュレーションから導出した系列（ここでは消費プロファイル）の誤差である。W は**ウェイト行列**（weight matrix）である。たとえば、W が単位行列であれば（おなじみの）2 乗誤差を最小にする $\boldsymbol{\theta}$ を探していることと一緒になる。このようにシミュレーションから導出した系列とデータを用いてパラメータを推定する方法を**シミュレーション積率法**（simulated method of moment: SMM）と呼ぶ。ウェイト行列の設定や厳密な推定に関心がある読者は、Gourinchas and Parker (2002) や Adda and Cooper (2003) を参考にしてほしい[31]。

最後に、カリブレーションとシミュレーションの結果を簡単にみておこう。図 3.7(a) と図 3.7(b) はカリブレーションのステップで設定した年齢ごとの労働生産性と生存確率である。労働生産性 η_j は年齢とともに上昇していき、50 歳代でピークを迎えた後、引退期まで緩やかに低下するように設定した。一方、生存確率 s_j は国立社会保障・人口問題研究所の推定値に基づいており、60 歳頃までは次期まで生存する確率は非常に 1 に近いがそれ以後、特に 80 歳頃から急激に低下していく。

本来であれば、パラメータ β や γ の値を様々に入れ替えたうえで推定を行うのであるが、本モデルは簡易化しすぎているので、このモデルをそのまま推定しようとしても現実の消費プロファイルにマッチするちょうどよい β や γ をみつけるのは不可能である。図 3.7 (c) と図 3.7 (d) は、$\beta = 0.98$、$\gamma = 1$（効用関数は対数型）とした際の年齢ごとの消費および貯蓄プロファイルである。シミュレーション結果の消費プロファイルは 70 歳代にピークを迎えているが、これは実際のデータとは大きく異なる。すなわち、モデルに何らかの追加要素を

---

31) Abe and Yamada (2009) は、Gourinchas and Parker (2002) のアイディアに基づいて、SMM を用いて日本の家計の選好パラメータを推定している。その際のターゲットには、年齢ごとの消費の平均値ではなく、対数分散を用いている。

図 3.7　カリブレーションと構造推定

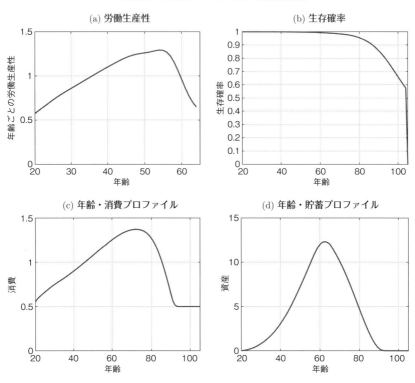

加えないと現実をうまく説明できない。一方、貯蓄プロファイルは定年年齢である 64 歳をピークにした山型となる。これはいわゆる消費の**ライフサイクル仮説**（life cycle hypothesis）と整合的な結果であるが、実際の貯蓄データでは高齢者が理論モデルの予測ほど貯蓄を切り崩さないということがよく知られていて、こちらもデータとのマッチはよくない。

　前述のとおり、Gourinchas and Parker (2002) は消費プロファイルの当てはまりを改善するためにモデルに年齢ごとの家族構成の変化や遺産動機を加えることによって、消費の構造推定をうまく行っている。一方、Cagetti (2003) は、消費ではなく、貯蓄プロファイルの方をマッチさせるように構造推定を行っている。シンプルすぎるライフサイクル・モデルでは高齢者の貯蓄行動をうまく説明するのは困難なので、遺産動機を追加するなどモデルの拡張を行っている。

3.11 進んだトピック

　動的計画法は様々な方面で高い応用性を持っている。たとえば、De Nardi et al. (2016) は米国の医療費支出問題について、高齢者の意思決定をベルマン方程式の形で定式化して、構造推定のなかに組み込んで豊かな政策的含意を導き出している。同様に、エリック・フレンチ（Eric French）教授の一連の研究 (French, 2005; French and Jones, 2011) は健康リスクに直面する家計の医療費と労働供給の関係性を、動的計画法に基づく構造推定で分析している。Low et al. (2010) は同じライフサイクル・モデルをベースとしながら、賃金リスクに注目したうえで勤労世代の労働供給を詳細に分析するなど、本章で紹介したフレームワークを基礎としながら、分析対象に応じて応用範囲は様々である。また、Gabaix (2017) は行動経済学に基づいたマクロ経済モデルを動的計画法で解く方法を提案するなど、現在も動的計画法を用いた研究は様々な方面に広がりをみせている。動的計画法の解法に関する近年の進展については、Arcidiacono et al. (2013) や Cai and Judd (2014)、Maliar and Maliar (2014)、Kristensen et al. (2021) などを参照してほしい。

第 4 章

オイラー方程式と時間反復法

4.1 分権経済と時間反復法

　第3章では、動的計画法（DP）を用いて新古典派成長モデルを数値的に解く方法を示した。そこでは、無人島に住むロビンソン・クルーソー、すなわちすべての配分を決定することができる社会計画者の問題を扱った。社会計画者の最適化問題では、ベルマン方程式を（現在から将来にわたっての効用の流列の割引現在価値である）価値関数について解くことで、最適な消費や貯蓄の経路を求めることができた。このとき、無人島に住むロビンソン・クルーソーは、消費や貯蓄と同時に生産を行っていた。この問題は、社会計画者問題とも呼ばれるものであった。

　しかし、無人島にロビンソン・クルーソーの他に、彼に代わって生産を行う別の個人がいるとするとどうだろうか。この場合、もともとのロビンソン・クルーソーの問題を**分権経済**（decentralized economy）における問題として書き換えることができる。よく知られた事実として、**厚生経済学の第二基本定理**（second fundamental theorem of welfare economics）が成り立つ場合、分権経済における**配分**（allocation）と社会計画者＝ロビンソン・クルーソーの最適化問題における配分は一致する[1]。

　ところが、厚生経済学の第二基本定理は、分権経済において価格に**歪みをも
たらす税**（distortionary tax）がある場合は成り立たない。また、第 7 章でより
詳しく扱うように、ニューケインジアン・モデルのような独占的競争および価
格の硬直性により相対価格に歪みがあるモデルにおいても、分権経済における
配分は、一般には、社会計画者問題における最適な配分と一致しない。このよ
うな場合には、社会計画者問題の代わりに、分権経済の問題を考える必要があ
る。このときに有用なのが、本章で説明するオイラー方程式、あるいは均衡条件
（equilibrium condition）を用いたアプローチであり、**時間反復法**（time iteration:
TI）と呼ばれる。

　第 3 章ではまた、ベルマン方程式における来期の価値関数を近似する方法に
ついても説明した。そこで説明した線形補間や 3 次のスプライン補間は、いず
れも状態空間を分割するグリッドの間を異なる関数で近似するが、本章で説明
する多項式を用いた補間は、状態空間全体を 1 つの関数で近似する。前者のほ
うがスムーズでない関数をうまく近似できるのに対して、後者のほうがグリッ
ドの数を少なくできることが多いなど、それぞれのアプローチには長所と短所
がある[2]。また、異なる近似の方法を用いることで、これまで説明したように
解の精度も変わってくる。同じ問題に異なる方法を適用して求めた解の比較を
行い、理解をより深めることも、本章の目的の 1 つである。

4.1.1　社会計画者問題

　無限期間モデルにおける社会計画者（ロビンソン・クルーソー）の最適化問
題は以下のとおりであった。

$$\max_{\{c_t, k_{t+1}\}_{t=0}^{\infty}} \sum_{t=0}^{\infty} \beta^t u(c_t)$$

subject to

$$c_t + k_{t+1} = f(k_t) + (1 - \delta)k, \quad k_0 \text{ given}$$

1）ここでは、完全競争均衡と一括所得移転を仮定している。厚生経済学の第二基本定理につい
　ては、たとえば、Mas-Colell et al. (1995) の第 16 章を参照。

2）たとえば、第 7 章でみるようなゼロ金利制約や借入制約などによって、状態空間のある点に
　おいて関数の屈折点が生じている場合には、一般には、多項式補間の近似の精度はよくない。

ここで、c_t は t 期における消費、k_t は t 期初の資本 (k_{t+1} は t 期末の資本) である。$u(c_t)$ は効用関数、$f(k_t)$ は生産関数であり、それぞれ標準的な仮定 ($u'(c_t) > 0$ および $u''(c_t) < 0$, $f'(k_t) > 0$ および $f''(k_t) < 0$) を満たす。ここでは、具体的に効用関数は $u(c) = c^{1-\gamma}/(1-\gamma)$、生産関数は $f(k) = k^\alpha$ とする。また、$\tilde{f}(k) = f(k) + (1-\delta)k$ として、前期末に資本減耗されていない分 $(1-\delta)k$ を含む。これを本章では富 (総資産) と呼ぶ。$\delta = 1$ のとき、$\tilde{f}(k) = f(k)$ となる。

第 3 章では動的計画法を用いてこの問題を解いた (消費または貯蓄を今期の資本の関数として求めた) が、本章では別のアプローチを用いる。ラグランジュ未定乗数法を用いると、**動的ラグランジュアン** (dynamic Lagrangean) は以下のように書くことができる。

$$
\begin{aligned}
\mathcal{L}_0 \equiv\ & \max_{\{c_t, k_{t+1}\}_{t=0}^{\infty}} \sum_{t=0}^{\infty} \beta^t \{ u(c_t) + \lambda_t (\tilde{f}(k_t) - k_{t+1} - c_t) \} \\
=\ & \max_{\{c_t, k_{t+1}\}_{t=0}^{\infty}} \{ u(c_0) + \lambda_0 (\tilde{f}(k_0) - k_1 - c_0) \\
& + \beta u(c_1) + \beta \lambda_1 (\tilde{f}(k_1) - k_2 - c_1) \\
& + \cdots \\
& + \beta^t u(c_t) + \beta^t \lambda_t (\tilde{f}(k_t) - k_{t+1} - c_t) \\
& + \beta^{t+1} u(c_{t+1}) + \beta^{t+1} \lambda_{t+1} (\tilde{f}(k_{t+1}) - k_{t+2} - c_{t+1}) \\
& + \cdots \}
\end{aligned}
$$

ここで、λ_t は**ラグランジュ乗数** (Lagrange multiplier) と呼ばれる。t 期の予算制約式に関するラグランジュ乗数には β^t が掛かっていることに注意しよう。(c_t, k_{t+1}) のそれぞれについて 1 階条件を求めると、

$$
\begin{aligned}
\frac{\partial \mathcal{L}_0}{\partial c_t} &: u'(c_t) - \lambda_t = 0 \\
\frac{\partial \mathcal{L}_0}{\partial k_{t+1}} &: -\lambda_t + \beta \lambda_{t+1} \tilde{f}'(k_{t+1}) = 0 \\
\frac{\partial \mathcal{L}_0}{\partial \lambda_t} &: \tilde{f}(k_t) - k_{t+1} - c_t = 0
\end{aligned}
$$

となる[3]。c_t についての微分から、ラグランジュ乗数は消費の限界効用と等しくなる[4]。このうち最初の 2 つの式をまとめると、

$$u'(c_t) = \beta u'(c_{t+1}) \tilde{f}'(k_{t+1})$$

と、おなじみのオイラー方程式を得ることができる。この式は「均衡条件」とも呼ばれる、解の必要条件である。このとき、最適化問題の解を $c_t = h(k_t)$ とする。また、関数 $h(k_t)$ は以下の式を満たす。

$$\begin{aligned} u'(h(k_t)) &= \beta u'(h(k_{t+1})) \tilde{f}'(k_{t+1}) \\ &= \beta u'(h(\tilde{f}(k_t) - h(k_t))) \tilde{f}'(\tilde{f}(k_t) - h(k_t)) \end{aligned}$$

したがって、この式を満たすような未知の関数 $h(k_t)$ を求めればよいことになる。

4.1.2 分権経済

ところで、ロビンソン・クルーソーが住む島に、もう 1 人フライデーがいて、仕事を分担するとしたらどうなるだろうか。フライデーはロビンソン・クルーソーから土地と種 (k_t) を価格 r_t^k で借りて作物をつくるとしよう。利潤を π_t としたとき、フライデー（企業）の**利潤最大化問題**（profit maximization problem）は以下のように書ける。

$$\pi_t = \max_{k_t} f(k_t) - r_t^k k_t$$

この問題の最適化条件は、端点解の場合を除くと、$r_t^k = f'(k_t)$ となる。

一方で、ロビンソン・クルーソー（家計）は、生産をする代わりに、地代（と種代）の支払いを受けて作物を購入するとしよう[5]。また、家計は資本を所有しており、前期に資本減耗されていない分も作物の購入に回すことができると

---

3) β^t はすべての項に掛かっているので、式全体をそれで割ることができる。

4) このことから、ラグランジュ乗数は消費の**影の価格**（shadow price）とも呼ばれる。すなわち、消費者が 1 円余分に予算を持っていたとき、その 1 円を消費することによる効用の増加分は λ_t にほぼ等しくなる。

5) 家計はこの企業を所有し、家計が今期の最適な消費と貯蓄の組み合わせを決めた後に、企業は家計に対して利潤を支払う。そのため、企業からの利潤支払いは家計の意思決定に影響を与えない。

する。すなわち、以下の最適化問題を解く。

$$\max_{\{c_t, k_{t+1}\}_{t=0}^{\infty}} \sum_{t=0}^{\infty} \beta^t u(c_t)$$

subject to

$$c_t + k_{t+1} = (1 + r_t^k - \delta)k_t + \pi_t, \quad k_0 \text{ given}$$

この問題を、先ほどと同じように動的ラグランジュアンを用いて、(c_t, k_{t+1}) について 1 階条件を求めた後でまとめると、

$$u'(c_t) = \beta u'(c_{t+1})(1 + r_{t+1}^k - \delta)$$
$$= \beta u'(c_{t+1})\tilde{f}'(k_{t+1})$$

となり、やはり同じオイラー方程式が得られる。また、予算制約式も整理してまとめると（$\pi_t = f(k_t) - r_t^k k_t$ に注意）、社会計画者の資源制約と同じ式 $c_t + k_{t+1} = \tilde{f}(k_t)$ が得られる[6]。

　ここで、さらにモデルを拡張して、政府の存在を考えて、ロビンソン・クルーソーは地代による所得から資本減耗を控除した一部を税率 τ で政府に税金として納めるとしたらどうか。また政府は税収をもとに家計への所得移転 ξ_t を行う。すなわち、政府の予算制約式は $\tau(r_t - \delta)k_t = \xi_t$ として与えられる[7]。消費者の動学最適化問題は以下のようになる。

$$\max_{\{c_t, k_{t+1}\}_{t=0}^{\infty}} \sum_{t=0}^{\infty} \beta^t u(c_t)$$

subject to

$$c_t + k_{t+1} = (1 + (1 - \tau)(r_t^k - \delta))k_t + \pi_t + \xi_t, \quad k_0 \text{ given}$$

----

6) 資本減耗後の利子率を $r_t = r_t^k - \delta$ とすると、企業の利潤最大化条件は

$$r_t = f'(k_t) - \delta$$

　家計の予算制約は

$$c_t + k_{t+1} = (1 + r_t)k_t + \pi_t$$

となる。

7) 家計が今期の最適な消費と貯蓄を決めた後に、政府は家計への所得移転を行う。

このとき、動的ラグランジュアンを用いた解の 1 階条件、すなわちオイラー方程式は、

$$u'(c_t) = \beta u'(c_{t+1})(1 + (1 - \tau)(r_{t+1}^k - \delta))$$
$$= \beta u'(c_{t+1})(\tilde{f}'(k_{t+1}) - \tau(r_{t+1}^k - \delta))$$

となり、社会計画者問題の場合と異なる。したがって、このオイラー方程式を用いて求めた最適化問題の解 $c_t = h(k_t)$ や消費と資本の流列 $\{c_t, k_{t+1}\}_{t=0}^{\infty}$ は異なることになる。このようなケースでは、前述のとおり厚生経済学の第二基本定理が成立しないため、社会計画者問題をベルマン方程式を使って解くことはできず、別のアプローチが必要になる[8]。

4.1.3 時間反復法

4.1.2 項で求めた無限期間モデルのオイラー方程式は、第 3 章でみたベルマン方程式のときと同様に時間 t に依存しない。そのため、第 3 章と同様に時間を表す添字 t を省略し、次期の変数、たとえば k_{t+1} を単にプライムを付けた k' と置き換えることができる。以下では、簡単化と第 3 章との比較のため、$\tau = 0$ のケースを考える。このとき、前述のように分権経済における配分と社会計画者問題における配分は等しくなる。先のオイラー方程式に次期の政策関数 $c' = h(k')$ と今期の資源制約式 $k' = f(k) - c$ を代入することで、以下の式を得る[9]。

$$u'(c) = \beta u'(c')\tilde{f}'(k')$$
$$= \beta u'(h(k'))\tilde{f}'(k')$$
$$= \beta u'(h(\tilde{f}(k) - c))\tilde{f}'(\tilde{f}(k) - c)$$

オイラー方程式が与えられたとき、それを政策関数 $c = h(k)$ について解くための方法の 1 つが、時間反復法（TI）と呼ばれる方法である。第 3 章で学

---

8) 分権経済でも、動学最適化問題（上の例では消費者の効用最大化問題）にベルマン方程式と価値関数反復法（VFI）を適用することは可能であり、このような解の特徴付けは、**再帰的競争均衡**（recursive competitive equilibrium）と呼ばれる。詳しくは Ljungqvist and Sargent (2018) の第 7 章を参照。

9) 第 3 章で用いた次期の資本についての政策関数 $k_{t+1} = g(k_t)$ は、この場合 $k_{t+1} = \tilde{f}(k_t) - h(k_t)$ と書ける。

んだ価値関数反復法（VFI）と同様に、TI は政策関数の流列をつくり、最終的に収束した関数を解として求める。すなわち、関数の流列は任意の推測された関数 $h^{(0)}(k)$ から始まり、$h^{(n-1)}(k)$ を所与として $h^{(n)}(k)$ を計算することで、$h^{(n)}(k), n = 1, 2, \ldots$ と続く（n は繰り返しの回数）。そして、関数の流列が収束するまで、つまり $h^{(n-1)}(k)$ と $h^{(n)}(k)$ が十分近くなるまで、計算を繰り返す。ここで、$h^{(n-1)}(k)$ を所与とすると、新しい政策関数 $c = h^{(n)}(k)$ は、以下の式を c について解くことで求められる。

$$u'(c) = \beta u'(h^{(n-1)}(\tilde{f}(k) - c))\tilde{f}'(\tilde{f}(k) - c)$$

これは、VFI において、$V^{(n-1)}$ を所与としてベルマン方程式を解くことで $V^{(n)}$ を計算することとよく似ている[10]。ここでは、ベルマン方程式の右辺における最大化問題を解く代わりに、オイラー方程式を満たす c を求める求根問題を解くのである。またそのとき、グリッド上にない $h^{(n-1)}(k')$ の値について近似する必要がある。

4.1.4 時間反復法の数値計算

時間反復法の具体的なアルゴリズムは、以下のとおりである。

■ アルゴリズム

1. **グリッド生成** 状態空間を有限個のグリッドに区切る。ここでは（3.6.2 項の VFI と同様に）$N = 21$ 個とする。有限個のグリッド上における政策関数の値 $h^{(0)}(k_i)$ の初期値を当て推量する。

2. **収束の基準** 収束の基準になるパラメータ ε を与える。

3. **近似・評価** グリッド上にない政策関数の値については、線形補間や 3 次のスプライン補間、4.2.1 項で説明する多項式補間などを使って近似する。$h(k; \mathbf{b})$ をそのような近似による、k 上での政策関数の値とする（$\mathbf{b}$ は近似関数のパラメータのベクトル）。

----

10) VFI では、ベルマン方程式は以下で与えられることを思い出してほしい。
$$V^{(n)}(k) = \max_{k'}\{u(\tilde{f}(k) - k') + \beta V^{(n-1)}(k')\}$$

4. 最適化 古い政策関数 $h^{(n-1)}(k)$ を所与として、各 k_i について、

$$u'(c_i) = \beta u'(h^{(n-1)}(\tilde{f}(k_i) - c_i; \mathbf{b}))\tilde{f}'(\tilde{f}(k_i) - c_i)$$

を c_i について解く。オイラー方程式の解である c を探すためには、各言語に備わっている最適化関数 (求根関数) を利用する。このステップで新しい政策関数 $c = h^{(n)}(k)$ を得る。

5. 収束しているか確認 古い政策関数 $h^{(n-1)}$ と新しい政策関数 $h^{(n)}$ の距離を測る。すべての k_i について $||h^{(n)}(k_i) - h^{(n-1)}(k_i)|| < \varepsilon$ であればストップ。そうでなければ、$h^{(n)}$ を $h^{(n-1)}$ に代入して、ステップ 3 とステップ 4 を繰り返す。

ここで注意したいのが、VFI とは異なり、TI による繰り返し計算が真の政策関数に収束する保証はないことである[11]。そのため、TI によって計算した解は、それが適切な解であるかどうか、シミュレーションの結果や計算誤差に基づいてよく吟味する必要がある。

政策関数の初期値 $\{h^{(0)}(k_i)\}_{i=1}^{N}$ は、VFI と比べてより重要であり、ここでは資本のグリッド上の値を用いて、資本について増加関数としている[12]。最適化には、各プログラミング言語のパッケージに実装されているニュートン法 (Newton's method) をベースとする関数などが使用できる[13]。ニュートン法では、初期値がゼロ点から離れすぎていると解が求まらないことがあるが、ここでは古い政策関数の値を初期値として用いている (このことからも、$h^{(0)}(k_i)$ の値が重要になる)。

図 4.1 (a) は、TI によって得られた政策関数と解析解から計算した真の政策関数である。この場合は第 3 章と同様に解析解が存在する。パラメータの値は、

----

[11] Coleman (1991) は、歪みをもたらす税のある確率的新古典派成長モデルにおいて解の存在を一般的に示した。解の存在や一意性についての議論は、Richter et al. (2014)、Sargent and Stachurski (2023) なども参照。

[12] たとえば、第 7 章で紹介する非線形ニューケインジアン・モデルでは、初期値やアルゴリズムの違いによって異なる解に収束することが知られている。より複雑な例では、比較的簡単に解ける、対数線形近似したモデルの解を初期値として用いるなどの工夫が必要なこともある。

[13] ニュートン法などのゼロ点を求めるアルゴリズムについては、付録 B.2 を参照。

図 4.1 TI により計算された政策関数とオイラー方程式の誤差

(a) 政策関数：$g(x) = \tilde{f}(x) - h(x)$

(b) オイラー方程式に代入した際の誤差

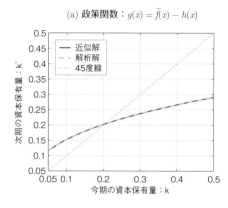

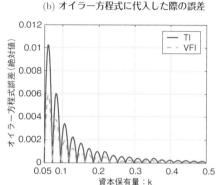

$\alpha = 0.4$、$\beta = 0.96$、$\delta = 1.0$、$\gamma = 1.0$ である。資本グリッドは $[0.05, 0.5]$ の区間を 21 個の点で等間隔に分割した。近似には 3 次のスプライン補間を用いた。図をみると、VFI と同様、高い精度で真の関数を近似できていることがわかる。また、政策関数を収束基準としていることから、収束のスピードは VFI と比べて速い。およそ 10 回で繰り返し計算誤差は $\varepsilon = 10^{-5}$ 以下になる[14]。

オイラー方程式における計算誤差（残差関数）は、2.6 節同様、以下の式で得られる。

$$R(k; \mathbf{b}) = \frac{\beta u'[\tilde{f}(k') - g(k'; \mathbf{b})]\tilde{f}'(g(k; \mathbf{b}))}{u'[\tilde{f}(k) - g(k; \mathbf{b})]} - 1$$

$$= \frac{\beta u'(\tilde{f}(g(k; \mathbf{b})) - g(g(k; \mathbf{b}); \mathbf{b}))\tilde{f}'(g(k; \mathbf{b}))}{u'(\tilde{f}(k) - g(k; \mathbf{b}))} - 1$$

ここで、$k' = g(k) = \tilde{f}(k) - h(k)$ である[15]。しかし、TI においては、グリッ

---

14) もっとも、第 3 章においても政策関数を収束基準とすることで収束のスピードを速めることはできる。

15) あるいは、$c = h(k) = \tilde{f}(k) - g(k)$ を用いると、以下のようにも書ける。

$$R(k; \mathbf{b}) = \frac{\beta u'(h(k'; \mathbf{b}))\tilde{f}'(g(k))}{u'(h(k; \mathbf{b}))} - 1$$

$$= \frac{\beta u'(h(\tilde{f}(k) - h(k; \mathbf{b}); \mathbf{b}))\tilde{f}'(\tilde{f}(k) - h(k; \mathbf{b}))}{u'(h(k; \mathbf{b}))} - 1$$

ド上でこの残差関数の値は繰り返し計算誤差とほぼ一致する。なぜなら、TI の最適化のステップではまさにこの値が各グリッド上でゼロとなるように c を求めているからである。したがって、ここでは、グリッドをさらに細かくとり、TI で使用したグリッドの間でも残差関数の値をみることにする。

図 4.1 (b) は、誤差を評価するためのグリッドを 201 個としたときのオイラー方程式の誤差の絶対値である。TI で政策関数の計算に用いたグリッドは 21 個であることに注意しよう。したがって、TI で使用したグリッドの間で、さらに 9 個の評価点を用いて誤差を評価していることになる。グラフが波打っているのは、TI で使用したグリッドでは、それ以外のグリッドと比べて、誤差が非常に小さくなる (繰り返し計算誤差とほぼ一致する) ためである。また、資本保有量が少ないほどグリッド間の誤差は大きくなるが、これは真の政策関数（あるいは価値関数）の**曲率**（curvature）が資本保有量がゼロに近づくにしたがって大きくなるためである。VFI と比較して、特に資本保有量が多いときには、TI は計算誤差でみても同等の精度を持っていることがわかる。資本の量が少ないと、計算誤差はやや大きくなる。そのため、ゼロ付近でより多くのグリッドを置くことも計算精度を上げるためには有用である。

計算誤差の別の見方として、誤差の絶対値の平均値と最大値に 10 を底とする対数をとったもの ($\log_{10} L_1$, $\log_{10} L_\infty$) をみると、TI では $(-3.066, -2.011)$、VFI では $(-3.252, -2.230)$ となっている[16]。すなわち、最大値でみても計算誤差は $10^{-2} = 0.01$ 以下にとどまっており、解の近似の精度は良好であることがうかがえる。

4.2 時間反復法の応用例

4.1 節では TI の基本的な考え方と、確定的な（資本のみを状態変数とする）新古典派成長モデルを TI を用いて解く方法について説明した。ここでは、引き続き新古典派成長モデルを対象に、TI の応用例についてみていく。まず最初

----

[16] ここで、L_p は**ノルム**（norm）と呼ばれる空間内の距離を測る指標である。すなわち、ベクトル $\mathbf{x} = [x_1, x_2, \ldots, x_N]$ に対して、$L_1 - \sum_{i=1}^{N} |x_i|$, $L_\infty - \max\{|x_1|, \ldots, |x_N|\}$ と定義される。

に、補間の方法としてチェビシェフ多項式による政策関数の近似について説明する。この場合、4.1 節と同様に TI を用いてグリッドごとに政策関数の値を求めることもできるが、2.6.2 項で説明した射影法（選点法）を用いて政策関数を近似する多項式の係数を直接求めることも可能である[17]。また、2.7 節で説明した内生的グリッド法（EGM）と TI を組み合わせることでも政策関数を求めることができる。最後に、2.9 節、3.9 節でも説明した全要素生産性（TFP）ショックのような確率的なリスクを新古典派成長モデルに導入したときの TI による解法についても説明する。ここでは、TFP ショックが AR(1) 過程に従うとして、そのような**確率過程（stochastic process）**をどうやって近似するかについてもみていくことにしよう。

4.2.1 多項式補間

4.1.4 項で示した TI のアルゴリズムにおいて、$h(k; \mathbf{b})$ は近似された政策関数であった。我々は $h(k)$ のグリッド上の値しか知らないため、k がグリッド上にないときに $h(k)$ の値を知るためには、何らかの補間による近似が必要であった。補間には線形補間や 3 次のスプライン補間など、いろいろな方法があるが、ここでは以下のような多項式補間を考える。

$$h(k; \boldsymbol{\theta}) = \theta_0 + \theta_1 T_1(\varphi(k)) + \theta_2 T_2(\varphi(k)) + \cdots + \theta_{N-1} T_{N-1}(\varphi(k))$$

ここで、$T_i(x), i = 0, 1, ..., N-1$ は、それぞれが最大で i 次の x の項を持つ多項式であり、ここでは以下のようなチェビシェフ多項式を考える[18]。

$$T_0(x) = 1,$$
$$T_1(x) = x,$$
$$T_2(x) = 2x^2 - 1,$$
$$\vdots$$

---

17) 射影法には、選点法以外にもいろいろな解き方が存在するが、本書では扱わない。興味のある読者は Marimon and Scott (1999) や Fernández-Villaverde et al. (2015) を参照。

18) チェビシェフ多項式を用いるときは、チェビシェフゼロ点や極値点といった評価点をグリッドに用いることで、近似の精度をよくすることができる。チェビシェフ多項式の性質やそれを用いた関数の近似の詳細については、付録 B.1.3 を参照。

$$T_{N-1}(x) = 2xT_{N-2}(x) - T_{N-3}(x)$$

また、$x = \varphi(k)$ は以下のような $k_j \in [k_1, k_N]$ を $x \in [-1, 1]$ に変換する関数である。

$$x_j = \varphi(k_j) = \frac{2(k_j - k_1)}{k_N - k_1} - 1$$

■ **時間反復法**　このようなチェビシェフ多項式による関数の近似を、TI に適用してみよう。数値計算のアルゴリズム自体は 4.1.4 項 で説明したものと同じである。本書の GitHub リポジトリにある実際のコードをみると、これまでと異なるのはステップ 3 における関数の近似のところだけであることがわかる。ここでは、グリッドの数を 3 次のスプライン補間の場合より少ない $N = 3, 5, 9$ 個とする。このとき、状態空間全体を近似する多項式の次数はそれぞれ $N - 1 = 2, 4, 8$ 次となる。

　表 4.1 は、それぞれの N について、計算誤差の絶対値の平均値と最大値に 10 を底とする対数をとったもの $(\log_{10} L_1, \log_{10} L_\infty)$ をまとめたものである。2 次や 4 次といった低次の多項式でもアルゴリズムは収束するが、真の関数からはやや乖離がみられ、オイラー方程式の計算誤差も悪化する。8 次の多項式を使った場合、計算誤差はやや改善する。

　さらに、k が非常に低い値をとることがありえない場合などでは、グリッドのとりうる値を狭くして、近似誤差が起こりやすい資本の値が少ない場合を避けることで、低次の多項式でも計算誤差を小さくすることができる[19]。たとえば、資本 k の定常状態 k_{ss} から上下 20 ％をグリッドの範囲とした場合（すなわち、$k \in [0.8k_{ss}, 1.2k_{ss}]$。これは、**対数線形近似**〔log-linear approximation〕で通常カバーする範囲よりも十分に広い）、2 次の多項式を使っても、計算誤差は 10^{-3} から 10^{-4} 程度に収まる。

　また、グリッドの数が少ないほうが計算時間は短くなるため、より大規模なモデルで計算時間を短縮したい場合は、グリッドの数を減らす工夫が必要になる。

------

[19] 第 5 章で導入する異質な家計のモデル (Aiyagari (1994) など) では、保有する資本が非常に少なく借入制約に直面している家計の存在が重要になるため、このテクニックは適用できない。

表 4.1　オイラー方程式における計算誤差

| | (a) 時間反復法（TI） | | | | (b) 射影法 | |
| | $k \in [0.05, 0.5]$ | | $k \in [0.8k_{ss}, 1.2k_{ss}]$ | | $k \in [0.8k_{ss}, 1.2k_{ss}]$ | |
N	$\log_{10} L_1$	$\log_{10} L_\infty$	$\log_{10} L_1$	$\log_{10} L_\infty$	$\log_{10} L_1$	$\log_{10} L_\infty$
3	-1.35	-0.94	-3.50	-3.23	-3.50	-3.24
5	-2.25	-1.79	-5.80	-5.49	-5.80	-5.49
9	-3.76	-3.24	-7.68	-7.68	-10.14	-9.83

■ **射影法**　2.6.2 項では射影法を 2 期間モデルのオイラー方程式を用いた解法に応用した。そこでは、モデルの解である政策関数は多項式によって近似されていたが、評価点上で残差がゼロに近くなるような係数（パラメータ）ベクトルを求める選点法によって解を求めた。ここでも、同様の発想で政策関数を多項式で近似したときの係数ベクトルを直接求めることによっても、政策関数を計算することができる。

　ここでは、残差関数は以下のようになる[20]。

$$R(k; \boldsymbol{\theta}) \equiv \frac{\beta u'[h(\tilde{f}(k) - h(k; \boldsymbol{\theta}); \boldsymbol{\theta})]\tilde{f}'(\tilde{f}(k) - h(k; \boldsymbol{\theta}))}{u'[h(k; \boldsymbol{\theta})]} - 1$$

この残差関数の値が、評価点 $k_i, i = 1, ..., N$ においてゼロに近くなるような係数ベクトル $\boldsymbol{\theta} = [\theta_0, \theta_1 ..., \theta_{N-1}]'$ をみつけるというのが、選点法の考え方である[21]。ゼロ点を探すには、各言語に備わっている最適化関数を利用する。

　ここで、VFI や TI とは異なり、政策関数の初期値や繰り返し計算は必要ないことに注意しよう。すなわち、残差関数 $R(k; \boldsymbol{\theta})$ の評価点上の 2 乗和を最小にするような係数ベクトル $\boldsymbol{\theta}$ を一度だけ解けばよいのである。その分計算時間は速くなるが、パラメータの値や評価点の範囲によっては必ずしも正しい解が求まらない。たとえば、$k \in [0.05, 0.5]$ としたときには、ゼロ点の探索は失敗してしまう。また、グリッドの数が多くなればなるほど、一度に求める係数ベクトルの要素の数も多くなるため、第 7 章で扱うようなゼロ金利制約や借入制

---

20) ここでは消費の政策関数 $c = h(k; \boldsymbol{\theta})$ について解いているが、貯蓄の政策関数 $k' = g(k; \boldsymbol{\theta})$ について解くこともできる。

21) この場合は、N 個の評価点に対して N 個の係数があるため、残差関数の値は（数値誤差を除くと）ゼロにすることができる。

約などによる非線形性が強いモデルを扱うには通常はあまり向いていないといえる。

4.2.2 ♣ 内生的グリッド法

2.7 節で説明した内生的グリッド法（EGM）は、本章でこれまで学んできた TI にも応用できる。EGM を用いることで、グリッドごとに最適化手法を用いて政策関数の値を求める必要がなくなり、計算速度を上げることができる。

ここで、4.1 節で出てきたオイラー方程式を思い出すと、$c' = h(k')$ に注意して、以下の式が得られる。

$$u'(c) = \beta u'(c')\tilde{f}'(k')$$
$$= \beta u'(h(k'))\tilde{f}'(k')$$

EGM の考え方は、「状態変数ではなく制御変数を離散化して、状態変数については予算制約式から逆算する」というものであった。ここでは制御変数を k' とすると、もしグリッドごとにその値がわかっていれば、c の値についても以下のように解析的に計算することができる。

$$c = u'^{-1}(\Gamma(k'))$$

ここで、$\Gamma(k') = \beta u'(h(k'))\tilde{f}'(k')$ である。なお、u'^{-1} は u' の逆関数を表す。すると、k の値についても、以下の式から計算することができる。

$$c + k' = \tilde{f}(k)$$

このようにして、(c, k) の値をそれぞれの k' のグリッドについて求めることができる。(c, k) のグリッド上の値から、関数 $c' = h(k')$ を更新する。

具体的なアルゴリズムは以下のようになる。

■ アルゴリズム

1. グリッド生成　制御変数（ここでは k'）の空間を有限個のグリッドに区切る。4.1.4 項で示した通常の TI で用いた状態変数 k のグリッドと同じ値を用いてもよい。有限個のグリッド上における政策関数の値 $h^{(0)}(k'_i)$ の

初期値を当て推量する。ここでの政策関数は、k' が与えられたときの c' の値となる。

2. **収束の基準** 収束の基準になるパラメータ ε を与える。

3. **状態変数の計算** 古い政策関数 $h^{(n-1)}(k')$ を所与として、各 k_i' について、

$$u'(c_i) = \beta u'(h^{(n-1)}(k_i'))\tilde{f}'(k_i')$$

を c_i について解く。ここで、通常の TI のアルゴリズムとは異なり、政策関数 $h^{(n-1)}(k')$ を補間する必要はない（グリッド上の値はわかっているため）。また、u' の逆関数がわかっていれば、c_i の値について解析的に求めることができるため、最適化関数を用いる必要もない。また、k_i についても、

$$c_i + k_i' = \tilde{f}(k_i)$$

を解くことで求めることができる。このステップで、各グリッド上で k_i' が与えられたときの、(c_i, k_i) の値を求めることができる。

4. **補間** ステップ 3 で求めた $\{c_i, k_i\}$ の値から、k_i' における c_i' の値を補間によって求める。グリッド上にない値については、線形補間や多項式補間、3 次のスプライン補間などを使って近似する。

5. **収束しているか確認** 古い政策関数 $h^{(n-1)}$ と新しい政策関数 $h^{(n)}$ の距離を測る。あらゆる k^i について $||h^{(n)}(k_i') - h^{(n-1)}(k_i')|| < \varepsilon$ であればストップ。そうでなければ、$h^{(n)}$ を $h^{(n-1)}$ に代入して、ステップ 3 とステップ 4 を繰り返す。

このアルゴリズムでは、ステップ 3 において、$\delta < 1$ の場合、$f(k)$ の逆関数を解析的に求めることができない。この場合、数値的に非線形方程式 $c + k' = \tilde{f}(k)$ を k について解くことになるが、これには時間がかかる（補間を必要としないので、シンプルな TI よりは速く解くことができる）。そのため、Carroll (2006) は以下のような方法を提案した[22]。

$m = \tilde{f}(k)$ とし、$c' = h(k')$ の代わりに、$c' = \tilde{h}(m')$ とする。すなわち、消費は資本ではなく富の関数であるとする。富は資本の関数であるため、この場合

---

[22] ここでの説明は、Maliar and Maliar (2013) に基づく。

でも消費は富を通じて間接的な資本の関数となっている。このとき、オイラー方程式は、

$$u'(c) = \beta u'(c')\tilde{f}'(k')$$
$$= \beta u'(\tilde{h}(m'))\tilde{f}'(k')$$

となる。グリッドごとに (m', k') の値がわかっていれば、以前と同様に c の値について解析的に計算できる。

$$c = u'^{-1}(\tilde{\Gamma}(m', k'))$$

ここで、$\tilde{\Gamma}(m', k') = \beta u'(\tilde{h}(m'))\tilde{f}'(k')$ である。すると、m の値については、非線形方程式を解くことなく、以下の式から計算することができる。

$$c + k' = \tilde{f}(k) = m$$

このようにして求めた (c, m) のグリッド上の値から、関数 $c' = \tilde{h}(m')$ を更新する。この場合は、最適化関数をまったく使うことなく、モデルの解である政策関数を TI により求めることができる。そのため EGM は、カリブレーションなどのためにモデルをできるだけ速い時間で解こうとするときに、よく使われている[23]。

4.2.3 リスクの導入

これまで説明してきた新古典派成長モデルには、不確実性は存在しなかった。すなわち、0 期に最適化問題を解くことで求められる消費と投資の最適な流列 $\{c_t, k_{t+1}\}_{t=0}^{\infty}$ は、状態変数である資本のみの関数 $c_t = h(k_t)$ および $k_{t+1} = \tilde{f}(k_t) - c_t$ であった。k_0 の値を所与として、政策関数から $c_0 = h(k_0)$ の値がわかれば、資源制約式から $k_1 = \tilde{f}(k_0) - c_0$ の値もわかる。またこの値を用いて $c_1 = h(k_1)$ の値もわかる、といったように、逐次的に $\{c_t, k_{t+1}\}_{t=0}^{\infty}$ の流列を確定的に求めることができた。

----

[23] EGM は VFI にも応用できる (Barillas and Fernández-Villaverde, 2007)。また、借入制約などの存在により、オイラー方程式が等号で成り立たないようなより複雑なモデルにも応用可能な手法が提案されている (Fella, 2014)。応用例については、Hintermaier and Koeniger (2010) や Iskhakov et al. (2017)、Ludwig and Schön (2018) も参照。

しかし、たとえば生産量 y_t が資本 k_t だけでなく確率的な技術水準 $A_t = e^{z_t}$ によっても決まる場合はどうだろうか。

$$y_t = \tilde{f}(k_t, z_t) = e^{z_t} k_t^{\alpha} + (1 - \delta)k_t$$

ここで、$z_t = \log A_t$ は以下の AR(1) 過程に従うとする

$$z_{t+1} = \rho z_t + \varepsilon_{t+1}, \quad \varepsilon_{t+1} \sim N(0, \sigma_z^2) \tag{4.1}$$

ここで、$\rho \in (0, 1)$ は自己回帰係数、ε_{t+1} は平均 0、分散 σ_z^2 の正規分布に従う確率変数である。この場合、0 期において将来の変数の値はわからない。1 期の技術水準の対数値 z_1 の値は 0 期においては判明しておらず、その条件付き期待値 $\mathbb{E}_0 z_1 = \rho z_0$ がわかっているだけである[24]。実際の $A_1 = e^{z_1}$ の値は、1 期になって ε_1 の値が判明して初めてわかる。また、ここでは技術水準の値が判明した後に、生産および消費・貯蓄を行うため、A_1 の値は 1 期の生産 y_1 の値や消費 c_1 の値にも影響を与えるが、これらの実際の値も 1 期にならないとわからない。

これらのことをふまえると、技術水準が確率的な場合には、無限期間モデルにおける社会計画者問題を以下のように書き直すことができる。

$$\max_{\{c_t, k_{t+1}\}_{t=0}^{\infty}} \mathbb{E}_0 \sum_{t=0}^{\infty} \beta^t u(c_t)$$

subject to

$$c_t + k_{t+1} = \tilde{f}(k_t, z_t), \quad k_0 \text{ given}$$

$$z_{t+1} = \rho z_t + \varepsilon_{t+1}, \quad \varepsilon_{t+1} \sim N(0, \sigma^2), \quad z_0 \text{ given}$$

---

24) ここで、$\mathbb{E}_t$ は条件付き期待値オペレータであり、ある確率変数 X_t について、t 期の情報集合を Ω_t とすると、$\mathbb{E}_t X_{t+1} = \mathbb{E}(X_{t+1} | \Omega_t)$ のように書ける。ここでは、

$$\begin{aligned}
\mathbb{E}_t z_{t+1} &= \mathbb{E}_t(\rho z_t + \varepsilon_{t+1}) \\
&= \mathbb{E}_t \rho z_t + \mathbb{E}_t \varepsilon_{t+1} \\
&= \mathbb{E}(\rho z_t | \Omega_t) + \mathbb{E}(\varepsilon_{t+1} | \Omega_t) \\
&= \rho z_t
\end{aligned}$$

となる。期待値の分配法則 $\mathbb{E}(X + Y) = \mathbb{E}(X) + \mathbb{E}(Y)$、$z_t$ が Ω_t に含まれていること、および $\mathbb{E}(\varepsilon_{t+1} | \Omega_t) = 0$ を利用した。

すなわち、社会計画者は 0 期における将来の期待効用の割引現在価値を最大化しようとする。また、このとき λ_t をラグランジュ乗数として、動的ラグランジュアンは以下のように書くことができる。

$$
\begin{aligned}
\mathcal{L}_0 &\equiv \max_{\{c_t, k_{t+1}\}_{t=0}^{\infty}} \mathbb{E}_0 \sum_{t=0}^{\infty} \beta^t \{u(c_t) + \lambda_t(\tilde{f}(k_t, z_t) - k_{t+1} - c_t)\} \\
&= \max_{\{c_t, k_{t+1}\}_{t=0}^{\infty}} \{u(c_0) + \lambda_0(\tilde{f}(k_0, z_0) - k_1 - c_0) \\
&\quad + \mathbb{E}_0 \beta u(c_1) + \mathbb{E}_0 \beta \lambda_1(\tilde{f}(k_1, z_1) - k_2 - c_1) \\
&\quad + \cdots \\
&\quad + \mathbb{E}_0 \beta^t u(c_t) + \mathbb{E}_0 \beta^t \lambda_t(\tilde{f}(k_t, z_t) - k_{t+1} - c_t) \\
&\quad + \mathbb{E}_0 \beta^{t+1} u(c_{t+1}) + \mathbb{E}_0 \beta^{t+1} \lambda_{t+1}(\tilde{f}(k_{t+1}, z_{t+1}) - k_{t+2} - c_{t+1}) \\
&\quad + \cdots\}
\end{aligned}
$$

確定的なケースとの違いは、将来の変数について条件付き期待値をとっている点である。また、ここでは技術水準 A_t が従う確率過程は外生的である。(c_t, k_{t+1}) のそれぞれについて 1 階条件を求めると、

$$
\begin{aligned}
\frac{\partial \mathcal{L}_0}{\partial c_t} &: \mathbb{E}_0 u'(c_t) - \mathbb{E}_0 \lambda_t = 0 \\
\frac{\partial \mathcal{L}_0}{\partial k_{t+1}} &: -\mathbb{E}_0 \lambda_t + \beta \mathbb{E}_0 \{\lambda_{t+1} \tilde{f}'(k_{t+1}, z_{t+1})\} = 0
\end{aligned}
$$

となる。ここで、**条件付き期待値の繰り返し法則**（law of iterated conditional expectation）を用いると、ある確率変数 X_{t+1} について、$\mathbb{E}_0 \mathbb{E}_t X_{t+1} = \mathbb{E}_t X_{t+1}$ となる。この法則を用いて 1 階条件を整理すると、以下のようになる。

$$
\begin{aligned}
u'(c_t) - \lambda_t &= 0 \\
-\lambda_t + \beta \mathbb{E}_t \{\lambda_{t+1} \tilde{f}'(k_{t+1}, z_{t+1})\} &= 0
\end{aligned}
$$

これら 2 つの式をまとめると、ここでのオイラー方程式は、

$$
u'(c_t) = \beta \mathbb{E}_t \{u'(c_{t+1}) \tilde{f}'(k_{t+1}, z_{t+1})\}
$$

となる。4.1 節の確定的なケースとの違いは、右辺に $t+1$ 期の技術水準 z_{t+1}

と期待値オペレータ $\mathbb{E}_t$ が加わっていることである。このとき、最適化問題の解は $c_t = h(k_t, z_t)$ となる。また、関数 $h(k_t, z_t)$ は以下の式を満たす。

$$u'(h(k_t, z_t)) = \beta\mathbb{E}_t\{u'(h(k_{t+1}, z_{t+1}))\tilde{f}'(k_{t+1}, z_{t+1})\}$$
$$= \beta\mathbb{E}_t\{u'(h(\tilde{f}(k_t, z_t) - h(k_t, z_t), z_{t+1}))$$
$$\times \tilde{f}'(\tilde{f}(k_t, z_t) - h(k_t, z_t), z_{t+1})\}$$

したがって、この式を満たすような未知の関数 $h(k_t, z_t)$ を求めればよいことになる。

ここで、右辺の期待値はどのようにしてとればよいのだろうか。ここでは、もとの連続的な AR(1) 過程 (4.1) 式をマルコフ連鎖により**離散的**（discrete）に近似した場合をみてみよう[25]。すなわち、z_t は

$$z_t \in \{z_1, z_2, ..., z_{N_z}\}$$

のいずれかの値をとるものとする。また、z_t が z_j の値をとるとき、z_{t+1} が z_k の値をとる確率を p_{jk} とする。このとき、z_t の遷移確率行列は、以下で与えられる。

$$P = \begin{bmatrix} p_{11} & \cdots & \cdots & p_{1N_z} \\ p_{21} & \ddots & & \vdots \\ \vdots & & \ddots & \vdots \\ p_{N_z 1} & \cdots & \cdots & p_{N_z N_z} \end{bmatrix}$$

また、z_t が z_j の値をとるとき、z_{t+1} の関数 $\varphi(z_{t+1})$ の条件付き期待値は、以下で与えられる。

$$\mathbb{E}_t\varphi(z_{t+1}) = \sum_{k=1}^{N_k} p_{jk}\varphi(z_k)$$

すなわち、z_t が z_j の値を、z_{t+1} が $\{z_1, z_2, ..., z_{N_z}\}$ のそれぞれの値をとるとき、$k = 1, ..., N_k$ のそれぞれについて、その条件付き確率 p_{jk} を $\varphi(z_k)$ に掛けて足し合わせたものが、$\varphi(z_{t+1})$ の条件付き期待値となる。

以下では、確定的なケースと同様に、時間を表す添字 t を省略する。ここでも

---

25) AR(1) 過程をマルコフ連鎖により近似する方法については、付録 C.1 を参照。

TI を適用すると、関数の流列は、任意の関数 $h^{(0)}(k,z)$ から始まり、$h^{(n-1)}(k,z)$ を所与として $h^{(n)}(k,z)$ を計算することで、$h^{(n)}(k,z), n = 1, 2, \ldots$ と続く。そして、関数の流列が収束するまで計算を繰り返す。ここで、$h^{(n-1)}(k,z)$ を所与とすると、新しい政策関数 $c = h^{(n)}(k,z)$ は、以下の式を c について解くことで求められる。

$$u'(c) = \beta \mathbb{E} u'(h^{(n-1)}(\tilde{f}(k,z) - c, z'))\tilde{f}'(\tilde{f}(k,z) - c, z')$$

ここで、$k = k_i$、$z = z_j$、$z' = z_k$ とすると、

$$u'(c) = \beta \sum_{k=1}^{N_z} p_{jk} u'(h^{(n-1)}(\tilde{f}(k_i, z_j) - c, z_k))\tilde{f}'(\tilde{f}(k_i, z_j) - c, z_k)$$

$$= \beta \sum_{k=1}^{N_z} p_{jk} \varphi(c; k_i, z_j, z_k)$$

のように書ける。右辺について (k_i, z_j) の値がわかっているとき、この式は c について解くことができる。

具体的なアルゴリズムは以下のようになる。

■ アルゴリズム

1. **グリッド生成**　k の状態空間を N_k 個のグリッドに区切る。z はマルコフ連鎖に従う確率過程で離散の値をとるため、N_z 個のグリッドがすでに与えられている。有限個のグリッド上における政策関数の値 $h^{(0)}(k_i, z_j)$ の初期値を当て推量する。

2. **収束の基準**　収束の基準になるパラメータ ε を与える。

3. **近似・評価**　グリッド上にない政策関数の値については、線形補間や多項式補間、3 次のスプライン補間などを使って近似する。$h(k, z_j; \mathbf{b})$ をそのような近似による、k 上での政策関数の値とする。ここで、$h(k, z_j)$ は z_j の関数にもなっていることに注意する。

4. **最適化**　古い政策関数 $h^{(n-1)}(k, z_j), j = 1, 2, \ldots, N_z$ を所与として、各 k_i, z_j について、

$$u'(c_{ij}) = \beta \sum_{k=1}^{N_z} p_{jk} u'(h^{(n-1)}(\tilde{f}(k_i, z_j) - c_{ij}, z_k; \mathbf{b}))\tilde{f}'(\tilde{f}(k_i, z_j) - c_{ij}, z_k)$$

を c_{ij} について解く。このステップで新しい政策関数 $c_{ij} = h^{(n)}(k_i, z_j)$ を得る。

5. **収束しているか確認** 古い政策関数 $h^{(n-1)}$ と新しい政策関数 $h^{(n)}$ の距離を測る。すべての (k_i, z_j) について $||h^{(n)}(k_i, z_j) - h^{(n-1)}(k_i, z_j)|| < \varepsilon$ であればストップ。そうでなければ、$h^{(n)}$ を $h^{(n-1)}$ に代入して、ステップ 3 とステップ 4 を繰り返す。

ここではパラメータの値を、$\alpha = 0.36$、$\beta = 0.96$、$\delta = 0.025$、$\gamma = 1.0$、$\rho = 0.95$、$\sigma_\varepsilon = 0.01$ とする。これは、四半期データに合わせたカリブレーションとなっている。グリッドの数は、$N = 21$、$N_z = 11$ とした[26]。マルコフ連鎖を用いて $A_t = e^{z_t}$ の流列を発生させ、それを政策関数に代入して $\{c_t, k_{t+1}\}$ の流列を求めた[27]。その結果は、図 4.2 に示されている。このように非線形モデルにおいても確率的シミュレーションを行うことで、景気循環などの確率的な経済現象について分析を行うことができる。

4.3 完全予見のもとでのオイラー方程式を用いた 非線形解法

これまで第 3 章と本章で、VFI や TI による新古典派成長モデルの非線形解法をみてきた。これらの解法では、モデルの解は政策関数 (たとえば $c = h(k, z)$) によって与えられた。政策関数は状態変数 (k, z) の関数であるため、状態変数の数が多くなるとモデルを解くのに時間がかかるという問題がある。これは 2.4 節で説明した次元の呪いである。たとえば、それぞれの状態変数に 10 個ずつグリッドをとるとしよう。このとき、グリッド数の合計は、状態変数が 2 つのときは 10^2、3 つのときは 10^3、というように、指数的に増加していく。

政策関数は、一度計算してしまえばあらゆる状態変数の組み合わせについてモデルの動学的な経路を計算できるという点で非常に便利であるが、ここでは

---

26) グリッドの範囲は、$k \in [0.1k_{ss}, 1.5k_{ss}]$、$z \in [-2.575\sigma_z, 2.575\sigma_z]$ とした。このとき、z のグリッドの範囲は、もとの AR(1) 過程において z がとりうる範囲の 99% をカバーしている。

27) マルコフ連鎖を用いたシミュレーションについては、付録 C.2 を参照。

図 4.2　新古典派成長モデルの確率的シミュレーション

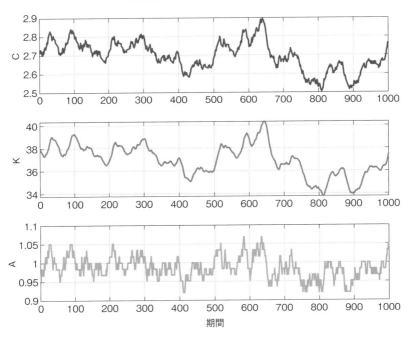

政策関数を計算する代わりに別のアプローチを考えたい。すなわち、将来の事象について**完全予見**（perfect foresight）を仮定する。これは、将来のショックについては現時点ですべてわかっているとする仮定である。この仮定のもとで、現在から将来への 1 本の**移行過程**（transition dynamics）を計算することで、次元の呪いを回避して、非線形モデルを比較的簡単に解くことができる。ここでは、完全予見の仮定のもとでモデルを解くアルゴリズムについて、**ためし打ち法**（shooting method）と後ろ向き帰納法を解説する。また、応用例として、将来の消費増税のタイミングが現在から将来にかけての消費や資本の動学に与える影響を分析する。

4.3.1　位相図と移行経路

新古典派成長モデルの均衡条件は、以下のようにまとめられる。ここでは、簡単化のため $u(c) = \log c$ とするが、一般的な CRRA 関数の場合でも同様の議

図 4.3 位相図と移行経路

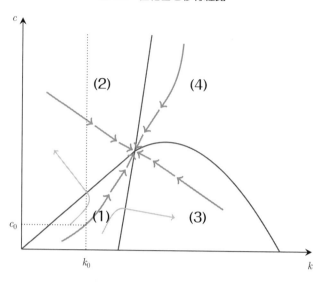

論が成り立つ。

$$1 = \beta(c_t/c_{t+1})\tilde{f}'(k_{t+1}) \tag{4.2}$$

$$c_t = \tilde{f}(k_t) - k_{t+1} \tag{4.3}$$

ここで、k_0 の値は所与である。このとき、もし c_0 の値がわかれば、(4.3) 式から $k_1 = \tilde{f}(k_0) - c_0$ の値もわかる。またこの値を用いて、(4.2) 式から $c_1 = \beta c_0 \tilde{f}'(k_1)$ の値もわかる、といったように、逐次的に $\{c_t, k_t\}_{t=0}^{\infty}$ の流列を確定的に求めることができる。このことを図 4.3 の**位相図**（phase diagram）でみてみよう。

図 4.3 は、(4.2) 式および (4.3) 式に基づき、

$$k_{t+1} - k_t = \tilde{f}(k_t) - k_t - c_t = 0$$

$$\frac{c_{t+1} - c_t}{c_t} = \beta\tilde{f}'(k_{t+1}) - 1 \approx \beta\tilde{f}'(k_t) - 1 = 0$$

の 2 つの曲線を並べたものである[28]。すなわち、(k_t, c_t) の値がこれらの曲線

---

[28] ここで、$k_{t+1} \approx k_t$ とする。厳密には、k_{t+1} の値を代入することで、$\frac{c_{t+1} - c_t}{c_t} = \beta\tilde{f}'(\tilde{f}(k_t) - c_t) - 1 = 0$ となり、これは通常のパラメータの値のもとでは位相図において右上がりの曲線になる。詳細は二神・堀 (2017) を参照。

上にあるときは、$k_{t+1} = k_t$ または $c_{t+1} = c_t$ が成り立つ。これらの曲線の交点においては、$k_{t+1} = k_t = k_{ss}$ および $c_{t+1} = c_t = c_{ss}$ が成り立ち、そのような (k_{ss}, c_{ss}) の値は定常状態と呼ばれる。これらの式を代入することで、定常状態の値として $k_{ss} = \tilde{f}'^{-1}(1/\beta)$, $c_{ss} = \tilde{f}(k_{ss}) - k_{ss}$ を得る[29]。

ここで、もし $\tilde{f}(k_t) - k_t - c_t > 0$ であれば、$k_{t+1} - k_t > 0$ であるので、k_t の流列は増加していく。一方で、$\tilde{f}(k_t) - k_t - c_t < 0$ であれば、k_t の流列は減少していく。同様に、$\beta \tilde{f}'(k_{t+1}) - 1 > 0$ であれば、$c_{t+1} - c_t > 0$ であるので、c_t の流列は増加していき、$\beta \tilde{f}'(k_{t+1}) - 1 < 0$ であれば、c_t の流列は減少していく。このように考えると、グラフは 4 つの部分に分けることができる。すなわち、(1) k_t, c_t がともに増加する部分、(2) k_t は増加するが、c_t は減少する部分、(3) k_t は減少するが、c_t は増加する部分、(4) k_t, c_t がともに減少する部分、の 4 つである。

ここで、ある k_0 の値が与えられたときに、$\{c_t, k_{t+1}\}_{t=0}^{T}$ の流列が最終的に定常状態にたどり着くことができるような c_0 の値はただ 1 つであることがわかる。そのような c_0 の値よりも、少しでも大きかったり、あるいは小さかったりすると、$\{c_t, k_{t+1}\}_{t=0}^{T}$ の流列は最終的に発散してしまう。定常状態に到達する $\{c_t, k_{t+1}\}_{t=0}^{T}$ の流列は、**移行経路**（transition path）あるいは**鞍点経路**（saddle point path）と呼ばれる。

4.3.2　ためし打ち法

このような位相図と移行経路についての考え方を応用したのが、ためし打ち法と呼ばれる以下のアルゴリズムである。

■ アルゴリズム

1.　$k_0^{(n)}$ は所与とする。$c_0^{(n)}$ の値を推測する。
2.　$(k_t^{(n)}, c_t^{(n)})$ の値を所与として、$(k_{t+1}^{(n)}, c_{t+1}^{(n)})$ の値を以下の式から計算する。

$$k_{t+1}^{(n)} = \tilde{f}(k_t^{(n)}) - k_t^{(n)} - c_t^{(n)}$$

---

[29] $\tilde{f}(k) = k^\alpha + (1-\delta)k$ とすると、$\tilde{f}'(k) = \alpha k^{\alpha-1} + 1 - \delta$, $k_{ss} = \left(\frac{\beta\alpha}{1-\beta(1-\delta)}\right)^{\frac{1}{1-\alpha}}$ と計算できる。

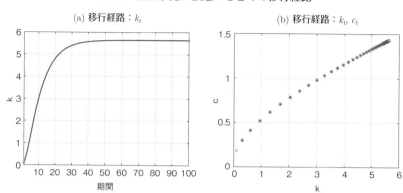

図 4.4　完全予見の仮定のもとでの移行経路

$$c_{t+1}^{(n)} = \beta c_t^{(n)} \tilde{f}'(k_{t+1}^{(n)})$$

3.　十分に大きい T について、$k_T^{(n)} = k_{ss}$、$c_T^{(n)} = c_{ss}$ であるか確認。そうでなければ、$c_0^{(n+1)}$ の値を調整してステップ 2 を繰り返す。

　正しい c_0 を与えたときの $\{c_t, k_t\}_{t=0}^{T}$ の移行経路においては、$k_t > 0$ および $c_t > 0$ であることに注意しよう。また、T の値は十分に大きくないと移行経路は定常状態に収束しない。位相図から、ある c_0（正しい値とは限らない）に対して、$k_T > k_{ss}$ のときは、c_0 が低すぎることが考えられる。このため、c_0 の値を大きくする必要がある。逆に、$k_T < k_{ss}$ のときは c_0 が高すぎるため、c_0 の値を小さくする必要がある。$k_T > k_{ss}$ となるような $c_0 = c_L$ と $k_T < k_{ss}$ となるような $c_0 = c_H$ をまずみつけて、たとえばはさみ打ち法で解くことができる[30]。あるいは、c_0 の値をインプットとして与えたときに $k_T - k_{ss}$ の値をアウトプットとして返す関数を書いて、その関数のゼロ点を最適化関数でみつけてもよい。

　図 4.4 は、$k_0 = 0.1$ としたときの移行経路を示したものである。ここではパラメータの値を、$\alpha = 0.4$、$\beta = 0.96$、$\delta = 0.1$、$\gamma = 1.0$ とする。このとき、$c_0 = 0.18$ の場合に、$\{c_t, k_{t+1}\}_{t=0}^{T}$ の流列は最終的に定常状態に収束する。

---

[30] はさみ打ち法については、付録 B.2.2 を参照。

ためし打ち法の場合、T の値を大きくしすぎると、正しい c_0 の値のもとでも解の流列が定常状態に収束しないことがある。たとえば、他のパラメータが上述した値の場合、$\delta = 0.1$ のときは $T > 150$、$\delta = 1.0$ のときは $T > 30$ のときには解の流列が最終的に発散してしまう。

4.3.3 後ろ向き帰納法

完全予見のもとでの移行経路を解くもう 1 つのアルゴリズムが、第 2、3 章でも登場した後ろ向き帰納法である。このアルゴリズムでは、分権経済における価格（金利）を所与とした家計の最適化行動と、経済全体の資源制約および企業の最適化行動とを分けて考える。4.1 節で学んだ分権経済における均衡条件は、以下の式で与えられる。

$$1 = \beta \frac{c_t}{c_{t+1}}(1 + (1 - \tau)(r_{t+1}^k - \delta))$$
$$r_{t+1}^k = \alpha k_{t+1}^{\alpha-1}$$

ここで、1 つ目の式は家計のオイラー方程式、2 つ目の式は企業の利潤最大化条件であった。ここで、家計のオイラー方程式に着目すると、資本および金利の流列 $\{k_{t+1}, r_t^k\}$ を所与とした場合、c_{t+1} の値がわかっていれば c_t の値も以下のように求まる。

$$c_t = \frac{c_{t+1}}{\beta(1 + (1 - \tau)(r_{t+1}^k - \delta))}$$

すなわち、$c_T = c_{ss}$ として、消費の流列 $c_{T-1}, c_{T-2}, ..., c_0$ を後ろ向き（back-ward）に時間をさかのぼって計算できる。このようにして金利を所与とした家計の最適消費の流列を得ることができる。すると、今度は企業の利潤最大化条件と経済全体の資源制約式から、k_0 を所与として、資本の流列 $k_1, k_2, ..., k_T$ を前向き〔forward〕）に解くことができる。

$$k_{t+1} = k_t^\alpha + (1 - \delta)k_t - c_t$$

新しく得られた資本の流列を用いて、再び消費の流列を後ろ向きに解く。この手続きを資本あるいは金利の流列が収束するまで繰り返すことで、均衡における移行経路を求めることができる。ためし打ち法と比べて、T を大きい値にし

た場合でも、解の流列は収束しやすく、発散しない[31]。

具体的なアルゴリズムは以下のようになる。

■ アルゴリズム

1. 資本の流列 $\{k_t^{(0)}\}_{t=1}^T$ の値を推測する。

2. $\{k_t^{(n-1)}\}_{t=1}^T$ および $c_T^{(n)} = c_{ss}$ の値を所与として、消費の流列 $c_{T-1}^{(n)}, c_{T-2}^{(n)}, ..., c_0^{(n)}$ の値を以下の式から計算する。

$$c_t^{(n)} = \frac{c_{t+1}^{(n)}}{\beta(1 + (1-\tau)(r_{t+1}^{k(n-1)} - \delta))}$$

$$r_{t+1}^{k(n-1)} = \alpha(k_{t+1}^{(n-1)})^{\alpha-1}$$

3. $\{c_t^{(n)}\}_{t=0}^T$ および $k_0^{(n)}$ の値を所与として、資本の流列 $k_1^{(n)}, k_2^{(n)}, ..., k_T^{(n)}$ の値を以下の式から計算する。

$$k_{t+1}^{(n)} = (k_t^{(n-1)})^\alpha + (1-\delta)k_t^{(n)} - c_t^{(n)}$$

4. $\{k_t^{(n)}\}_{t=1}^T$ と $\{k_t^{(n-1)}\}_{t=1}^T$ が十分近いかどうかを確認する。そうでなければ、$\{k_t^{(n)}\}_{t=1}^T$ の値を更新してステップ2とステップ3を繰り返す。

この方法は、第Ⅱ部でカバーする異質な個人のモデルにおける移行経路の求め方ともよく似ている。すなわち、異質な個人のモデルでは、ミクロレベルでの家計の最適化問題を解くときには、金利・賃金などの要素価格は所与として与えられる。一方で、要素価格はマクロ的な需給均衡によって計算できる。このようにミクロの最適化問題とマクロの需給均衡を分けて考えることができる。このとき、移行過程の計算においても、要素価格を所与としてミクロの最適化問題を後ろ向きに解き、そのようにして得られた個人の最適化行動（貯蓄関数）を集計してマクロの需給均衡と要素価格を前向きに解くのである（詳しくは第5

---

[31] Judd (1998) は、無限期間モデルを解く場合には、定常状態から出発する reverse shooting アルゴリズムのほうが forward shooting アルゴリズムよりも安定して解を求めることができると主張している。ただし、ここでのアルゴリズムは、消費の流列は後ろ向きに解く一方で、資本の流列は前向きに解いているという点で、Judd (1998) で扱っている reverse shooting アルゴリズムとは若干異なる。

章を参照）。ここでは、代表的個人のモデルにおいて分権経済を考えることで、同様にミクロ・マクロの問題を分けて考えているといえる。代表的個人のモデルでは個人レベルの消費や貯蓄の値がマクロレベルのそれらの変数の値と等しくなっているため、集計の問題を考えることなく要素価格を計算することができる。

4.3.4　応用例：将来の消費増税の影響

ここでは、完全予見のもとで、将来の消費増税が現在から将来にかけての消費や資本の動学にどのような影響を与えるのか分析してみよう。そのために、4.1 節で説明した分権経済に新たに消費税と政府支出を導入する。企業の利潤最大化問題は以前と同じである。一方、ここでの家計の最適化問題は以下のようになる。

$$\max_{\{c_t, k_{t+1}\}_{t=0}^{\infty}} \sum_{t=0}^{\infty} \beta^t u(c_t)$$

subject to

$$(1 + \tau_{c,t})c_t + k_{t+1} = (1 - \delta + r_t^k)k_t + \pi_t + \xi_t, \quad k_0 \text{ given}$$

ここで、政府の予算制約より、$\xi_t + g_t = \tau_{c,t}c_t$ が成り立つ。ここで、$\tau_{c,t}$ は消費税率、g_t は政府支出である。すなわち、家計は消費 1 単位当たり $\tau_{c,t}$ の税金を政府に支払い、政府はその税収を政府支出と家計への所得移転に用いる[32]。このとき、オイラー方程式は以下のようになる。

$$u'(c_t) = \beta u'(c_{t+1})\frac{1 + \tau_{c,t}}{1 + \tau_{c,t+1}}(1 + r_{t+1}^k - \delta)$$

また、家計と政府それぞれの予算制約式から、以下の資源制約式が得られる。

$$(1 + \tau_{c,t})c_t + k_{t+1} = (1 + r_t^k - \delta)k_t + \pi_t + \xi_t$$
$$\Leftrightarrow (1 + \tau_{c,t})c_t + k_{t+1} = (1 + r_t^k - \delta)k_t + \pi_t + \tau_{c,t}c_t - g_t$$
$$\Leftrightarrow c_t + k_{t+1} = k_t^\alpha + (1 - \delta)k_t - g_t$$

------

[32] ここで、政府支出は家計の効用や企業の利潤に影響を与えない、たとえばそれによって購入した財をすべて海に捨てる（dump into the ocean）ようなものと考える。

図 4.5 $t = 10$ における消費増税の影響

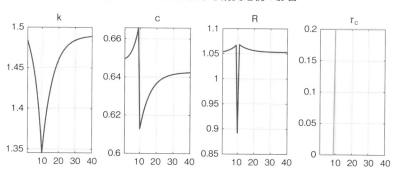

ここで、企業からの利潤の配当 $\pi_t = k_t^\alpha - r_t^k k_t$ を用いた。まとめると、ここでの均衡条件は以下のようになる。

$$u'(c_t) = \beta u'(c_{t+1}) \frac{1 + \tau_{c,t}}{1 + \tau_{c,t+1}} (1 + r_{t+1}^k - \delta)$$

$$c_t + k_{t+1} = k_t^\alpha + (1 - \delta)k_t - g_t$$

これらの均衡条件に、これまで説明した数値計算手法を応用することで、k_0 および $\{\tau_{c,t}, g_t\}$ の流列を所与として、$\{c_t, k_{t+1}\}$ の流列を求めることができる[33]。また、政府支出は $g_t = g = 0.2$ と一定の値をとるものとする。なお、消費税率の値は、定常状態の消費や資本の値に影響を与えないことに注意しよう[34]。

現在 $t = 0$ 期目に経済は定常状態にあった（$k_0 = k_{ss}$）として、将来 $t = 10$ 期目以降に消費税が導入され、税率が $\tau_{c,t} = 0$ から $\tau_{c,t} = 0.2$ に引き上げられることを、家計や企業は 0 期目に知ったとする。図 4.5 は、そのときの移行経路を示したものである。10 期目以降の消費増税を知った家計は、増税前に貯蓄を取り崩して消費を増やそうとする、いわゆる駆け込み消費を行う。そのため、0 期目の消費 c_0 も定常状態の値よりも大きくなる。しかし、10 期目に実際に増税されると、家計は消費を大きく減らし、その分貯蓄を増やす。その結果、最終的に資本は増税前の水準すなわち定常状態に収束していく。このため、（消費

---

33) ここでは、パラメータの値を、$\alpha = 0.33$、$\beta = 0.95$、$\delta = 0.1$、$\gamma = 2.0$ とする。

34) ここでの定常状態の値は、$r_{ss}^k = \beta^{-1} - 1 + \delta$、$k_{ss} = (\alpha/r_{ss}^k)^{1/(1-\alpha)}$、$c_{ss} = k_{ss}^\alpha - \delta k_{ss} - g$ である。

増税の影響を加味した）金利 $R_t = \frac{1+\tau_{c,t}}{1+\tau_{c,t+1}}(1 + r^k_{t+1} - \delta)$ は徐々に下がっていき、家計は消費を徐々に増やして、消費も定常状態に収束していく。

4.4 進んだトピック

　本章で紹介した TI は、分権経済のモデルを解くときに便利であり、第 7 章で紹介するように、名目金利のゼロ金利制約などの非線形性を明示的に考慮したニューケインジアン・モデルにおいては特によく使われる[35]。また、本章では状態変数が資本のみの 1 変数のケースと、資本と技術水準の 2 変数のケースのみを扱ったが、外生的なショックや前期の内生変数を状態変数としてモデルに加えることで、状態変数の数は増えていく。こうしたモデルの拡張は、モデルを用いてデータの動きを説明するために必要となることが多いが、たとえば、これまで推定によく使われてきた中規模ニューケインジアン・モデルでは、状態変数の数が 10 個を超えることもある。こうしたモデルは対数線形近似によって解くことができるが、これを非線形に解こうとすると、次元の呪いに直面する。このようなケースでは、たとえば 4.3 節で説明した完全予見のもとでの非線形解法を使うことで次元の呪いを回避できるが、この場合は将来の不確実性が現在に与える影響は分析できない。TI を使った場合でも、各グリッドでの最適化の方法を改良したり (Christiano and Fisher, 2000)、状態空間をグリッドの数が少なくなるよう工夫したり (Judd et al., 2014; Maliar and Maliar, 2015) することで、モデルをより速く解くことができる[36]。

---

35) 第 7 章でやや詳しくみるように、通常使われる対数線形近似では、モデルの非線形性をみ
　ることができない。

36) このため、TI は DSGE モデルのパラメータの構造推定にも有用である。より詳しいサー
　ベイについては、Hirose and Sunakawa (2019) を参照。

第 **II** 部

応用編

第 **5** 章

格差をどう説明するか

ビューリー・モデルによるアプローチ

5.1 なぜ異質な個人が重要か？

第I部では、ベルマン方程式を使った動的計画法（DP）や時間反復法（TI）を用いて、家計や企業の動学的最適化問題の解き方を学んだ。様々な経済環境に直面する個人がどのように意思決定をするか学んできたわけだが、あくまでも1人の個人の最適化問題に焦点を当てた、いわゆる代表的個人の仮定のもとで家計の行動を分析してきた。

しかしながら、現実にはマクロ変数と同じ動きをする代表的個人にお目にかかることはあまりない。各個人がそれぞれの不確実性に直面して異なる予算制約のなかで日々意思決定をしている。仮に「代表的個人」とでも呼ぶべき、平均的な資産・所得といった経済変数を有する個人がいたとしても、彼・彼女の行動を追えばマクロ経済の変化や経済政策の効果が必ずしも理解できるというわけでもない。

とはいえ、これまでの学習が無駄になることはないので安心してほしい。個人の意思決定はマクロ経済の動態を探る根底にあり、ミクロをきちんと理解することなしにマクロの理解はありえない。また、資本市場で取引される資産や効用関数に一定の仮定を置いた場合、個人の動きの総和はマクロの動きに近づ

くため、近似的には問題ない場合もあるだろう[1]。その一方で、代表的個人だけ
に焦点を当てた分析では語ることが難しい問題も存在する。所得・資産格差や
再分配政策の分析は、そのよい例だ。トマ・ピケティによるベストセラー『21
世紀の資本』(Piketty, 2014) などをきっかけに、世界各国において格差動向、
とりわけ富裕層がさらに豊かになり貧困層は逆に一層貧しくなるといった傾向
に対する問題意識が高まっている。米国ほど極端ではないものの、日本におい
ても過去数十年にわたって所得・資産格差の拡大傾向が確認されている[2]。格
差が広がる要因をつきとめて望ましい再分配政策のあり方を探るには、代表的
個人を仮定したモデルを超えて、**異質な個人**（heterogeneous agents）の存在
を許容したマクロモデルを構築することが必要である。また、たとえ家計間の
異質性や格差動向に関心はなく、分析対象が金利や総生産といったマクロ変数
の動きであったとしても、異質な個人の分布とその変化がマクロ変数の動きを
説明する重要な鍵を握りうることは、近年多数の研究が明らかにしている[3]。

さらに、様々な個人の行動がマクロ変数に影響するのはもちろんだが、当然
のことながらマクロ経済の現状と先行きの見込みは我々の行動を左右する重大
な要素である。そのため、均衡ではたくさんの異なるミクロレベルの個人の動
きとマクロ経済の相互作用も無視できない。

というわけで、本章では異質な個人を明示的に組み込んだマクロ経済モデルと
その数値計算方法を学習していく。ここで扱うモデルは、これまでと比較して
やや複雑かもしれないが、それらを修得すれば分析の幅が広がって、興味深いマ
クロ経済問題へ様々な切り口からアプローチできるようになる。基本的には第
3 章で学んだ動的計画法を使ってモデルを構築し、一般均衡の概念、コンピュー
タを使った近似計算や解の探索方法などの知識を総動員することでおのずと道
は開けるので、あまり心配する必要はない。近年はモデルが進化し数値計算手
法が発展すると同時に、コンピュータ技術が飛躍的に発展して計算にかかる時
間的・金銭的費用も低下している。そのため、様々なマクロ・ミクロの断面に
切り込んだ分析が、低コストでクリアに行うことができるようになっている。

---

1) **集計定理**（aggregation theorem）を満たす選好については、Acemoglu (2009) の第 5 章
などを参照。

2) たとえば Kitao and Yamada (2019) を参照。

3) たとえば Krueger et al. (2016)、Kaplan and Violante (2018) 等のサーベイを参照。

　本章と次の第 6 章では異質な個人を組み込んだマクロモデルの学習を行う。個人間の異質性という場合、たとえば性別や労働者の学歴、コホート、年齢など各個人にとって確定的な**事前（ex-ante）の異質性**と、確率的なショックによって生じる**事後（ex-post）の異質性**とがある。本章では後者の異質性、とくに確率的ショックが個人レベルで起きる可能性を組み込んだ、いわゆる**ビューリー・モデル（Bewley model）**を、第 6 章では「年齢」や「世代」の異質性を組み込んだ**世代重複（OLG）モデル**を取り扱う。世代重複モデルについては、簡単な 2 期間および 3 期間モデルは第 2 章ですでに学習したが、これを発展させていく。とくに日本では、公的年金などの社会保障を通じた世代間移転や、世代内における所得・資産格差など、確定的および確率的に生じる個人の異質性を組み入れずにはアプローチが難しい経済問題が山積している。可能な限り精緻な分析を行い現実的な政策議論に役立てるには、2 期間モデルや後述する固有なリスクのない代表的個人を仮定したモデル分析では限界がある。加えて、異質な個人を組み込んだモデルは、少子高齢化によるマクロ経済への影響や教育水準・家族構成・労働供給パターンの変化、さらにはテクノロジーの発展によって引き起こされる産業や職種構成の変化など、構造的な変化が引き起こすミクロ・マクロのダイナミクスの分析をさらにおもしろくしてくれる。不況による賃金変動や再分配政策・資産格差の拡大といった重要な課題の分析においても、クロスセクションでの異質性のみならず、時間を追って分布が変化していく異質性についても対処せねばならない。その際に本領を発揮するのが、これらの異質な個人を組み込んだモデルである。

5.2 ビューリー・モデル

　個人の異質性を組み込んだモデルと一言でいっても、人々の間のどのような違いを組み込むか、そのやり方は様々だ。ここでは個人の消費を支える労働所得もしくは労働生産性に、**固有（idiosyncratic）なショック**が確率的に発生するケースを考えてみる。

　悪いショックが起きた場合でも、所得を補填してくれる保険に加入したり借入を繰り返したりして消費を平準化し続けることができれば、一般的な効用関数の

もとでは結果として代表的個人のような消費プロファイルを実現できる。あらゆるリスクのそれぞれに対応して支払いが行われる、**状態条件付き資産**（state-contingent asset）を取引する市場を**完備市場**（complete market）と呼ぶ。しかし現実には所得リスクを一掃してくれるような保険は存在しないし、借入にも様々な制約がかかる。そこで本節では、完備市場が存在しない経済、すなわち**不完備市場**（incomplete market）において、借入制約に直面する個人をモデル化してみよう。この種の不完備市場モデルは、最初に開発を行った米国人経済学者のトルーマン・ビューリー教授（Truman Bewley）の名前にちなんで「ビューリー・モデル」と呼ばれることが多い。初期の代表的な論文の著者名を並べて、「Bewley-Aiyagari-Huggett-İmrohoroğlu モデル」などと言われることもあるが、本書ではシンプルにビューリー・モデルと呼ぶ[4]。以下では、Aiyagari (1994) に基づいたモデルを学習し、定常均衡の定義と特徴、カリブレーションと実際の計算について順番にみていこう。そのうえで、次の 5.3 節ではこのモデルを拡張して政府を導入し、政策の異なる 2 つの定常均衡の間の移行過程について解説する。さらに、5.4 節ではビューリー・モデルを様々な方向に拡張した最近の研究について紹介する。

5.2.1 完備市場の均衡

モデルの解説を始める前に、市場が不完備であることで生じる変化を明確にするため、まずは完備市場における均衡を整理してみよう。それぞれの個人が労働所得や労働生産性について固有のショックに直面するとしても、あらゆるリスクに対応した保険（状態条件付き資産）が取引される完備市場が存在すれば、無数の保険を市場で売買することによって消費をショックから切り離すことが可能となり、リスクのない経済と同じ消費の経路を達成することができる。ここでは簡素化のために、後者のリスクのない経済での均衡を導出するが、条件付き資産の取引市場を明示的に考慮したモデルにおいても同様の結果が導かれる。次の 5.2.2 項ではこうした保険の取引市場が完備しておらず、個人が固有のリスクの影響を消し去ることができない市場、すなわち不完備市場の均衡

---

4) Bewley (1983)、İmrohoroğlu (1989)、Huggett (1993)、Aiyagari (1994) などが初期の代表的な論文として挙げられる。

をこれと比較する。

　個人は無限期間において消費 $\{c_t\}_{t=0}^{\infty}$ から得られる各期の効用 $u(c_t)$ の割引現在価値を最大化すべく、以下の最適化問題を解く。

$$\max_{\{c_t, a_{t+1}\}_{t=0}^{\infty}} \sum_{t=0}^{\infty} \beta^t u(c_t)$$

subject to

$$c_t + a_{t+1} = (1 + r_t)a_t + w_t$$

ここで、a_{t+1} は内生的に決定される今期行う貯蓄（次期の資産）を指し、β は主観的割引因子である。初期の資産 a_0 は所与とする。賃金 w_t および金利水準 r_t は均衡において決定されるが、個人にとっては所与である。個人が借入をしている場合は $a_t < 0$ となるが、借金の現在価値が無限大に発散し返済が不可能となるポンジゲームを排除するため、個人の資産には (5.1) 式で示す制約があるものとする。

$$\lim_{t \to \infty} \frac{a_{t+1}}{\prod_{s=0}^{t}(1 + r_s)} \geq 0 \tag{5.1}$$

　次に、この無限期間の問題をベルマン方程式を使って以下のように書き換える。

$$V(a) = \max_{c, a'} \{u(c) + \beta V(a')\}$$

subject to

$$c + a' = (1 + r)a + w$$

$$a' \geq -b$$

第 I 部と同様、個人が解く問題は毎期同じように表すことができるため、期間を示す添字 t は省略してある。また、プライム記号（たとえば a'）は次期の値を示すこととし、借入制約については、資産の下限を $-b$ とおく。

　1 階条件は (5.2) 式で与えられ、標準的な効用関数の仮定 $u'(c) > 0$、$u''(c) < 0$ および $c > 0$ かつ $c \neq \infty$ の条件下では、均衡における金利 r について (5.2) 式、(5.3) 式が成立する。

$$u'(c) = \beta(1 + r)u'(c') \tag{5.2}$$

$$r = \frac{1}{\beta} - 1 \equiv \lambda \tag{5.3}$$

　競争的な企業は、総資本 K および総労働 L を生産要素として生産関数 $Y = F(K, L)$ に基づき生産を行う。均衡において K および L はそれぞれ、個人から供給された資産および労働の総和である[5]。市場金利 r と賃金 w のもと、企業は以下の最適化問題を解く。

$$\max_{K,L} F(K, L) - (r + \delta)K - wL$$

利潤最大化条件は以下に与えられる。

$$r = F_K(K, L) - \delta \tag{5.4}$$
$$w = F_L(K, L)$$

ここで、F_K および F_L は、生産関数 F を各生産要素 K、L に関して微分した値を示す。δ は資本減耗率である。なお、$F_K > 0$ であることから、金利水準の下限は $-\delta$ となる。

　資本市場における個人と企業の行動を、慣例に従って縦軸に価格（金利）、横軸に需要・供給量として表すと、Aiyagari (1994) に基づく図 5.1 のようになる。完備市場における均衡は、資本水準に依存しない直線で示される供給「曲線」$r = \lambda$ と、企業の利潤最大化条件 (5.4) 式で示される右下がりの需要曲線との交点（図中の e^f）で与えられる。均衡においては、金利は $r = \lambda$、総資本は生産関数と企業の利潤最大化条件から $\lambda = F_K(K, L) - \delta$ を満たす K の値となる。図で示されているように、r が $-\delta$ に近づくにつれて（すなわち $F_K(K, L)$ がゼロに近づくにつれて）、K は無限大に発散する。資本減耗率を差し引いた実質的な資本コストがゼロに近づけば、企業は大量に借入を行おうとするためだ。

5.2.2　不完備市場モデル

　次に、個人に固有な不確実性を労働生産性に導入しよう。総人口を 1 に基準化し、市場は不完備、すなわち状態条件付き資産は存在しないと仮定する。消費の変動を嫌う個人が将来の所得変動に備えてできることは、3.10 節で解説し

----

5) 総人口を 1 に基準化すれば、均衡において $L = 1$、$K = a$ となる。

図 5.1 完備市場および不完備市場における均衡

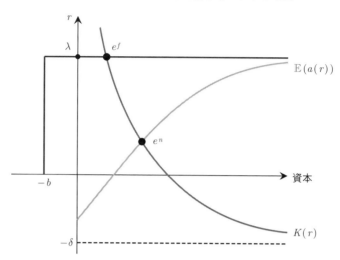

（出所）　Aiyagari (1994) の図 IIb をもとに作成。

た予備的貯蓄、すなわちいざというときに備えてリスクのない資産を多めに蓄えておくことのみとなる[6]。また、ある程度の借入を行うことはできるが、上限が定められポンジゲームの可能性は排除される。

　労働生産性を l で表し、AR(1) 過程に従うとする。l の値がとりうる上限 $l_{\max}$ および下限 $l_{\min}$ を設定し、N_l 個のグリッド $\{l_1, \cdots, l_{N_l}\}$ で離散化する。今期の労働生産性が l_i から次期に l_j となる遷移確率を p_{ij} で表す。

　完備市場のベルマン方程式を、所得の不確実性を含めた不完備市場のベルマン方程式として書き改めると以下のようになる。

$$V(a, l) = \max_{c, a'} \{u(c) + \beta \mathbb{E} V(a', l')\}$$

subject to

$$c + a' = (1 + r)a + wl$$

6）ここでいう「リスクのない」資産というのは、もちろん「リスクを取り除いてくれる資産」すなわち状態条件付き資産ではなく、個人がどのようなショックに直面しようともあらかじめ決められた支払いが行われる「リスクに応じて支払いが変化することのない資産」である。

$$a' \geq -b$$

　完備市場のケースとの違いは、新たに個人の状態変数として加わった今期の労働生産性 l と、l の不確実性に伴って次期の価値関数にかかる期待値を示すオペレーター $\mathbb{E}$ のみである。今期の l が l_i の場合の価値関数の期待値を遷移確率 p_{ij} を用いて明示的に表すと、$\mathbb{E}V(a', l') = \sum_j V(a', l_j)p_{ij}$ となる。企業部門については完備市場の場合と同じ仮定を置く。ここでは、ミクロレベルにおいて個人は毎期労働生産性のリスクに直面しているが、労働生産性の分布は一定である。また、定常均衡においては、資産も含む状態変数の分布は一定であり、総資本や金利といったマクロ変数は毎期変化することはない[7]。定常状態において、資産 $a = a_i$、労働生産性 $l = l_j$ である人の確率分布を

$$\mu(a = a_i, l = l_j) = \mu(a_i, l_j)$$

と表す。次に、この不完備市場での定常均衡を定義する。

■ **均衡の定義**　この不完備市場モデルにおける定常均衡は、以下の条件を満たす政策関数 $a' = g(a, l)$、個人の状態変数空間における確率分布 $\mu(a, l)$、総資本 K、総労働 L、金利 r、および賃金 w によって定義される。

(1) 要素価格は競争的に決定される。均衡においては $r = F_K(K, L) - \delta$ および $w = F_L(K, L)$ が成立する。

(2) 政策関数 $a' = g(a, l)$ は個人の最適化問題の解である。

(3) 確率分布 $\mu(a, l)$ は不変であり、政策関数 $g(a, l)$ および労働生産性 l の遷移確率 p_{ij} によって導かれる。

(4) 企業の総資本需要 K と個人の総資本供給は一致する。また総労働需要 L と総労働供給も一致する。

$$K = \int_l \int_a a\mu(a, l) \, da \, dl$$

7）もちろん、5.3 節で学習するように、定常均衡から離れる移行過程においてはその限りではなく、個人の状態変数の分布とともにマクロ変数も変化する。

$$L = \int_l \int_a l\mu(a,l)dadl$$

5.2.3　不完備市場における均衡の特徴

　モデルの概要は以上であるが、不完備市場における資本市場の均衡では価格（金利）と総資本がどのように決定されるか特徴付けてみよう。

　まずは、資本市場の供給サイドにおいて、家計がどのように市場金利に反応して貯蓄の意思決定を行うか考察する。消費と貯蓄に関するオイラー不等式は(5.5) 式で与えられる。

$$u'(c) \geq \beta(1+r)\mathbb{E}u'(c') \tag{5.5}$$

借入制約がバインドしている、すなわち借入制約に直面しているために、個人が望むだけの借入をして消費を増やすことができないときには、今期の消費による限界効用が割引後の来期の限界効用を上回り、不等式が成立する。これは、異時点間の消費の限界効用を平準化させたいが、それができない状態である。

　借入制約にかからない範囲においては、標準的な効用関数のもとでは金利が上がれば、貯蓄が上昇し消費の成長率も増加する。また、金利が下方から完備市場における金利水準 $\lambda = 1/\beta - 1$ に近づくにつれて、期待資産は無限大に発散する。このことは、$u'(c)$ が**非負のスーパーマルチンゲール**（non-negative supermartingale）であることを利用して数学的に証明できるが、直観的な説明は以下のとおりである[8]。

　仮に金利が $r = \lambda$ であった場合（すなわち $(1+r)\beta = 1$ の場合）、(5.5) 式は $u'(c_t) \geq \mathbb{E}u'(c_{t+1})$ となる。不等式が成立する $u'(c_t) > \mathbb{E}u'(c_{t+1})$ の場合には、**イェンセンの不等式**（Jensen's inequality）から $\mathbb{E}(c_{t+1}) > c_t$ となり、消費の期待値は上昇を続ける。このような消費過程を支えられるのは、期待資産が増加し続ける場合に限られる。よって、極限では資産は無限大となる。

　等式が成立する $u'(c_t) = \mathbb{E}u'(c_{t+1})$ の場合には $\mathbb{E}(c_{t+1}) \geq c_t$ となる。$\mathbb{E}(c_{t+1}) > c_t$ であれば上のケースと同じく、期待資産は無限大となる。$\mathbb{E}(c_{t+1}) = c_t$ というのは、イェンセンの不等式から、不確実性のない $c_{t+1} = c_t$ が成立す

---

8)　消費の限界効用のマルチンゲール性についての詳細は、阿部 (2011)、Ljungqvist and Sargent (2018) などを参照。

る場合に限られる。

　しかしながら、「消費が変動しない」という状態は、この不完備市場においては永続しえない。もしそうであれば、均衡においては**包絡線定理（envelope theorem）**により $V'(a) = u'(c)(1 + r)$ が成り立つことから、消費と同じように資産の成長率もゼロとなる[9]。これは家計の予算制約式と矛盾する。$c_t = \bar{c}$、$a_t = \bar{a}$ とすると、l が不変でない限り、$\bar{c} + \bar{a} = (1 + r)\bar{a} + wl$ は成立しえないからである。

　少々説明が長くなったが、労働生産性に不確実性が導入されたことで、金利に対する個人の反応が完備市場の場合とはまったく異なる結果となったことは、不完備市場の特性を理解するうえで重要な点である。不完備市場において不確実性に晒されている個人にとって、リスクのない資産というのは不完全ながらも所得変動リスクの影響を緩和してくれるありがたい代物であり、完備市場の個人にはわからない大いなる魅力がある。よって、完備市場に暮らす人たちよりも、利回りが低くても喜んで手に入れたいわけで、もし完備市場と同じ価格 $(r = 1/\beta - 1)$ がつけられたならば、毎期毎期喜んで資産を積み上げていく。しかし一般均衡を考えると、そこまで大量に資本を借り入れてまで生産を行いたい企業はいないため金利は低くなり、貯蓄意欲にもブレーキがかかる。

　不完備市場における総資産、すなわち人口 1 の経済における平均資産 $\mathbb{E}(a(r))$ をグラフで示すと、前掲の図 5.1 における右上がりの曲線となり、金利 r が完備市場の均衡金利 λ に近づくにつれ $\mathbb{E}(a(r))$ は無限大に発散する様子が示されている。企業の需要曲線については、図 5.1 で示したように完備市場と同じ右下がりの曲線で示される。不完備市場における均衡点は図中の e^n となり、金利水準は完備市場より低く、総資本は高水準となることがわかる[10]。では、次にこの均衡点 e^n を導出すべく、実際の計算に話を進めよう。

5.2.4　カリブレーション

　コンピュータを使った計算では、モデルの各パラメータの値を事前に設定する必要がある。ここでは Aiyagari (1994) に沿ったパラメータ設定を行い、そ

---

9) 包絡線定理についての詳細は、たとえばチャン・ウエインライト (2020) を参照。
10) より厳密なビューリー・モデルの均衡の特徴付けに関しては、Kuhn (2013) および Açikgöz (2018) を参照。

れぞれの値に関する深い議論は割愛する[11]。モデル期間 t は年単位とし、効用関数は $u(c) = c^{1-\gamma}/(1-\gamma)$ で与えられ、リスク回避度を示すパラメータ γ は3、主観的割引因子 β は 0.96 とし、労働生産性 l は以下の AR(1) 過程に従うとする。

$$\log l_t = \rho \log l_{t-1} + \varepsilon_t, \quad \varepsilon_t \sim N(0, \sigma^2) \tag{5.6}$$

ここで、慣性を示すパラメータ ρ は 0.6、ε_t が従う正規分布の標準偏差は $\sigma = 0.4$ と設定する。また、ここでは Tauchen (1986) の手法で離散的に近似する。自己回帰確率過程の近似手法については、付録 C で詳しく説明している。

生産関数は、$F(K, L) = K^\alpha L^{1-\alpha}$ とし、資本シェア $\alpha = 0.36$、資本減耗率 $\delta = 0.08$、借入の上限は $b = 3.0$ とする。

5.2.5 一般均衡の計算

本章のモデルに限らず、異質な個人を組み込んだ一般均衡の数値計算では、同時に満たすべき均衡条件が複数存在するため、計算手順をいくつかのブロックに分けて考えるとわかりやすい。ミクロレベルでの個人の最適化問題、あるいは個々の企業の利潤最大化問題を解くには、マクロ経済環境から与えられる金利・賃金などの要素価格がインプットとして必要である。本章のモデルにはないが、政府の行動を組み込んだモデルでは、所得税率や給付金など、個人の行動に影響を与える政策を定める必要がある。一般均衡モデルにおいては要素価格は要素市場におけるマクロの需給均衡によって決まり、政府が存在する場合にはその異時点間予算制約の達成が求められ、政府予算の収支は個人の最適化行動に依存する。今取り扱っている比較的シンプルなモデルをコンピュータ上で解く場合でも、ミクロの最適化問題とマクロの需給均衡の両方を同時に解くのはややこしいので、大きく分けて「外側」のマクロステップと「内側」のミクロステップの2段階に分けて計算しよう。

まずはマクロステップだ。このモデルにおいては均衡の計算が必要な市場は

---

11) 当然のことながら、実際に数値計算を使って経済現象や政策などの分析を目的とした論文を書く際には、1つひとつのパラメータをデータに即して設定する必要があることに留意されたい。

1つ、前掲の図 5.1 で示した資本市場である[12]。企業の資本需要と個人の資本供給が一致する均衡点 e^n をみつければよいわけだが、不完備市場において均衡金利は $-\delta < r < \lambda$ となることはすでにわかっているので、この領域で均衡点を探すことになる。いろいろな計算方法が考えられるが、$(-\delta, \lambda)$ の範囲において、各金利水準における企業の資本需要を計算して需要曲線を導出し、個人の最適化問題を解いて総資産を計算して供給曲線を導出し、その交点をみつけるのが基本作業となる。

　前者の資本需要は単純な計算 $r = F_K(K, L) - \delta$ によって導かれるが、後者の供給曲線の導出にはいくつかのステップが必要である。ベルマン方程式を用いた動的計画法による解、すなわち消費・貯蓄配分の導出方法は第 I 部ですでに学習したが、それに加えて資産空間における**定常分布**（stationary distribution）、あるいは**不変分布**（invariant distribution）を導出して総資本供給を計算する必要がある。以下では、これらの一連の家計部門の計算を行うアルゴリズムを解説する。

■ アルゴリズム

1. **初期セットアップ**　パラメータを設定する。労働生産性は $[l_{\min}, l_{\max}]$ 内で N_l 個のグリッドに離散化し、遷移確率 p_{ij} を求める。総労働供給 L を計算する。

2. **グリッド生成**　個人の資産について、状態空間の評価点を N_a 個のグリッドに区切る。

3. **収束の基準**　収束の基準になるパラメータ ε を定める。

4. **マクロ変数の初期値設定**　金利の初期値 $r_0 \in (-\delta, \lambda)$ を当て推量する。金利 r_0 における企業の資本需要 K_0 を $r_0 = F_K(K_0, L) - \delta$ から求め、K_0 に基づく賃金 $w_0 = F_L(K_0, L)$ を計算する。

5. **個人の政策関数の導出**　金利 r_0、賃金 w_0 を所与として、個人の最適化問題を解く。第 I 部ですでに学んだ価値関数反復法（VFI）や政策関数を直接的に求める時間反復法（TI）などを用いて、各状態変数 (a, l) にお

---

12) このモデルでは労働供給は外生であるため、労働市場における均衡の導出は必要ない。資本市場が均衡すれば、ワルラス法則により財市場は均衡する。

図 5.2　政策関数 $a' = g(a, l)$

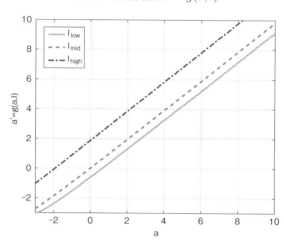

　　ける個人の政策関数 $a' = g(a, l)$ を求める（手法の詳細は、第 I 部の各章
　　を参照）。
6. **定常分布の導出**　定常分布を求めて、金利 r_0 における総資本供給 A_0 を求
　　める。このステップについては、次の 5.2.6 項で詳しく説明する。
7. **均衡条件の確認**　ステップ 4、5、6 で計算した総資本需要 K_0 と総資本供
　　給 A_0 の距離を測る。$\|K_0 - A_0\| < \varepsilon$（収束の基準）であればストップ。
　　そうでなければ r_0 の値を調整して、ステップ 4〜6 を繰り返す。

　計算の結果得られた政策関数 $a' = g(a, l)$ を 3 つの異なる労働生産性 l の値で
表したのが図 5.2 になる。ほぼ直線に近いが、労働生産性の低い個人 (l_{low}) の
政策関数は借入上限 $a = -b = -3$ 近辺においては非線形となり、借入制約が
貯蓄行動に影響していることを示している。
　ステップ 7 においては、$\|K_0 - A_0\| \geq \varepsilon$ の場合、正しい均衡金利は当て推
量した金利 r_0 と総資本供給 A_0 が資本需要と一致する場合の金利、すなわち
$r_1 = F_K(A_0, L) - \delta$ との間に位置すると考えられる。新たな当て推量はこの 2
つの間、たとえば $0.5 \times (r_0 + r_1)$ と設定してもよいし、あるいは $r_0 + \kappa(K_0 - A_0)$
$(\kappa$ は正の小さい実数) などで次の計算を試みてもよいだろう。その場合、金利

は $K_0 > A_0$ なら上昇し、$K_0 < A_0$ なら低下する。

5.2.6 定常分布の計算

ステップ 6 において定常分布を導出する方法は数多くあるが、ここでは 2 つの手法について解説する。1 つ目は VFI のように、分布の当て推量から始めて収束するまで反復計算する方法、2 つ目はモンテカルロ・シミュレーションによる方法だ。また、1 つ目の方法に関して、状態変数のグリッドをそのまま制御変数のグリッドとして用いる計算に加えて、制御変数が必ずしも状態変数のグリッド上にない場合に線形補間を用いた計算についても紹介する。

まずは、分布の反復計算による定常分布の導出について説明しよう。$N_s = N_a \times N_l$ とし、個人の状態変数 (a, l) 空間における分布をサイズ $N_s \times 1$ のベクトル π で表そう。ステップ 5 で求められた政策関数 $a' = g(a, l)$ および外生的な労働生産性の遷移確率 p_{ij} を用いて、2 状態変数の**確率行列**（stochastic matrix）、$P \sim N_s \times N_s$ を求める。

a' の導出については第 2 章で詳しく学んだように、状態変数 a と同じグリッドから選ぶこともできるが、グリッド数が十分にないと解の精度が落ちる。そのため、a' のグリッドをより細かく設定したり、非線形方程式を解く関数を使って a' を求めることもできる。その場合、制御変数 a' のグリッドが状態変数のグリッド上にないことも当然起こりうるが、近接する a のグリッド上の 2 点に a' からの距離に応じて遷移確率を振り分ければよい。

t 期の分布をサイズ $N_s \times 1$ のベクトル π_t とすると、$t + 1$ 期の分布 π_{t+1} は以下のように表される。

$$\pi'_{t+1} = \pi'_t P$$

ここで求めたいのは、毎期不変の定常分布、つまり $\pi_{t+1} = \pi_t = \bar{\pi}$ となるような分布である。そのため、上式は

$$\bar{\pi}' = \bar{\pi}' P$$

となり、右辺の項を左辺に移動すれば（I は $N_s \times N_s$ の単位行列）、

$$\bar{\pi}'(I - P) = 0$$

となる。これを転置すると

$$(I - P)'\bar{\pi} = 0$$

となることから、P について固有値 1 に相当する固有ベクトルを求めればよい
ことになる（ただし分布であるので、ベクトル要素の和が 1 となるように調整）。
P は遷移確率行列であることから、少なくとも 1 つはそのような固有ベクトル
をみつけることができる。ただし、我々の問題においてはいくつも定常分布が
あっては困る。

遷移確率行列 P の (i, j) に位置する要素を $P(i, j)$ で表すと、ある整数 $n \geq 1$
についてあらゆる (i, j) において $P^n(i, j) > 0$ である場合、単一（unique）の
定常分布が存在し、分布は**漸近的に定常**（asymptotically stationary）であると
いう定理がある[13]。この定理を利用すれば、複数均衡の問題は回避できる。

我々の数値計算においてこの定理が非常に便利なのは、VFI においてもそ
うであったように、どのような当て推量から始めても反復を繰り返せば単一の
分布に収束する点である。たとえば、すべての $\pi(i)$, $i = 1, \cdots, N_s$ について
$\pi(i) = 1/N_s$ と設定してスタートしてもよいだろう。

■ アルゴリズム：反復計算による定常分布の導出

1. **初期セットアップ** 政策関数 $a' = g(a, l)$ および労働生産性 l の遷移確率
   p_{ij} から、遷移確率行列 P を求める。

2. **収束の基準** 収束の基準になるパラメータ ε を定める。

3. **初期値の設定** 状態変数空間における分布 π_0（ただし $\sum_{a,l} \pi_0(a, l) = 1$）
   を当て推量する。

4. **新分布の計算** 遷移確率行列 P に基づき、$\pi_1' = \pi_0' P$ を計算する。

5. **収束の確認** ステップ 4 で計算した新分布と初期分布との距離を測る。
   $\|\pi_0 - \pi_1\| < \varepsilon$ であればストップ。そうでなければ $\pi_0 = \pi_1$ として、
   ステップ 4 を繰り返す。

上記アルゴリズムのステップ 4 では、ステップ 1 で政策関数 $a' = g(a, l)$ か

---

13) Ljungqvist and Sargent (2018) の第 2 章にある定理 2.2.2 などを参照。今回の問題のよ
   うに、一度その状態になった後はそこから動かない吸収状態（詳しくは 7.2.3 項を参照）が
   ない場合には、条件が満たされることを比較的容易に示すことができる。

ら求めた遷移確率行列 P を用いて次期の新分布を計算している。a' がとること
のできる値が状態変数 a のグリッド上にあるのであれば、単純に a のグリッド
から a' のグリッドへと確率を移動させればよいが、そうでない場合、すなわち
a' が 2 つのグリッドの間にあるときはどうすればよいだろうか。グリッドが密
に設定されていて計算誤差が十分に小さいのであれば、近い方のグリッドに移
行すると仮定することもできるが、計算誤差が懸念される。この場合、解とな
る a' をはさむ最も近くにある 2 つのグリッドに a' からの距離に応じて確率を
分割することもできる。たとえば $a' = 1.8$ で、$a_1 = 1$、$a_2 = 2$ である場合、a'
からの距離に応じて a_1 と a_2 にそれぞれ 0.2、0.8 の割合で線形に確率を割り振
る。この手法を用いることによって、分布の精度を高めるために状態変数のグ
リッド数を大幅に増やす必要もなく、また比較的早く収束することが多い。

定常分布を導出する第 2 の方法としては、ある一定数の個人の状態変数の遷
移をモンテカルロ・シミュレーションによって計算する方法が挙げられる。こ
の場合も、遷移確率行列に関する上記の条件が満たされればいかなる初期分布
からスタートしても、固有の分布に収束する。

事前に十分なサンプルサイズ（個人の数）を決めてシミュレーションを行う
ことが必要（たとえば $N = 5000$）だが、シミュレーション期間が増えるにつ
れて初期値の影響はなくなり、定常分布からサンプルされるようになる。ある
いは $N = 1$ として、非常に長い 1 系列のシミュレーションを行い、そこで得ら
れた時系列データをクロスセクションの分布とすることもできるだろう。ラン
ダムな初期分布からスタートして分布が変わらなくなるまでシミュレーション
を重ねる場合、定常分布を得るために必要なサンプルサイズについての明確な
決まりはない。ショックの分散や異質性が高まればサンプルサイズを多くとる
ことが望ましいが、サンプルサイズを増やしてみたときに分布が変わるようで
あれば十分な数が確保できているとは言えないので、ケースバイケースで試行
錯誤してみるのがよいだろう。

■ **アルゴリズム：モンテカルロ・シミュレーションによる定常分布の導出**

1. 初期セットアップ　サンプルサイズ（個人の数）N およびシミュレーショ
　ンの期間を決める。

2. 収束の基準　収束の基準になるパラメータ ε を定める。

3. **初期分布の設定** N 人の個人に対して初期の資産 a と労働生産性 l を割り当てる。

4. **初期分布統計量の計算** 初期分布に関する統計量（k 次モーメント、平均・分散など）を計算する。

5. **新分布統計量の計算** 政策関数 $a' = g(a, l)$ に基づき、a' を決定し、乱数ジェネレータによって l' を定める。シミュレーションにより定常分布を求め、それに関する統計量を計算する。

6. **収束の確認** ステップ 5 で計算した新分布に関する統計量と初期分布における統計量との距離を測る。距離が収束の基準を下回ればストップ。そうでなければ新分布を初期分布としてステップ 4 と 5 を繰り返す。

　反復計算による導出とモンテカルロ・シミュレーションによる導出のどちらを使っても、サンプルサイズを十分にとってシミュレーションを重ねれば単一の定常分布に収束するはずである。ただし、Heer and Maussner (2024) はモンテカルロ・シミュレーションは膨大な時間がかかりうることを短所として指摘している。

　図 5.3 は 5.2.4 項のカリブレーションに基づき、各金利水準における資本需給と均衡を示している。個人の貯蓄の和である資本供給については、(5.6) 式の労働生産性の AR(1) 過程における標準偏差 σ をベースラインの 0.4 から 0.2（低 σ）、0.6（高 σ）に変えて計算した 3 ケースを示している。σ が高い、すなわち個人がより大きな所得リスクに直面している場合、所与の金利水準における予備的貯蓄は上昇することから、供給曲線は右方にシフトしている。その結果、均衡を示す需要曲線との交点においては金利水準は低下し、総資本は上昇する。

　Aiyagari (1994) は今から 30 年近く昔に書かれた論文であり、現在までにあらゆる方向への拡張が行われている。その一方で、個人の直面するリスクとマクロ経済との関連を考えるうえで、こうした初期の論文が与えてくれる重要な示唆は今も変わらない。Aiyagari (1995) や Aiyagari and McGrattan (1998) は、本章で学んだ不完備市場モデルをダイレクトに政策分析に応用した研究の例である。前者は、「最適な資本課税はいくらか」という経済学のいわば大命題に対して、それまでの定説であるゼロが最適 (Chamley, 1986; Judd, 1985) という結果が、不完備市場を考えることによって覆ることを示した。後者の論文

図 5.3　資本市場の均衡

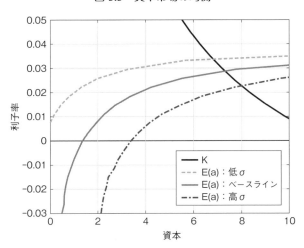

では「最適な政府債務残高はいくらか」という問いに対し、国内総生産（GDP）の 3 分の 2 程度、という答えを示している。不完備市場においては、リスクのない完備市場に比べると予備的動機から貯蓄が増え資本が過剰になるため、政策のツールによって個人の貯蓄意欲に手を加えることで貯蓄水準を完備市場に近づけられることが背景にあると考えると、これらの論文の結論が直観的に理解できるだろう。

5.3　移行過程の計算

　税制や社会保障制度などの政策変更の影響や、所得リスクの増減といった経済環境の変化による影響を分析したい場合、変化が起きる前と後で 2 つの異なる均衡を導出し、2 つの定常状態における諸変数の比較をするのが 1 つの方法である。ただし、この分析によって行うことができるのは長期的なマクロ・ミクロ経済の比較であり、今を生きる現役世代や制度の過渡期に生きる世代が政策変更に対してどのように反応し、どういった厚生効果が生じるか、あるいはマクロ変数が新しい政策の施行とともにどのように変化していくか、といった

問いに答えるものではない。このような問題を取り扱うには、移行過程を明示的に計算する必要がある。

ただしこれは、政策効果や経済環境の変化を分析するにはどちらの手法が良いか悪いか、という問題ではなく、比較の対象が異なるので、その点も混同しないよう注意したい。たとえば、資本所得課税が貯蓄意欲と生産に与える影響を理論的に分析したい場合は定常状態の比較が適しているだろう。他方で、今年資本所得税率を引き上げることによって、不利益を被るのはどの年齢のどの所得層の人で、資産のジニ係数は今後 10 年でどう変化していくかを理解したければ移行過程の分析が適切だろう。

移行過程の計算は、大きく分けて 2 つのステップからなる。第 1 に、**初期定常状態**（initial steady state）および**最終定常状態**（final steady state）における均衡を計算する。定常均衡の計算は 5.2.5 項で学習したとおりであるが、この計算を 2 回繰り返す[14]。

第 2 に、この 2 つの定常状態をそれぞれスタート地点およびゴール地点として、2 つの時点をつなぐ移行経路を導出する。この第 2 のステップでの計算期間（T 期間とする）には、すべての変数が最終定常状態へとスムーズに収束するのに十分な長さが必要となる。政策変更の場合ならば、どのような政策がどの程度の規模で変化するのか、新しい政策が一気に導入されるのか、あるいは数年かけて徐々に導入されるのかなどによって、最終定常状態にたどり着くまでの時間は異なる。ケースバイケースで、収束の様子を観察しつつ T の値を調整するのがよいだろう。

移行過程の最終期である T 期における価値関数はすでに第 1 ステップで計算した最終定常状態における価値関数と一致するため、ここを起点に時間をさかのぼって計算をしていく。例として、以下では Aiyagari (1994) をベースに、新しい政策の導入を引き金とした移行過程を計算してみよう。5.2 節で学習した Aiyagari (1994) のモデルは家計と企業から成り、政府は存在せず、税の支払いや給付の受け取りはなかったが、ここでは新たに政府を導入する。

現実の政府は様々な所得や消費に対する税、個人の経済状態に応じた給付な

---

14) ここでは定常状態を起点とする移行過程を計算しているが、初期条件は必ずしも定常状態である必要はない。

ど複雑なオペレーションに従事しているが、ここでは移行過程の計算に集中するためにごくシンプルな政府を考えよう。政府は家計の資本所得に対して定率の資本所得税を課し、それと同時に課税から得た歳入を一括給付によってすべての家計に移転すると仮定する。具体的には、不完備市場モデルのベルマン方程式で定義された個人の予算制約式に、以下のように定率 τ の資本所得税および一律の移転給付 ξ を加える。

$$c + a' = [1 + (1 - \tau)r] a + wl + \xi$$

また、税による歳入と移転による歳出が均衡する政府予算の均衡条件を課す。移行過程の計算では、税率を外生的に定め、毎期の政府予算制約式を均衡させるように一括給付移転の水準を調整する。資本市場の均衡において総資本と総貯蓄は一致し、政府の税収は $\tau r K$ で与えられるが、この税収は時間とともに変化する。そして、資本所得税が導入されることで、家計の消費・貯蓄行動は変化し、それに伴って資本や金利水準も推移していく。そのため、税率 τ の増減だけでなく、マクロ変数の変化に応じて政府予算制約を満たす移転 ξ の水準も変わるので、時間とともに変化する内生的な変数として計算する必要がある。上記の移行過程の計算に必要なステップは、以下のようにまとめられる。

■ アルゴリズム

1. **定常状態の計算** 初期定常状態および最終定常状態を求める。最終定常状態の価値関数を $V_{\mathrm{fin}}(a, l)$、初期定常状態の分布を $\mu_{\mathrm{ini}}(a, l)$、それぞれの定常状態における総資本を K_{ini}、K_{fin}、政府移転を ξ_{ini}、ξ_{fin} として保存する。

2. **収束の基準** 移行過程の計算における収束の基準となるパラメータ ε を定める。

3. **マクロ変数の初期値設定** 移行過程における各期の総資本 $\{K_t\}_{t=1}^{T}$ および政府移転 $\{\xi_t\}_{t=1}^{T}$ を当て推量する。ただし、$K_1 = K_{\mathrm{ini}}$、$K_T = K_{\mathrm{fin}}$、$\xi_1 = \xi_{\mathrm{ini}}$ および $\xi_T = \xi_{\mathrm{fin}}$ とする。$\{K_t\}_{t=1}^{T}$ に基づき、企業の最適化条件から $\{r_t, w_t\}_{t=1}^{T}$ を計算する。

4. **個人の政策関数の導出** 最終 T 期における個人の最適化問題を解く。ここで、最終定常状態の価値関数 $V_{\mathrm{fin}}(a, l)$ を「次期」($t = T+1$) の価値関数と

して計算を行う。政策関数 $a' = g_T(a, l)$ を導出、保存する。この計算で得られた T 期の価値関数 $V_T(a, l)$ を「次期」の価値関数として $t = T - 1$ 期の最適化問題を解き、政策関数 $a' = g_{T-1}(a, l)$ および $V_{T-1}(a, l)$ を導出、保存する。続いて $t = T - 2, T - 3, \cdots, 3, 2, 1$ の順にさかのぼって計算を行い、一連の政策関数 $\{g_t(a, l)\}_{t=1}^{T}$ を保存する。

5. 分布の計算 初期定常状態における分布を $t = 1$ 期初の分布とし ($\mu_1(a, l) = \mu_{\text{ini}}(a, l)$)、ステップ 4 で計算された政策関数をもとに一連の分布 $\{\mu_t(a, l)\}_{t=1}^{T}$ を計算する[15]。

6. 均衡条件の確認 ステップ 5 で計算した分布をもとに、各期における総資産 $\{A_t\}_{t=1}^{T}$ を計算する。ステップ 3 において当て推量した総資本と一致するか確認する。また、政府の予算制約式が満たされるか確認する。$\max_t \|K_t - A_t\| < \varepsilon$ かつ政府歳入と歳出が一致すればストップ、そうでなければ $\{K_t\}_{t=1}^{T}$ と $\{\xi_t\}_{t=1}^{T}$ を調整してステップ 3〜5 を繰り返す。

例として、政府の存在しない初期定常状態、すなわち資本所得税率ゼロの状態から、10% の税が課される最終定常状態への移行過程を計算してみよう。第 1 期に税率が 10% に引き上げられ、それ以降最終定常状態まで税率は不変と仮定する。第 1 期以降の各期において、資本所得課税による税収と支出が均衡するように給付移転 ξ_t が決定される。図 5.4 では、この移行過程における総資本および金利の推移を示している。政策の変更によって最終定常状態における総資本は約 4% 低下し、金利水準は約 2.7% から 3% 弱まで上昇しており、完全な収束には 50 年以上かかる様子が描かれている。ここでは、政策の変更が 1 年目にアナウンスされると同時に施行されると仮定しているが、段階的に税率が引き上げられたり、アナウンスの数年後から引き上げを開始するなど、様々なシナリオに基づいた移行過程も同様にして計算することができる。

----

15) 計算が正しく行われていれば、最終定常状態における分布 $\mu_{\text{fin}}(a, l)$ と最終期における分布 $\mu_T(a, l)$ は一致するはずなので、計算や収束のチェックポイントの 1 つとすることができる。

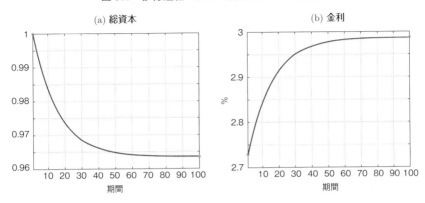

図 5.4　移行過程における総資本・金利の推移

5.4 ビューリー・モデルの様々な拡張

　本章で学習したモデルでは、所得の不確実性が個人の異質性の源泉となり、消費や貯蓄といった個人行動の変化を生み出し、完備市場とは異なるマクロ経済の均衡につながることが示された。数値計算手法を学習することが主な目的であったため、本章では異質な個人を組み込んだモデルのなかでも最もシンプルなモデルを使って解説したが、このモデルをプロトタイプとして発展させることで様々な経済現象を分析すべく新しいモデルを構築することができる。

　代表的個人を仮定したモデルではそもそも語ることのできない経済格差の分析が可能となったことが、ビューリー・モデルの主要な貢献の 1 つであるが、Aiyagari (1994) が導入した労働生産性の AR(1) 過程だけでは、比較的大きな分散や高い慣性を仮定してもデータでみられるような所得や資産の格差を再現できないことが明らかにされている。労働生産性の不確実性だけでなく、人的資本投資リスク、選好の異質性、遺産動機などを分析に取り入れることで、モデルによる格差の説明力が向上することも示されてきた。異質な個人を組み込んだ初期のマクロモデルを含む包括的なサーベイとしては De Nardi et al. (2017) や Quadrini and Ríos-Rull (2015)、Guvenen (2011)、Heathcote et al. (2009)、

Cagetti and De Nardi (2008) などがお勧めである。

　また、個人の労働生産性リスクだけでなく、資本所得や、リスクをとって起業するアントレプレナーの投資収益の不確実性を組み入れることで、資産格差、とりわけトップ層への一極集中を説明しようとするモデルもある (Quadrini (2000)、Benhabib et al. (2015)、Nirei and Aoki (2016)、Benhabib et al. (2019) など)。

　さらに、本章で学んだ計算手法を使って、個人や家計の収入サイドだけでなく支出サイドの不確実性を組み込むことも可能である。たとえば、医療・介護費用の不確実性は個人の消費・貯蓄行動に影響を与え、マクロ経済の動向にも少なからぬ影響を与えることが多くの論文によって明らかにされている。所得と健康・医療費の不確実性が退出を含む労働参加に与える影響を研究した French (2005)、高齢者の貯蓄行動と医療費に関するリスクの関係を分析した De Nardi et al. (2010)、介護費に関するリスクを組み込み介護保険市場の分析を行った Braun et al. (2019) などの研究は、高齢化と労働力不足・社会保障制度に関する課題を抱える日本の政策議論に与える示唆も大きいだろう。健康状態や医療支出の変化、保険制度などをマクロモデルに組み込んだ分析はいわゆる**マクロと健康・医療**（macro-health）と呼ばれる分野として、過去十年あまりで急速に成長している。Capatina (2015) や De Nardi et al. (2022) は健康状態の不確実性が医療費支出や寿命など複数の経路を通じて、所得・資産格差をもたらすことを世代重複モデルを使って説明している。

　また、個人や家計間の異質性だけでなく、家計内の異質性、たとえば男女の生産性の違いや家庭内の分業・出産や結婚の意思決定といった異質性を組み込んだ研究も、**家族のマクロ経済学**（family macroeconomics）と呼ばれる分野として近年大きく発展している。最近の研究については Doepke and Tertilt (2016)、Greenwood et al. (2017)、Doepke et al. (2019)、Greenwood et al. (2023)、Doepke et al. (2023) などのサーベイを参照されたい。女性の労働参加や出生率低迷が課題となっている日本にとっても政策的インプリケーションの高い分野である。Attanasio et al. (2008) は夫婦それぞれの人的資本リスクを含むモデルを構築して、コーホートごとの女性の労働参加率の変化を分析しており、Blundell et al. (2016) も人的資本形成を内生化したモデルにおいて税・社会保障制度が女性の労働参加率と厚生に与える影響を推計している。

　さらに、個人や家計の間で生じるリスクのみならず、税・社会保障制度改革や金融政策の変化、景気変動を引き起こすようなショックについても、個人がどのような異質性を有するかによってマクロ変数の反応や厚生効果の分析にも違いが出てくる。異質な個人を組み込んだモデルにマクロ経済ショックを組み込んだ古典的な論文といえば、たとえば第 8 章で紹介する Krusell and Smith (1998) が挙げられるが、2000 年以降様々な方向に研究が拡張されている。近年注目を浴びている、いわゆる **HANK**（Heteogeneous-Agent New Keynesian）**モデル**は、個人の異質性とマクロ経済リスクの波及効果の相互作用を分析し、家計間の所得や資産分布が金融危機後のマクロ経済分析に影響を与えることを明らかにしている[16]。これについても、第 8 章でより詳しく解説する。また、Krueger et al. (2016, 2017) も、マクロ経済ショックの影響は資産や所得水準によって個人間で大きく異なり、ショックに対する総消費などのマクロ経済変数の変動ももともとの格差の度合いによって大きく変化することを示している。

　次の第 6 章も、引き続き異質な個人を組み込んだモデルの学習を行う。具体的には、所得リスクに加えて年齢という異質性に焦点を当てた世代重複モデルの分析と数値計算について学習していく。

---

16) 代表的な文献として、異質な個人を組み込んだニューケインジアン・モデルを用いて金融政策を分析した、Kaplan et al. (2018) などが挙げられる。Kaplan and Violante (2018) は HANK モデルのサーベイである。日本語の文献としては岩崎他 (2020) が挙げられる。

第 **6** 章

ライフサイクルで考えるマクロ経済
世代重複モデル

6.1 なぜライフサイクルと世代間の異質性が重要か？

　本章では、第 5 章に引き続き、異質な個人を組み込んだマクロモデルの学習
を行う。第 5 章では、不完備市場で個人が直面するリスクによって生じる経済
主体の異質性を組み込んだビューリー・モデルについて議論したが、本章では
年齢の異なる個人が共存する世代重複（OLG）モデルを学習する。

　世代重複モデルは新しいものではなく、古くは Allais (1947)、Samuelson
(1958)、Diamond (1965) といった古典的論文にまでさかのぼることができる。
無限期間生きる個人を仮定したモデルとは前提が大きく異なることから、均衡
における消費や貯蓄の特徴もかなり違ったものとなる。たとえば第 5 章で示し
たように、完備市場モデルの定常均衡では $(1+r)\beta = 1$ であることに基づいて
均衡における資本や生産、消費水準を計算したが（不完備市場ではこの金利水
準が成り立たないことも思い出そう）、世代重複モデルではそのような条件を満
たす必要はない。例外はあるものの、基本的には最適化を行う期間に終わりが
あるため、極限において解が発散しないことを理由に条件を課す必要がなくな
る。たとえば、2 期間モデルにおいて $(1+r)\beta = 1.05$ であっても理論的に問題
はなく、消費の成長率や貯蓄率などデータとの整合性を求めるカリブレーショ
ンの結果として $\beta > 1$ となることは、実際の研究でもめずらしくない。

Diamond (1965) などの古典的な論文の定性的分析においては、現実の世代構成を簡素化して若年・老年の 2 世代からなるモデルが使われていた。2 期間モデルを用いることで、無限期間モデルとは異なる様々な定理を示したり解析解から直観を得たりすることが可能であるが、ライフサイクルにおける個人の行動をデータに即して説明したり、定量的な政策的示唆を導出するには不十分なことも多い。これを大きく発展させ、現在に至るまでの世代重複型のマクロモデルの進展の礎となったのが Auerbach and Kotlikoff (1987) である。彼らのモデルでは、個人は 21 歳から 75 歳までの 55 期間にわたって経済活動に従事し、生涯を通じた効用を最大化すべく、各年齢における消費・貯蓄・労働を決定する。また、企業は競争的市場において、家計から供給された資本と労働を用いて利潤最大化を目的に生産活動を行う。生産要素価格、すなわち金利と賃金はそれぞれの要素市場の需給を均衡させる価格として決定される。家計への移転を含む政府支出は、第 4 章でもみたように配分に歪みをもたらす税によって賄われる。

Auerbach and Kotlikoff (1987) のモデルには、1990 年代以降発展するビューリー・モデルに存在するミクロの個人レベルにおける不確実性も、景気変動のようなマクロショックも存在しない。今みればいたってシンプルな確定的モデルであるが、この研究を起点として大規模な世代重複モデルを用いた定量分析が盛んになり、税・社会保障制度などといった世代内のみならず世代間の分配に影響を与える政策のマクロ的分析、寿命の不確実性や遺産動機、世代を超えた格差の連鎖などといったライフサイクル特有の経済問題の分析が大きく発展した。

世代重複モデルでは意思決定が多期間にわたることから、静学的ではなく動学的なモデルとなるため、これまで本書で学んできた数値計算手法が活用できる。その一方、異なる世代が同時に存在して各々の行動がマクロ経済に影響を与えるため、代表的個人を仮定したモデルと違って、世代間の異質性として年齢の分布が新たな変数として加わる。また、無限期間にわたって生存する主体を仮定したモデルではないため、先に述べたように均衡条件やパラメータに課される制約もこれまでとは異なる。したがって、均衡の概念も改めて見直す必要がある。

本章ではまずは 6.2 節で、第 2 章と第 3 章でも紹介した有限期間モデルの数

値計算の復習もかねて、リスクのない確定的な世代重複モデルを構築し、均衡の定義、カリブレーション、定常状態の計算手法について解説する。続いて、6.3節で確率的なショックを世代重複モデルに組み込んだモデルを学習したうえで、6.4節では移行過程の計算方法について、年金制度改革の例を使って解説する。

　ビューリー・モデルで学習したように、異質な個人を組み込んだモデルを使うことによって、クロスセクションで観察される所得や資産の格差を分析したり、再分配政策の効果を定量的に分析したりすることが可能となる。本章では、そこに年齢や世代という新たな異質性を加えて、分析範囲をさらに広げる。日本経済の身近な問題に目を向けると、我々が直面する最も大きな課題の1つは急速に進む少子高齢化と、それによるマクロ経済や財政への影響である。平均寿命の延びや出生率の変化によって生じる人口構造の変化は、総労働供給や資本ストックに影響を与える。その結果、生産要素価格が時系列的に変化していくことで、個人や企業の行動も変化する。

　さらに、人口構造の変化とともに収支バランスが変動する公的年金や医療・介護保険制度の行方によっても、我々個人がとるべき行動は変わってくるだろう。政策次第でマクロ経済の姿は変化し、それぞれの個人に異なる厚生効果がもたらされる。政策は今すぐに変わらないとしても、将来の政策についての主観的な予測が変わったり、政策の不確実性が高まったりすれば、個人や企業の行動も変化するであろうし、それがマクロ経済変数にも影響する。さらに、同じようなマクロ経済の変化に直面したとしても、高齢層の人々と若年層の人々では反応は異なるため、人口分布が変われば個人の行動がマクロ変数に与える影響も一律ではないだろう。

　広い経済において何らかの変化が起きることで、異なる世代に属する各個人のミクロ的行動とマクロ経済変数が同時に変化することになる。そのため、最終的な影響を定量的に分析するには、一般均衡型の動学的な世代重複モデルが役に立つ。

　多期間にわたる個人の最適化問題を解く際には、異時点間の予算制約式を通じて今と将来のトレードオフを考慮した。同じように、世代重複モデルを用いた一般均衡モデルで政府の予算制約を明示的に考慮することで、現役世代に対する政策の影響だけでなく将来世代も含めた複数世代間の損益のトレードオフを考慮した分析も可能となる。

　本書でここまで学んできた基本的な数値計算手法や異質な個人を組み入れた
モデルの均衡概念、移行過程の計算方法などをフルに動員したうえで、年齢と
いう新たな側面を導入することによって、こうした現実の経済問題に関する分
析をさらに精緻に行えるようにするのが、本章の目的である。

6.2 世代重複モデル

　本節で解説するモデルの概要は、定量的な世代重複モデルの古典である Auer-
bach and Kotlikoff (1987) に準拠している。ここでは、年齢によって異なる貯
蓄や消費水準など、データに即した分析を行うための出発点となるような枠組
みを構築する。

6.2.1　モデル

　個人の年齢を j で示し、各期に年齢 $j = 1, \cdots, J$ の個人が共存する経済を仮
定する。単純化のために人口成長率はゼロとする。労働は非弾力的に供給され
るとし、各年齢における確定的な労働生産性を θ_j で表す。また、各年齢の消費
を c_j、期初の資産を a_j、市場金利および賃金を r および w とする。なお、こ
こでは定常状態を仮定しているため、金利や賃金は変化せず一定である。個人
は借入を行うことができるが、負債を残したまま死ぬことはできない。すなわ
ち $a_{J+1} \geq 0$ の制約を課す。初期の資産 a_1 はゼロとする。

　個人の動学的最適化問題は以下に与えられる。

$$\max_{\{c_j, a_{j+1}\}_{j=1}^{J}} \sum_{j=1}^{J} \beta^{j-1} u(c_j) \tag{6.1}$$

subject to

$$c_j + a_{j+1} = (1+r)a_j + \theta_j w, \quad \text{for } j = 1, \cdots, J \tag{6.2}$$

$$a_{J+1} \geq 0$$

$$a_1 = 0$$

ただし β は主観的割引率を示す。

すでにおなじみの 1 階条件（オイラー方程式）は以下のとおりである。

$$u'(c_j) = \beta(1+r)u'(c_{j+1})$$

具体的な計算にあたって、これまでと同様に効用関数を一般的な CRRA 型と仮定しよう。

$$u(c_j) = \frac{c_j^{1-\gamma}}{1-\gamma}$$

1 階条件からライフサイクルにおける個人の消費成長率 g_c が導出できる。

$$\frac{c_{j+1}}{c_j} = [\beta(1+r)]^{\frac{1}{\gamma}} \equiv 1 + g_c$$

消費水準を決定するには、各年齢における予算制約式である (6.2) 式から導出される以下の**異時点間の予算制約**（intertemporal budget constraint）を用いる[1]。

$$\sum_{j=1}^{J} \frac{c_j}{(1+r)^{j-1}} = \sum_{j=1}^{J} \frac{\theta_j w}{(1+r)^{j-1}} \equiv Y \tag{6.3}$$

ここで、各年齢における消費水準 c_j を第 1 期の消費 c_1 の関数で表すと、

$$c_j = (1+g_c)^{j-1}c_1$$

であることから、これを (6.3) 式に代入すると、

$$\sum_{j=1}^{J} \frac{(1+g_c)^{j-1}c_1}{(1+r)^{j-1}} = Y$$

$$c_1 = \frac{Y}{\sum_{j=1}^{J} \frac{(1+g_c)^{j-1}}{(1+r)^{j-1}}} \tag{6.4}$$

となり、第 1 期、次いで第 2 期以降の各期の消費量の計算が可能となる。資産については、所与の初期資産 a_1（ここではゼロ）と (6.4) 式で計算された c_1 から予算制約を表す (6.2) 式を使って a_2 を計算し、以降も順番に計算することで $\{a_3, a_4, \cdots, a_J\}$ を求めることができる。金利・賃金が与えられれば、(6.4) 式

---

1) $j=1$ の予算制約式 $c_1 + a_2 = \theta_1 w$ に $j=2$ の予算制約式を代入すると、$c_1 + \frac{c_2}{1+r} + \frac{a_3}{1+r} = \theta_1 w + \frac{\theta_2 w}{1+r}$ となり、これを $j=J$ まで繰り返すと (6.3) 式が得られる。

と消費成長率によって個人の政策関数を導出できるため、価値関数反復法（VFI）や時間反復法（TI）のような反復計算の必要はなく、コンピュータでの計算は数秒もかからずに終わる。

　個人部門の計算では要素価格 r および w を所与としているが、これらは一般均衡においてそれぞれの生産要素市場で決定される。生産市場は競争的であり、企業は総資本 K および総労働 L を生産要素として、生産関数 $Y = F(K, L)$ に基づき生産を行うとする。K および L はそれぞれ、個人から供給された資産および労働の総和である。

$$K = \sum_j a_j \mu_j$$

$$L = \sum_j \theta_j \mu_j$$

ただし、μ_j は j 歳の個人の合計数を示す。また、生産要素価格は下記の企業の利潤最大化条件によって与えられる。

$$r = F_K(K, L) - \delta \tag{6.5}$$

$$w = F_L(K, L) \tag{6.6}$$

なお、δ は資本減耗率である。

　次に、このシンプルなモデルに、より現実に即したいくつかの要素を加えてみよう。まず、引退年齢を $j = j^R$ として、ライフサイクルを勤労期（$j = 1, \cdots, j^R - 1$）と引退期（$j = j^R, \cdots, J$）の 2 フェーズに分ける。さらに、個人と企業部門に加えて、公的部門である政府を導入する。個人は引退年齢 j^R から最終期となる J 歳まで毎期、政府から公的年金 p を受け取るとする。年金支出は労働所得に課される定率 τ の年金保険料（実質的には労働所得税）によって賄われると仮定し、政府の予算制約式を以下のように定める。

$$\sum_{j=1}^{j^R-1} \tau \theta_j w \mu_j = \sum_{j=j^R}^{J} p \mu_j \tag{6.7}$$

左辺は歳入（各年齢の個人が支払う年金保険料の総和）、右辺は歳出（ここでは年金給付支出のみ）を示す。もちろん現実の政府の予算制約式には年金保険料

や所得税だけでなく、資本課税・消費税などのその他税収、歳出サイドには年
金以外にも医療・介護保険、教育などの支出項目も存在する。歳出が歳入を上
回れば政府債務が増加するが、ここでは政府借入を想定しないごくシンプルな
予算制約を考える。

　上記の追加要素をふまえると、個人の予算制約式は以下のように書き換えら
れる。

$$
c_j + a_{j+1} = \begin{cases} (1+r)a_j + (1-\tau)w\theta_j, & \text{for } j = 1, \cdots, j^R - 1 \\ (1+r)a_j + p, & \text{for } j = j^R, \cdots, J \end{cases} \tag{6.8}
$$

$$
a_{J+1} \geq 0
$$

$$
a_1 = 0
$$

6.2.2 均衡の定義

　次に、このモデルにおける均衡を定義してみよう。この世代重複モデルにお
ける定常均衡は、以下の条件を満たす政策関数 $a' = g(a, j)$、総資本 K、総労
働 L、金利 r、賃金 w、および年金保険料率 τ によって定義される。

(1) 政策関数 $a' = g(a, j)$ は、予算制約式 (6.8) のもとでの個人の動学的最適
  化問題 (6.1) 式の解である。

(2) 要素価格は競争的に決定され、均衡においては (6.5) 式および (6.6) 式が
  成立する。

(3) 企業の総資本需要 K と個人の総資本供給は一致する。また総労働需要 L
  と総労働供給も一致する。

(4) 年金保険料率 τ は政府の予算制約 (6.7) を満たす。

(5) 最終財の配分は**実現可能**（feasible）である。すなわち、以下の資源制約
  が満たされる[2]。

$$
F(K, L) = \delta K + C \tag{6.9}
$$

---

2) 各個人の予算制約式 (6.8) から各年齢の消費 c_j を足し合わせると、総消費が資本所得と労
働所得の合計に一致、すなわち $C = rK + wL$ となる。また、要素価格の均衡条件を右辺
に代入して整理すると $rK + wL = Y - \delta K$ となり、資源制約 (6.9) を導出できる。

6.2.3 カリブレーション

次に、このモデルのパラメータの値をカリブレートして、実際に解の計算を行ってみよう。モデルの期間は年単位とし、個人は 20 歳から経済活動を開始し、65 歳 ($j^R = 46$) で引退して 80 歳まで生きるとする ($J = 61$ 期間モデル)。80 歳までの各年齢における死亡確率はゼロとし、人口分布については各年齢同数 ($\mu_j = 1$) とする。個人の選好については $u(c) = \log c$ (すなわち $\gamma = 1$)、$\beta = 0.98$ とする。労働生産性は年齢を通じて一定とし、$\theta_j = 1$ ($j = 1, \cdots, j^R - 1$) とおく。企業部門についてはコブ・ダグラス型の生産関数を仮定し、資本シェア $\alpha = 0.4$、資本減耗率 $\delta = 0.08$ とする。

政府部門については年金の平均所得代替率、すなわち年金支給額と平均賃金 $\bar{w}$ の比率 ψ を 50% とし、政府の予算制約に基づき以下の式から年金保険料率 τ を決定する。

$$\tau \sum_{j=1}^{j^R-1} w\theta_j\mu_j = \psi\bar{w} \sum_{j=j^R}^{J} \mu_j \tag{6.10}$$

$$\text{where } \bar{w} = \frac{\sum_{j=1}^{j^R-1} w\theta_j\mu_j}{\sum_{j=1}^{j^R-1} \mu_j} \tag{6.11}$$

(6.11) 式を (6.10) 式に代入すると、政府の収支をバランスさせる保険料率 $\tau = \psi \frac{\sum_{j=j^R}^{J} \mu_j}{\sum_{j=1}^{j^R-1} \mu_j}$ が導出される。

6.2.4 均衡の導出

要素価格 r, w および年金保険料率 (所得税率) τ が与えられると、各期の消費水準はオイラー方程式に基づく消費の成長率と家計の異時点間の予算制約によって計算できる。一般均衡においては、要素価格を企業の利潤最大化条件 (6.5) 式および (6.6) 式を満たす値にするため、第 5 章で解説した Aiyagari (1994) のモデルに基づく計算手法と同様に、資本市場における均衡条件の達成を目的とした反復計算を行う必要がある。これまでと同じように、一定の当て推量 K_0 および $r_0 = F_K(K_0, L) - \delta$、$w_0 = F_L(K_0, L)$ から計算をスタートし、家計の総資本供給 $A = \sum_j a_j\mu_j$ と総資本需要 K_0 が一致するまで計算を繰り返すことで均衡条件を求めることができる。

図 6.1 ライフサイクルにおける資産・消費プロファイル

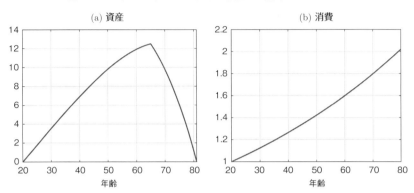

さらに、一般的には政府部門に関しても政府の予算制約を満たす保険料率の計算の反復が必要となるが、現在のモデルにおいては、所得代替率 ψ を定めると必要な保険料率が解析的に導出できるため、反復計算の必要はない。

図 6.1 は、このモデルの均衡において各年齢の個人が保有する資産と消費のプロファイルを示している。ただし、各年齢の資産および消費水準を、20 歳時点での消費を 1 として基準化している。均衡における金利水準は 3.2%、総資本・総生産比率（K/Y）は 3.56、年金保険料率は 17.8% になるとの結果が得られた。

次に、このモデルを使って、いくつかの仮想的なシミュレーションを行ってみよう。非常にシンプルなモデルではあるが、たとえば以下の 3 つのシナリオのような仮想実験を試みることが可能である。

(1) 年金の所得代替率の変化：所得代替率をベースラインの 50% から、25% に低下させる。

(2) 引退および年金の支給開始年齢の変化：ベースラインでは 65 歳で引退・年金支給開始としているが、これを 70 歳に引き上げる。

(3) 寿命の延びと高齢化：生存期間を 61 年（80 歳まで）から 66 年（85 歳まで）とする。

各シナリオにおけるマクロ変数の変化を表 6.1 に、ライフサイクルにおける

表6.1 シンプルなモデルを使ったシナリオ分析

シナリオ	総資本 K	金利 r	賃金 w	保険料率 τ
ベースライン・モデル	－	3.2%	－	17.8%
(1) 年金所得代替率引き下げ （50%→25%）	+10.2%	2.6%	+4.0%	8.9%
(2) 引退・年金支給開始年齢引き上げ （65歳→70歳）	+9.1%	3.4%	−0.7%	11.0%
(3) 寿命の延び （80歳→85歳）	+3.2%	3.0%	+1.3%	23.3%

（注）総資本および賃金についてはベースライン・モデルからの変化率を示す。

図6.2 ライフサイクルにおける資産・消費プロファイルの変化

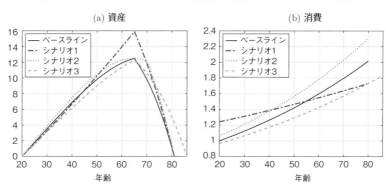

(a) 資産　　　　　　　　(b) 消費

個人の保有資産および消費の変化を図6.2に示す。

　第1のシナリオでは、公的年金の所得代替率が下がることによって、ライフサイクルにおける消費を平準化させるために引退後に向けた貯蓄インセンティブがより強く働く。図6.2 (a) に示すように、65歳の引退時点での貯蓄（資産）はベースライン・モデルを大幅に上回るが、その後は減額された年金収入を補う形で、より多くの貯蓄を消費に向けるため貯蓄は急速に低下していく。新たな均衡においては総資産（＝総資本）はベースラインに比べて約10%上昇する結果となっている。企業部門では資本がより潤沢に供給されることで労働の相対的な希少性が増すことから、金利水準がベースラインの3.2%から2.6%へ低

下すると同時に賃金水準は 4% 上昇する。図 6.2 (b) に示すように、ベースライン・モデルに比べて金利が低下することによって消費プロファイルはよりフラットになっている。

第 2 のシナリオでは、引退および年金支給開始年齢が 5 年引き上げられることで、労働供給がより潤沢になる。また、第 1 のシナリオと同様に政府の支出負担が減少して政府の予算制約を満たすために必要な年金保険料率が低下し、手取りの生涯賃金が上昇する。そのため、図 6.2 (a) に示されるように、各年齢における貯蓄が増え、総資本も上昇している。貯蓄を切り崩し始めるタイミングも、延長された引退年齢である 70 歳へとシフトする。総資本・総労働供給の両方が上昇するため、要素価格に与える影響は明らかではないが、このモデルでは総労働供給上昇の影響がより強く出る結果、賃金水準は若干低下し、金利水準はわずかに上昇している。

最後の第 3 のシナリオでは、寿命が延びることによって人口構成が変化し、総人口に占める年金受給者の比率が高まり、労働者の割合が低下する。年金支出をカバーするために必要な保険料率が上昇するため勤労期の人々の可処分所得は減少し、消費と貯蓄が低下する。その一方で、図 6.2 (a) で観察されるように、長生きに備えて高齢者の貯蓄の切り崩しスピードが鈍化する結果、総資本は上昇し、金利水準はわずかに低下する一方、賃金水準は上昇する結果となっている[3]。

当然のことながら、これらの結果はシンプルなモデルにおける極めて「粗い」計算であり、政策現場で参考にできるような現実的な数字ではない。しかしここで紹介した分析例を通じて、モデルをよりデータに即した形に精緻化して数量分析の精度を高めたり、政策効果に影響を与えるモデル要素を追加したりすることで、おもしろいシミュレーションを行うことができるということは感じてもらえたのではないだろうか。

このシンプルなモデルを、より現実的な人々の行動や政策分析に向けて拡張する場合には、どのような点を新たに考慮できるだろうか。第 1 に、ここでは第 5 章のビューリー・モデルでみたような、固有なリスクから生じる世代内の異質性が考慮されていない。さらに、個人がライフサイクルで直面する様々な

---

3) このシナリオでは、すべての個人がより長生きすることで、総人口も増加する。

リスクに対応するための予備的貯蓄動機が欠如している。第 2 に、定常状態の比較をしても移行世代が受ける便益や費用を捉えることはできず、今の経済における政策分析としては不十分ではないかという懸念もある。

第 1 の点については、ライフサイクルにおいて個人が直面する様々なリスクを取り入れたモデルはすでに無数に開発されている。Huggett (1996) および Ríos-Rull (1996) は、Auerbach and Kotlikoff (1987) の世代重複モデルに所得リスクを取り入れた初期の代表的な論文である。固有のリスクを組み込んだモデルでは本節で取り上げた確定的なモデルと計算手法が異なるため、次の 6.3 節で改めて解説を行う。

第 2 の点に関しては、定常均衡の比較と移行過程も含めた均衡の比較とでは分析の対象が異なることに注意が必要である。定常均衡の比較は、長期的な観点から望ましい政策や再分配効果などを分析するのに役立つ。一方、移行コストも考慮したうえで政策変更などがマクロ経済の変化や個人の厚生に及ぼす影響を分析するためには、定常状態の計算に加えて移行過程の計算が必要となる。どちらの分析を行うかによって、政策の影響について**規範的な**（normative）評価や結論も変わりうるので注意が必要だ。なお、世代重複モデルの移行過程の計算手法については 6.4 節で取り扱う。

6.3　リスクとライフサイクル

次に、第 5 章で学習したビューリー・モデルと本章で導入した世代重複モデルを融合してみよう。これにより、世代重複モデルで捉えることのできるライフステージごとに異なる行動や年齢間の異質性に加え、ビューリー・モデルで説明できるリスクに対する予備的貯蓄や世代内の異質性も捉えることができるようになる。

6.3.1　リスクの導入

Aiyagari (1994) モデルと同様に、個人は毎期固有な労働生産性のリスクに直面するが、市場は不完備で所得リスクを完全に取り払うことはできないと仮定する。リスクがないモデルにおいては、6.2 節でみたようにオイラー方程式から導

出された消費の成長率と個人の生涯の予算制約から最適な消費と資産を計算できたが、所得が不確実な場合は計算に工夫が必要となる。有限期間であるとはいえ、たとえば労働生産性が「高い」あるいは「低い」のいずれかで確率的に遷移する場合、45 年間のキャリアを通じた労働生産性の経路は $2^{45} > 3.5 \times 10^{13}$、すなわち 35 兆通り以上存在し、それぞれの場合に最適な消費を計算することは困難である。

　原則、6.2 節でみたモデルと設定を変えず、個人の労働生産性については年齢とともに確定的に変化する要素 θ_j に加え、確率的に遷移する固有な要素 l を仮定する。θ_j と l はどちらも労働生産性であるが、混乱を避けるため、後者を「スキル」と呼ぼう。このスキルはマルコフ過程に従うとし、今期のスキル l_i から次期のスキル l_j となる遷移確率を p_{ij} で表す。また、年齢 j の人が年齢 $j+1$ まで生き残る条件付き生存確率を s_j として、寿命の不確実性も導入してみよう。最終期を待たずに死亡した場合に残された資産は、**偶発的な遺産（accidental bequest）** として回収され、すべての生存者に一律に配分されるものとし、各個人が受け取る遺産額を q で表す。また、借入の上限を b とする (ただし最終期については $a_{J+1} \geq 0$)[4]。個人の最適化問題における目的関数は (6.1) 式と同じであるが、価値関数を再帰的に表すと以下のようになる。

$$V(a, l, j) = \max_{c,a'} \{u(c) + \beta s_j \mathbb{E}V(a', l', j+1)\}$$

subject to

$$c + a' \leq \begin{cases} (1+r)a + (1-\tau)w\theta_j l + q, & \text{for } j = 1, \cdots, j^R - 1 \\ (1+r)a + p + q, & \text{for } j = j^R, \cdots, J \end{cases}$$

$$a' \geq \begin{cases} -b & \text{if } j < J \\ 0 & \text{if } j = J \end{cases}$$

各個人の状態変数は期初の資産 a、スキル l、および年齢 j で与えられ、ベクトル $x = (a, l, j)$ で表す。状態 x にいる個人の数を $\mu(x)$ とし、政策関数 $a' = g(x)$

---

4) 借入制約がバインドするかどうかは、借入の上限、選好および各年齢の所得水準とリスクに依存する。

およびスキル l のマルコフ連鎖によって状態変数が x から x' に遷移する確率を $P(x, x')$ で表す[5]。

このモデルにおける定常均衡は、基本的には 6.2 節でみたリスクのないモデルと同様に定義されるが、いくつかの点が異なる。第 1 に、労働供給には新たにスキル l が加わり、労働市場の均衡条件は $L = \sum_x \theta_j l \mu(x)$ で与えられる。第 2 に、個人の状態変数空間における分布の遷移は、$\mu_{t+1}(x') = \sum_x P(x, x')\mu_t(x)$ で与えられ、均衡においては定常分布、すなわちあらゆる x について $\mu(x) = \mu_{t+1}(x) = \mu_t(x)$ が成立する。第 3 に、遺産の受け取り額 q の総和は、偶発的に残された遺産の総額と一致する。すなわち

$$q = \frac{\sum_{a,l,j}(1-s_j)a'(a,l,j)(1+r)\mu(a,l,j)}{\sum_{a,l,j}\mu(a,l,j)} \tag{6.12}$$

が成立する。

6.3.2　均衡の計算

次に、均衡の計算方法を考えよう。ミクロの個人レベルではスキルの不確実性が存在するため、所得や消費・貯蓄は毎期変動しうるが、定常均衡においては分布は毎期一定であるため、マクロレベルでの不確実性は存在しない。したがって、一般均衡における要素価格はリスクのないモデルと同じように、毎期一定の生産要素の総量に基づいて決定される。寿命が不確実で偶発的な遺産が生じるこのモデルでは、受け取り遺産額 q についても内生的に決まる。定常状態においては、要素価格と同様に遺産額も毎期一定であり、第 5 章でも説明した「外側」のマクロステップで計算する。

ここでは、個人の最適化問題の解となる政策関数 $a' = g(x)$ の導出に焦点を当てて解説する。すでに述べたように、リスクを導入したことによって所得の経路の数が膨れ上がり、消費の成長率と異時点間の予算制約を用いて最適な消費と貯蓄のプロファイルを解析的に導出することはできない。そこで役立つのが、第 3 章で学んだ後ろ向き帰納法である。

復習になるが、ライフサイクルの最終期である J 歳の時点においては、次期

---

5) 状態変数の遷移確率 $P(x, x')$ には生存リスクの影響も含まれており、死亡確率 $(1 - s_j)$ に応じて年齢 j から $j + 1$ の数は減少する。

に資産を残す必要がない。そのため、$u'(c) > 0$ である限り個人はすべての可処分所得を消費して人生を終える。よって最終期の価値関数は

$$V(a, l, J) = u(c_J)$$
$$c_J = a(1 + r) + p + q$$

となり、a, l のグリッド上で価値関数を計算すればよい[6]。$V(a, l, J)$ を導出したならば、次は 1 期さかのぼり、$j = J - 1$ 歳時における最適化問題を解く。次期の価値関数 $V(a, l, J)$ はすでに計算済みなのでそれを使えばよく、当て推量する必要はない。次期の最適な貯蓄が資産グリッド上にない場合は、第 2 章で学習した線形補間などの内挿法を使って近似したうえで、それぞれの貯蓄水準における価値関数を計算すればよい。これを繰り返し、$j = 1$ 歳までの最適な貯蓄・消費プロファイルを順番に計算していく。

　次に、最適化問題の解などから導いた遷移確率 $P(x, x')$ をもとに、$j = 1$ 歳時点での所与の分布からスタートして $\mu(x') = \sum_x P(x, x')\mu(x)$ に基づき各年齢における状態変数の分布を順次計算していく。ここでは、個人の意思決定に基づいてライフサイクルを通じた状態変数空間における分布を計算しているが、それは定常均衡においてはクロスセクションでの分布と一致する。このステップで求められた分布をもとに総資産を計算し、最初に当て推量した総資本の値と一致するかを確認し、一致しなければ要素価格を調整して反復を繰り返す。

　最後のステップにおける一般均衡の計算では反復が必要となるが、価値関数を使った貯蓄・消費プロファイルの導出および定常分布の計算のいずれについても、当て推量をして収束するまで反復計算を行うというプロセスが必要ないことに気付くだろう。世代重複モデルは、数の多い年齢という状態変数があるために計算に時間がかかって大変そう、というイメージを持たれるかもしれないが、収束に時間のかかりがちな VFI などと比べると、実ははるかに計算しやすいことも多い。最終期の意思決定においては後がない、すなわち $J + 1$ 期の価値はゼロであるため、当て推量することなく価値関数を正確に計算できることがポイントとなる。

6）この問題では、引退年齢 J^R に達した後は労働所得はなくなり、価値関数や最適な消費・貯蓄は状態変数 l には依存しない。

　固有のリスクが含まれた世代重複モデルにおける均衡計算のアルゴリズムをまとめると以下のようになる。

■ **アルゴリズム**

1. **初期セットアップ**　パラメータを設定する。スキルは $[l_{\min}, l_{\max}]$ 内で N_l 個のグリッドに離散化し、遷移確率を求める。総労働供給 L を計算する[7]。

2. **グリッド生成**　個人の資産について、状態空間の評価点を N_a 個のグリッドに区切る。

3. **収束の基準**　収束の基準になるパラメータ ε を定める。

4. **マクロ変数の初期値設定**　資本の初期値 K_0 および受け取り遺産 q_0 を当て推量する。K_0 に基づく金利 $r_0 = F_K(K_0, L) - \delta$ および賃金 $w_0 = F_L(K_0, L)$ を計算する。

5. **個人の政策関数の導出**　前のステップで計算した金利 r_0、賃金 w_0、および遺産の受け取り額 q_0 を所与として、個人の最適化問題を解く。最終期 $j = J$ から、後ろ向き帰納法を使って価値関数を求め、各年齢の状態変数 (a, l, j) における政策関数 $a' = g(a, l, j)$ を求める。

6. **定常分布の導出**　第 1 期、年齢 $j = 1$ における状態変数の分布を所与として、前ステップで求めた政策関数に基づき、各年齢における状態変数の分布を求める。状態空間での分布に基づき、総資本供給 A_0 を計算する。また、(6.12) 式に従い、政策関数に基づく遺産額 q を計算する。

7. **均衡条件の確認**　総資本需要 K_0 と総資本供給 A_0 の距離を測る。$\|K_0 - A_0\| < \varepsilon$ かつ $\|q_0 - q\| < \varepsilon$ (収束の基準) であればストップ。そうでなければ K_0 および q_0 の値を調整して、ステップ 4〜6 を繰り返す。

6.3.3　カリブレーションと計算例

　カリブレーションでパラメータの値を設定して、上記のステップに従って均衡の計算をしてみよう。6.2 節で解説したリスクのないモデルと同様に、モデ

---

7) このモデルでは労働供給が外生的に与えられ、総労働供給は一定となるため、均衡計算のステップの外で 1 回のみ計算している。労働供給が内生である場合は、K と同様に L についても当て推量をして、繰り返しの計算によって収束を確認する必要がある。

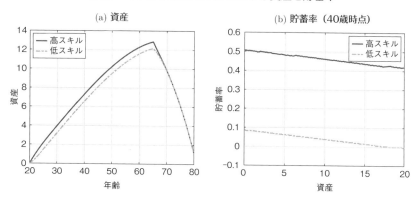

図 **6.3** リスクのあるモデルにおける資産と貯蓄率

ル期間は年単位とする。効用関数は $u(c) = \log c$、主観的割引因子 β は 0.98、資本シェア α は 0.4、資本減耗率 δ は 0.08 とし、年金の所得代替率 ψ を 0.5 とおく。

スキル l に関してはシンプルに、「高い」「低い」の 2 つの値のいずれかで確率的に遷移すると仮定し、その値を $(l_{\mathrm{low}}, l_{\mathrm{high}}) = (0.8, 1.2)$、遷移確率行列の対角要素をそれぞれ 0.8 としてみよう。個人は 20 歳で働き始めて 65 歳（$J^R = 46$）で引退し 80 歳（$J = 61$）まで生きるとし、20 歳の時点で高スキルもしくは低スキルである確率はそれぞれ 50% と仮定する。生存リスクは考慮せず、$s_j = 1$（ただし最終期は $s_J = 0$）と仮定する。

図 6.3 (a) は、各年齢の個人が保有する資産をスキル別に示している。ただし、20 歳時点での平均消費を 1 として資産水準を基準化している。スキルは確率的に遷移するため、各個人は様々なスキルの経路をたどることになる。図で示しているのは、たまたまある年齢において「高い」あるいは「低い」スキルにある人の平均資産であることに注意してほしい。高スキルの人は低スキルの人に比べて収入も高く、資産水準が同じであれば可処分所得も多い。そのため、より多くを貯蓄に回すことが可能であるが、低スキルの人に比べると貯蓄率も高い。

図 6.3 (b) は 40 歳時点での貯蓄率を資産水準（横軸）およびスキルごとに示している。年齢・資産水準が同じであっても、所得が高くてラッキーなときに

はそうでないときに比べて貯蓄率が高い様子が見て取れる。高額な宝くじにたまたま当選したら、全額その日に使わずに消費を平準化するために貯蓄を増やすのが賢明であるが、我々のモデルで暮らす個人も程度の差こそあれ、そのような行動をしているのが観察できる。

6.4 移行過程の計算

　ビューリー・モデルにおける移行過程の計算方法については、5.3 節で詳細な説明を行った。ライフサイクルが考慮されることで計算手法は若干異なってくるが、基本的なステップは同様であるため、本節では新たに気を付けるべき点を中心に解説を行う。

6.4.1　計算手法

　第 1 に、初期定常状態および最終定常状態における均衡を計算する。6.3 節で学習した定常均衡の計算のステップを 2 回繰り返す。

　第 2 に、この 2 つの定常状態をつなぐ移行経路を導出する。計算期間（T 期間とする）の設定においては、すべての変数がスムーズに収束するのに十分な長さが必要となる。今回のような多期間の世代重複モデルの場合は、比較的長い計算期間が必要である。少なくとも初期に過渡的な影響を受ける世代が退出した後に、政策関数・個人の分布・マクロ変数のすべてが収束する必要があるため、61 期間モデルであれば最低でも $T > J = 61$ 期間の計算が不可欠だ。一般均衡を用いた多くの場合は、これをかなり上回る計算期間が必要となる。たとえば、100〜300 期間といった長さでのシミュレーションが必要となるが、ケースバイケースであるので収束の様子を観察しつつ調整するのがよい。

　計算では、定常均衡を計算する際に用いた、人生の最終期からの後ろ向き帰納法を時系列に応用する。移行過程の最終期である T 期における価値関数は、すでに第 1 ステップで計算した最終定常状態における各年齢の価値関数と一致するため、最終期を起点に時間をさかのぼって計算をしていく。

　移行過程を伴う世代重複モデルの均衡計算アルゴリズムは、以下のようにま

とめられる。なお、ここでは生存リスクがないと仮定している[8]。

■ アルゴリズム

1. **定常状態の計算** 初期定常状態および最終定常状態を求める。最終定常状態の価値関数を $V_{\text{fin}}(a,l,j)$、初期定常状態の分布を $\mu_{\text{ini}}(a,l,j)$、それぞれの定常状態における総資本を K_{ini}、K_{fin} として保存する。

2. **収束の基準** 移行過程の計算における収束の基準となるパラメータ ε を定める。

3. **マクロ変数の初期値設定** 移行過程における各期の総資本 $\{K_t\}_{t=1}^{T}$ を当て推量する。ただし、$K_1 = K_{\text{ini}}$ および $K_T = K_{\text{fin}}$ とする。$\{K_t\}_{t=1}^{T}$ に基づき、企業の利潤最大化条件から $\{r_t, w_t\}_{t=1}^{T}$ を計算する。

4. **個人の政策関数の導出** 最終 T 期における各年齢 $j = 1, \cdots, J$ の個人の最適化問題を解く。最終定常状態の価値関数 $V_{\text{fin}}(a,l,j)$ を「次期」（$t = T+1$）の価値関数として、政策関数 $a' = g_T(a,l,j)$ を導出し、保存する。この計算で得られた T 期の価値関数 $V_T(a,l,j)$ を「次期」の価値関数として $t = T-1$ 期の最適化問題を解き、政策関数 $a' = g_{T-1}(a,l,j)$ および $V_{T-1}(a,l,j)$ を導出し、保存する。続いて $t = T-2, T-3, \cdots, 3, 2, 1$ と順に計算を行い、一連の政策関数 $\{g_t(a,l,j)\}_{t=1}^{T}$ を保存する。

5. **分布の計算** 初期定常状態における分布を $t = 1$ 期初の分布とし（$\mu_1(a,l,j) = \mu_{\text{ini}}(a,l,j)$）、ステップ 4 で計算された政策関数とスキル l の遷移確率をもとに一連の状態変数の分布 $\{\mu_t(a,l,j)\}_{t=2}^{T}$ を計算する[9]。

6. **均衡条件の確認** ステップ 5 で計算した個人の資産分布をもとに、各期における総資産 $\{A_t\}_{t=1}^{T}$ を計算する。ステップ 3 において当て推量した総資本の値と一致するか確認する。$\max_t \|K_t - A_t\| < \varepsilon$ であればストップ、そうでなければ $\{K_t\}_{t=1}^{T}$ を調整してステップ 3〜5 を繰り返す。

---

8) 生存リスクと偶発的な遺産を考慮する場合は、遺産額について資本と同様に「外側」のマクロステップで計算する必要がある。

9) 計算が正しく行われていれば、最終定常状態における分布 $\mu_{\text{fin}}(a,l,j)$ と移行過程の最終期における分布 $\mu_T(a,l,j)$、また K_{fin} と K_T は一致するはずなので、計算や収束の 1 つのチェックポイントとすることができるだろう。

　以上が、確率的要素のあるビューリー型の世代重複モデルにおける移行過程の計算ステップである。リスクのないケースにおいては、ステップ 4 で価値関数を計算する必要はなく、当て推量に基づいた均衡価格を用いて各世代の各期における確定的な消費成長率を計算し、個人の政策関数を導出すればよい。それ以外の計算ステップは上記と同様に行う。

6.4.2　計算例：年金制度改革

　次に、例として年金制度改革が実施された場合の移行過程を計算してみよう。改革がどのように起きるか、すなわち個人が政策の変更をどの時点で認識し、政策パラメータが何期目から実際に変化し始め、どのようなスピードで最終定常状態の値に収束するかについては、制度上の制約や実現可能性などに応じて様々なシナリオを設定することができる。実際に施行された政策をシミュレーションしたい場合には、制度変更の内容を可能な限り精緻に捉えて分析するのもよいだろう。

　ここではシナリオの一例として、年金の所得代替率 ψ が初期定常状態における 50％から 1 年に 1 ポイントずつ、25 年かけて半分の 25％になるシナリオを分析してみよう。移行過程の第 1 期 ($t = 1$) において予期せぬサプライズとして新しい政策が発表され、翌年から所得代替率の引き下げが始まると仮定する。6.3 節で検討したリスクのある世代重複モデルと同じモデルを用いて、カリブレーションについても所得代替率のパラメータ以外は同じ設定のもとで計算を行う。

　図 6.4 (a) は、移行過程における総資本の推移を示している。年金額が減少することで、引退後に向けてより多くの貯蓄を残そうとするインセンティブが強まり、最終定常状態においては総資本は初期定常状態よりも約 11％高い水準となる。年金の所得代替率を示すパラメータは 25 年後には 25％となり、その後一定となるが、経済が最終定常状態に達するにはさらに調整期間を要することが観察できる。資本市場における供給が増加することで、図 6.4 (b) で示すように、均衡においては資本の価格である金利は低下する。労働は相対的に稀少となるため、賃金は上昇する。

　最後に、移行過程を通じた、個人への年金制度改革の厚生効果を考えてみよう。新たな政策によって誰が得をして誰が損をするか、改革が現役世代の支持

図 6.4 移行過程における総資本・金利の推移

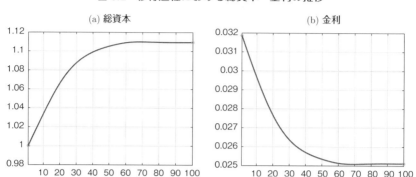

(a) 総資本　　　　　　　　　　　(b) 金利

を得ることができるか否か、あるいは現役世代と将来世代のどちらがより多くの便益を得るか、といった問いに答えるための 1 つのアプローチが、厚生分析である。

　このモデルでは、個人は消費によって効用を得るため、改革の厚生効果を**消費補償変分**（consumption equivalent variation: CEV）によって計測してみよう。改革前のベースライン経済と、改革後の経済とでは価値関数で定義される個人の効用は異なるが、これを同じにするためには消費を何%調整しなければならないかを計算したものが、消費補償変分である。一般的な定義として、ベースライン経済における消費を c^B、比較対象となる経済における消費を c^E とすると、年齢 j の人の消費補償変分は以下の (6.13) 式の λ によって与えられる[10]。λ の値がプラスであれば、この人にとっては改革後の経済のほうが望ましく、マイナスであれば改革によって不利益を被る、ということになる。

$$\mathbb{E} \sum_{i=j}^{J} \beta^{j-i} u(c_i^B(1+\lambda)) = \mathbb{E} \sum_{i=j}^{J} \beta^{j-1} u(c_i^E) \tag{6.13}$$

　上で計算した移行過程の第 1 期において、各年齢およびスキルの人たちが受ける厚生効果を消費補償変分で示したのが図 6.5 (a) である。突然の年金給付減額は多くの人、とりわけ高齢者や引退間際の層にとっては悪いニュースで、

---

10) ここでは条件付き生存確率 $s_j = 1$ と仮定している。

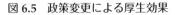

図 **6.5**　政策変更による厚生効果

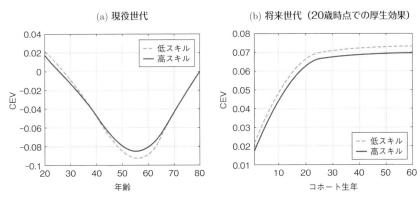

厚生効果は大幅なマイナスの値を示している。図では破線で示されているとおり、特に、貯蓄の少ない低スキルの 60 歳前後の人への厚生効果は最もシビアとなっている。年金所得代替率は 25 年かけて徐々に低下すると仮定しているが、彼らの年金額は死ぬまで低下し続け、引退期を通じて改革の影響をフルに受ける。若年層に目を向けると、20 代前半では厚生効果はプラスとなっている。図 6.5 (b) は、$t = 1$ 期以降に 20 歳となり経済活動を開始する将来世代の 20 歳時点での厚生効果を示している。この図では、将来世代もこの改革から恩恵を受けるのが観察できる[11]。年金の所得代替率が下がり、政府支出が減ることで、勤労世代の収入に対する課税も減り、貯蓄・消費が増える。さらに、総貯蓄の増加により賃金が上昇を続け、最終的な将来世代への厚生効果は消費補償変分で 0.07、すなわち消費の約 7% の効用に相当する結果となっている。図 6.5 (b) では 20 歳時点のスキルの違いによる厚生効果の違いを 2 つの線で示しているが、破線で示された低スキル労働者は資産が少ないため、手取り収入の上昇による恩恵は大きく、実線で示された高スキル労働者よりも若干大きな正の厚生効果を得る結果となっている。

　この政策変更を支持するかどうかを現役世代に問いかけたならば、ほとんどの人が反対し、特に引退間際の人々は強硬に反対することが予想される、という分析結果になっている。しかし、移行過程で現役世代が被るコストを考慮せ

---

11) 図 6.5 (a) の年齢 20 歳の厚生効果と、図 6.5 (b) のコホート生年＝ 1 の値は一致する。

ず、将来世代への恩恵が大きい政策を選ぶという視点で考えれば、答えは変わってくるだろう。ここで紹介した例は、シンプルなモデルを使った分析ではあるものの、政策変更による厚生効果は年齢や所得水準によって異なること、また移行過程を考慮するか否かで政策変更の良し悪しも変わりうることが理解できただろう。

政策分析における移行過程の重要性を指摘する先行研究としては、たとえばNishiyama and Smetters (2007) がある。この研究では、米国において年金給付削減は長期的には厚生を改善しうるものの、移行世代への負担が大きく改革への支持を得ることは困難であることを定量的に示している。またConesa and Krueger (1999) は、移行過程も含めた世代重複モデルの数値計算を行い、個人が直面する所得リスクの度合いによって年金改革による厚生効果が異なると論じている。

日本経済を対象として、世代重複型の不完備市場モデルで移行過程を分析した論文としては、たとえば年金制度を1階・2階部分に分けて改革の効果を分析したYamada (2011) や、移行過程の計算に制度改革のタイミングに関する不確実性を導入したKitao (2018) などが挙げられる。それぞれの計算に使われたコードはウェブ上で公開されており、ダウンロードが可能である[12]。

6.5 世代重複モデルの最近の動向

第5章では、固有のリスクと個人間の異質性を含むビューリー・モデルの開発と発展が、データで観察される所得や資産の格差を説明するのに役立ってきたことを議論した。本章では、年齢の違いという個人間の異質性に焦点を当てて、世代重複モデルを構築し、均衡の概念や計算手法について学習した。

本章で計算した例では、消費や貯蓄のプロファイルはライフサイクルを通じて平坦ではなく、さらに政策の変化に対する反応も年齢によって大きく異なって

[12] 以下のリンク先から計算コードをダウンロードできる（いずれも使用言語はFortran）。
Yamada (2011): https://tomoakiyamada.github.io/publication/yamada_jedc_2012/
Kitao (2018): https://doi.org/10.1016/j.red.2017.11.005

いた。実際にデータと比べてみるとどうだろうか。Deaton and Paxson (1994)
は、ライフサイクルにおけるミクロデータを精査した古典的な論文で、米国・英
国・台湾のサーベイデータを使い、年齢が上がるにつれて所得および消費の世
代内格差が拡大していることを示している。完備市場へのアクセスが可能であ
れば、個人間で消費の成長率に違いは出ないはずで、Storesletten et al. (2007)
はこうした消費格差の広がりは個人が固有のリスクに直面する不完備市場モデ
ルによってよりうまく説明できると論じた[13]。Kitao and Yamada (2024) は
「家計調査」のミクロデータを使い、日本においても年齢の上昇とともに消費格
差は全般的に上昇する傾向にあることを示している。

　年齢の側面も含む長期的な所得や資産格差のトレンドについては、米国のサー
ベイ・データに基づいた Kuhn and Ríos-Rull (2016) や米国年金局の業務デー
タを用いた Guvenen et al. (2022) などが参考になるだろう。Kitao and Yamada
(2019) は日本の「全国消費実態調査」のミクロデータを用いて 1980 年代以降
の所得・資産格差の推移を分析している。年齢が上がるにつれて世代内の所得
格差も上昇する傾向は日本でも同様であり、マクロ的にみた近年の所得格差拡
大の大部分は、高齢化、すなわち世代内格差の大きな年齢層の割合が増えたこ
とに起因している。加えて、世代内の格差も拡大傾向にあり、特に若年層の所
得・資産格差が広がっていることも指摘している。こうした傾向を構造的なモ
デルを使って捉えようとするならば、本章で説明したモデルをさらに発展させ
た世代重複モデルが役に立つだろう。

　マクロ経済のトレンドを説明したり政策効果を定量的に分析したりする際に
も、世代重複モデルが役立つケースも多い。たとえば、高齢化の進行が我々の
行動やマクロ経済に与える影響を分析したい場合には、当然のことながら年齢
の違いを組み込んだモデルが必要となる。また、年金制度や介護保険制度など、
年齢に依存する政策の分析を行う場合も同様だ。医療保険制度については、米
国を除く先進国では国民皆保険制度が存在し、年齢によって医療へのアクセス
が制限されるということはないが、平均医療費は高齢になるほど上昇するため、
医療保険制度の定量的な分析においては年齢の異質性を捉えることが重要だ。

----

[13]　もちろん定量的な結論は、政府の失業保険など予備的貯蓄以外の保険メカニズムの存在、所
　　得プロセスの推計に使われる計量モデル、引退期間を考慮するか否かなどによって異なる。
　　Kaplan and Violante (2010) や Blundell et al. (2008) などを参照。

健康状態や医療費を固有のリスクとして世代重複モデルに取り込み、本章で学習した計算手法を使って分析することもできる。

また、本章で学習した世代重複モデルでは個人の意思決定は利己的な選好に基づいており、人生の最終期までに資産を残さず消費してしまうのが最適な選択であった。しかし、「引退と同時に貯蓄を切り崩し始めて死ぬまでに資産を使い切る」といった傾向は、データでは必ずしも観察されない。たとえば、日本においては Kitao and Yamada (2019) が示すように、高齢になっても高い水準の平均資産が維持されている。程度の差はあるが、他の国でも同様の傾向がみられる。利他的あるいは戦略的な遺産動機や、医療・介護費支出への備え、将来の政策や経済情勢に関する不確実性に対する予備的貯蓄など、高齢期に貯蓄を急激には減らさない理由として多くの可能性が考えられる[14]。De Nardi (2004) は、世代重複モデルに世代間の連関を組み込んだ初期の代表的な研究で、遺産動機と親子間の生産性の相関が資産格差を説明する重要な要因であると論じている。De Nardi et al. (2010) は、高齢者に焦点を当てたモデルを構築し、年齢による医療費の増加と長生きのリスクが高齢者の貯蓄行動を説明する重要な要因であると論じている。さらにこの論文では、とくに高所得層において遺産動機が重要である可能性を指摘している。

日本経済を対象に世代重複モデルを使って税制や社会保障制度を分析した論文としては、年金制度を分析した Yamada (2011) や Okamoto (2013)、医療保険制度に関する Ihori et al. (2006)、Hsu and Yamada (2017)、Fukai et al. (2021) などが挙げられる。また、Braun and Joines (2015) は高齢化と財政の持続可能性を分析し、Kitao (2015) は労働参加・引退行動を内生化したモデルを用いて少子高齢化に対応する財政オプションを検討している。加えて、McGrattan et al. (2018) は消費税・所得税など複数の課税シナリオを分析している。

上で挙げた論文では海外市場との関わりがない閉鎖経済を仮定しているが、異なる国や地域を対象とした複数の世代重複モデルを、国際的な取引市場を通じて結び付けることによって、開放経済の役割を考慮した分析を行うことも可

---

14) 遺産動機についても多くの議論があり、動機の有無・形態・強弱について明確なコンセンサスが得られてはいないといえるだろう。日本における遺産行動の分析は Hayashi (1995)、Horioka et al. (2000) などを参照。

能である。Bonfatti et al. (2022) は、海外地域との資本取引や、外国での高齢化と制度改革が日本経済に与える影響を分析している。Shimasawa and Oguro (2010)、İmrohoroğlu et al. (2017) および Kitao and Yamada (2021) は、高齢化社会において外国人労働者がマクロ経済と財政に与える影響に焦点を当てている。

5.4 節でも言及した「家族のマクロ経済学」においても、結婚や出産・子育てなど、ライフサイクルの特定のステージにおけるイベントをモデル化してマクロ経済との関係を分析することが多いが、その場合にも世代重複モデルが本領を発揮する。

個人が直面する固有のリスクを含む世代重複モデルの構築手法や、移行過程の計算方法まで会得したならば、我々個人がライフサイクルで直面する様々なリスクや政策の役割を自力で分析することができる。研究で取り組むことができる経済問題の種類や奥行きも格段に広がることを感じてもらえただろうか。

さて、第 5 章および本章で学習したモデルでは、個人の固有のリスクに焦点を当てていた。続いて、第 7 章ではニューケインジアン・モデルを使った近年の金融政策に関する研究手法、第 8 章では景気変動などマクロレベルでの集計リスクとミクロレベルの固有なリスクの両方を考慮したモデルの計算手法、および企業が直面するリスクのモデル化など、さらに進んだトピックについて学習する。

第 **7** 章

ニューケインジアン・モデルの新展開

7.1 時間反復法を応用する

　第 4 章では、時間反復法（TI）を用いて新古典派成長モデルを数値的に解く方法を学んだ。TI では、解の必要条件である均衡条件を連立方程式とみなしてモデルの解を求める。均衡条件を求めること自体は比較的容易なため、この方法の汎用性は高く、たとえば、金融政策分析に使われるニューケインジアン・モデルを、非線形性を考慮して解く際によく使われる。そこで本章では、ニューケインジアン・モデルの近年の研究を説明しながら、TI の実際の応用例を紹介する。

　ニューケインジアン・モデルとしてよく知られているのは、**消費のオイラー方程式**（consumption Euler equation）、**ニューケインジアン・フィリップス曲線**（New Keynesian Phillips curve）、**テイラールール**（Taylor rule）からなる 3 本の線形差分方程式であろう[1]。これらはもとの均衡条件を線形近似したものであるが、この 3 本の式の線形モデルでも、**名目金利のゼロ金利制約**（zero lower bound on nominal interest rates: ZLB）を導入するとモデルは非線形になり、解析解がある特殊なケースを除いては、通常の線形モデルの解法では解けなく

---

1) 日本語で書かれた学部上級向けのテキストでは、齊藤他 (2016)、中村他 (2016)、加藤 (2007)、蓮見 (2020) などに説明がある。また、英語で書かれた大学院初級向けのテキストとしては、Gali (2015)、Woodford (2003)、Walsh (2017) がある。

なる。この場合でも、TI を使うことで、モデルの解を求めることができる。

　第 3、4 章で新古典派成長モデルを扱ったときのように、ここでもモデルに確率的なショックを導入する。一般的に不確実性があるモデルは複雑になり、数値解しか存在しないことが多いが、ショックのとる値が 2 個だけのケースでは、準線形ニューケインジアン・モデルの解析解を求めることができる。そのため、新古典派成長モデルと同様に、TI で求めた数値解と解析解を比較することで、数値解に含まれる誤差を検証できる。

　TI は、**最適金融政策**（optimal monetary policy）の分析にも適用可能である。最適金融政策の分析は、均衡条件を制約として社会厚生を最大化するような配分を求めるが、このような動学的最適化問題の 1 階の必要条件から解を求めることができる。たとえば、上述したニューケインジアン・モデルにおける最適金融政策では、政策決定者は、消費のオイラー方程式とニューケインジアン・フィリップス曲線を制約条件として、インフレ率と産出ギャップの変動の加重和を最小化（＝家計の効用関数の 2 次近似を最大化）しようとする。また、ゼロ金利制約を導入してモデルを非線形に解く場合は、ゼロ金利制約以外の均衡条件について、必ずしも線形近似する必要はない。本章では、このような**完全に非線形**（fully nonlinear）なケースにも TI が適用できることを示す。

7.2　ニューケインジアン・モデルとゼロ金利制約

7.2.1　準線形モデル

　ここでは、標準的な線形ニューケインジアン・モデルにゼロ金利制約を追加する[2]。このようなモデルは**準線形**（quasi-linear）モデルと呼ばれる。モデルの均衡条件は、後に説明するもとの非線形モデルの均衡条件を定常状態周りで対数線形近似したものである[3]。

　外生的なショック $s_t \in \{s_H, s_L\}$ は $N = 2$ 個だけの値をとると仮定しよう。

----

2) ここで紹介するモデルと類似のものを扱っている論文として、Eggertsson and Woodford (2003)、Nakata (2017b) がある。

3) 対数線形近似はテイラー展開 $e^x \approx 1 + x$ に基づいており、これは x の絶対値が十分小さいときに近似として成り立つ。

s_t はモデルの状態変数であり、ここでは**自然利子率**（natural rate of interest）とする。ここで、$s_H > s_L$ として、添字 $\{H, L\}$ はそれぞれ状態が High もしくは Low であることを示す。状態は、H と L の間を、ある確率過程に従って時間とともに動く。ここで、今期の状態が $\{H, L\}$ のいずれかになる確率は、前期の状態にのみ依存するという仮定を置く。すなわち、確率過程はそれぞれの状態におけるショックの値 $\{s_H, s_L\}$ と、以下の遷移確率行列を持つマルコフ連鎖によって表される。

$$P = \begin{bmatrix} 1 - p_H & p_H \\ 1 - p_L & p_L \end{bmatrix}$$

遷移確率行列の 1 行目は、今期の状態が H であるときに来期の状態が H または L になる確率、2 行目は今期の状態が L であるときに来期の状態が H または L になる確率である。また、1 列目は来期の状態が H である確率、2 列目は来期の状態が L である確率であり、今期の状態が H か L で確率は異なる。

モデルの均衡条件は、以下の 3 つの式からなる連立方程式で与えられる。

$$y_t = \mathbb{E}_t y_{t+1} - (r_{n,t} - \mathbb{E}_t \pi_{t+1} - s_t) \tag{7.1}$$

$$\pi_t = \kappa y_t + \beta \mathbb{E}_t \pi_{t+1} \tag{7.2}$$

$$r_{n,t}^* = r^* + \phi_\pi \mathbb{E}_t \pi_{t+1} \tag{7.3}$$

これらの式は、家計や企業の最適化問題から導出された均衡条件を対数線形近似したものであり、それぞれ、(7.1) 式は消費のオイラー方程式、(7.2) 式はニューケインジアン・フィリップス曲線、(7.3) 式はテイラー型の金融政策ルールと呼ばれる。ここで、y_t は産出ギャップ[4]、π_t はインフレ率、$r_{n,t}$ は名目金利、$(\beta, \phi_\pi, \kappa, r^*)$ はパラメータである。β は主観的割引率、ϕ_π はテイラールールにおける名目金利の期待インフレ率に対する反応係数、κ はフィリップス曲線の傾きであり、それぞれ 7.4 節で説明する家計や企業の最適化行動の**ミクロ的基礎付け**（micro foundation）のある非線形モデルに基づいている。r^* は自然利

---

4) 産出ギャップは、実質 GDP の潜在 GDP からの乖離として定義される。潜在 GDP は、実質 GDP の長期的なトレンドあるいは実質 GDP から景気循環の影響を除いたものとして計算される。

子率の定常状態での値である[5]。また、$\mathbb{E}_t$ は t 期における期待値オペレータである。

実質金利 $r_{n,t} - \mathbb{E}_t \pi_{t+1}$ が自然利子率 s_t に等しいとき、(7.1) 式より産出ギャップは $y_t = \mathbb{E}_t y_{t+1} = 0$ となり、(7.2) 式よりインフレ率は $\pi_t = \mathbb{E}_t \pi_{t+1} = 0$ となる。このとき、名目金利は $r_{n,t}^* = r^*$ となる。実質金利と自然利子率の差 $r_{n,t} - \mathbb{E}_t \pi_{t+1} - s_t$ は**金利ギャップ**（interest rate gap）とも呼ばれており、たとえば金利ギャップがプラス（マイナス）のとき、(7.1) 式より現在の産出ギャップ y_t を下（上）押しする。またこのとき、(7.2) 式より産出ギャップを通じてインフレ率 π_t にもマイナス（プラス）の影響を与える。ニューケインジアン・モデルでは、このような金利を通じた消費の異時点間の代替により、中央銀行が名目金利を動かしたときの金融政策の波及過程について考えることができる[6]。

$r_{n,t}^*$ は**シャドーレート**（shadow rate）と呼ばれ、ゼロ金利制約がなければ名目金利と一致する（$r_{n,t}^* = r_{n,t}$）[7]。このとき、3 つの未知数 $(y_t, \pi_t, r_{n,t})$ に対して 3 本の方程式があるので、通常の将来の期待を含む線形モデルを解く手続きに従って、解を求めることができる[8]。

ここで、名目金利はゼロを下回ることができないという制約を、以下のように明示的に考える。

$$r_{n,t} = \max \left\{ r_{n,t}^*, 0 \right\} \tag{7.4}$$

すなわち、テイラールールから計算できるシャドーレートがゼロを下回る場合、名目金利はゼロになる。この制約のもとでは、モデルの解は非線形となるため、通常の線形モデルの解法はそのままでは使えない。

7.2.2　準線形モデルの解析解

外生的なショックの数が 2 個（$N = 2$）の場合、準線形モデルの解析解は比較

----

5) 非線形モデルの定常状態における消費のオイラー方程式 $1 = \beta \exp(r^*)$ から、$r^* = -\log(\beta) \approx 1/\beta - 1$ が成り立つ。

6) 第 8 章では、家計の異質性を導入したニューケインジアン・モデルにおいて、このような金融政策の効果について再考する。

7) これは第 4 章で出てきた影の価格（shadow price）とはまったく異なる概念である。

8) たとえば、Dynare（https://www.dynare.org/）を使うことで、Blanchard and Kahn (1980) のアルゴリズムに基づく形で、将来の期待を含む線形差分方程式の合理的期待均衡解を簡単に求めることができる。

的容易に導出できる。モデルの解は以下のような外生的ショック $s_i, i \in \{H, L\}$ のみの関数となる（以下では時間を表す添字 t は省略する）。

$$y_i = \varsigma_y(s_i), \quad \pi_i = \varsigma_\pi(s_i), \quad r_{n,i} = \varsigma_{r_n}(s_i)$$

つまり、モデルの3つの内生変数 (y, π, r_n) は、外生的なショック s_i のみの関数となる。ここでは s_i のとりうる値は2つだけなので、これらの関数も2つの値のいずれかをとる。すなわち、

$$y \in \{y_H, y_L\}, \quad \pi \in \{\pi_H, \pi_L\}, \quad r_n \in \{r_{n,H}, r_{n,L}\}$$

の6つの未知数が、モデルの解となる。ここで、名目金利 r_n は、状態 H のときに正の値をとり、状態 L のときにゼロ金利制約にバインドする、すなわち、$r_{n,H} > 0$、$r_{n,L} = 0$ という仮定を置く。ここで、今期の状態が $i \in \{H, L\}$ のとき、期待値の計算から以下の式が成り立つ。

$$\mathbb{E}_t y_{t+1} = (1 - p_i)y_H + p_i y_L$$
$$\mathbb{E}_t \pi_{t+1} = (1 - p_i)\pi_H + p_i \pi_L$$

これらの式をそれぞれの状態における均衡条件 (7.1)〜(7.3) 式に代入すると、以下の連立方程式を得る。

$s_i = s_H:$

$$y_H = (1 - p_H)y_H + p_H y_L - (r_{n,H} - [(1 - p_H)\pi_H + p_H \pi_L] - s_H)$$
$$\pi_H = \kappa y_H + \beta[(1 - p_H)\pi_H + p_H \pi_L]$$
$$r_{n,H} = r^* + \phi_\pi[(1 - p_H)\pi_H + p_H \pi_L]$$

$s_i = s_L:$

$$y_L = (1 - p_L)y_H + p_L y_L - (0 - [(1 - p_L)\pi_H + p_L \pi_L] - s_L)$$
$$\pi_L = \kappa y_L + \beta[(1 - p_L)\pi_H + p_L \pi_L]$$
$$r_{n,L} = 0$$

6つの未知数に対して6つの線形の方程式があるため、未知数を解析的に求めることができる。

7.2.3 時間反復法による準線形モデルの数値計算

準線形モデルは、TI を使って解くこともできる。外生的なショックの数 N が大きい場合は解析解を求めるのが非常に煩雑になるため、このアプローチが有用になる。以下のアルゴリズムは、N の大きさが一般的な場合について整理している（7.3.2 項で最適裁量政策を計算するときにも、このアルゴリズムを用いる）。また、$N = 2$ の場合には、解析解と数値解を比較することで、数値解の精度を検証することもできる。

■ アルゴリズム

1. **グリッド生成** 状態空間の評価点を有限個のグリッドに区切る。この場合、N 個のグリッド $(s_1, \cdots, s_N)$ は外生的な変数のとりうる値として、すでに与えられている。グリッド上における政策関数の値 $\left\{ \varsigma_y^{(0)}(s_i), \varsigma_\pi^{(0)}(s_i) \right\}_{i=1}^N$ の初期値を当て推量する[9]。

2. **収束の基準** 収束の基準になるパラメータ ε を定める。

3. **最適化** 古い政策関数 $\varsigma^{(n-1)}(s_i) = \left(\varsigma_y^{(n-1)}(s_i), \varsigma_\pi^{(n-1)}(s_i) \right)$、およびそれぞれのグリッドにおける $s_i, i = 1, ..., N$ の値を所与として、以下の 3 本の式を $(y_i^{(n)}, \pi_i^{(n)}, r_{n,i}^{(n)})$ について解く。

$$y_i^{(n)} = y_i^e - \left(r_{n,i}^{(n)} - \pi_i^e - s_i \right)$$

$$\pi_i^{(n)} = \kappa y_i^{(n)} + \beta \pi_i^e$$

$$r_{n,i}^{(n)} = \max \left\{ r^* + \phi_\pi \pi_i^e, 0 \right\}$$

ここで、産出ギャップとインフレ率の期待値は、

$$y_i^e = \sum_{j=1}^N p_{ij} \varsigma_y^{(n-1)}(s_j)$$

$$\pi_i^e = \sum_{j=1}^N p_{ij} \varsigma_\pi^{(n-1)}(s_j)$$

---

[9] $N-2$ のケースでは、初期値はインフレ率と産出ギャップのそれぞれの状態 $i \in \{H, L\}$ での値 $\left(y_H^{(0)}, \pi_H^{(0)}, y_L^{(0)}, \pi_L^{(0)} \right)$ である。なお、$\varsigma_{r_n}^{(0)}(s_i)$ については、政策関数が収束しているか確認をするときにのみ用いられる。

である。これらは s_i の（添字 i の）関数であることに注意しよう。また、p_{ij} は、遷移確率行列 P の i 行 j 列の要素である。このステップで、新しい政策関数 $\varsigma^{(n)}$ を得る。

4. **収束しているか確認**　古い政策関数 $\varsigma^{(n-1)}$ と新しい政策関数 $\varsigma^{(n)}$ の距離を測り、それが十分小さければ真の政策関数に収束したとみなす。あらゆる $s_i, x \in \{y, \pi, r_n\}$ について $\|\varsigma_x^{(n)}(s_i) - \varsigma_x^{(n-1)}(s_i)\| < \varepsilon$ であればストップ。そうでなければ、$\varsigma^{(n)}$ を $\varsigma^{(n-1)}$ に代入して、ステップ3を繰り返す。

パラメータの値は、$s_H = r^* = 3.0/4 = 0.75\%$、$\phi_\pi = 5.0$、$p_H = 0$、$p_L = 0.75$ とした[10]。このとき、消費のオイラー方程式から $\beta = \exp\left(\frac{-r^*}{100}\right) = 0.9925$ となる。そのうえで、パラメータの組 (s_L, κ) を、モデルにおける (y_L, π_L) の値がターゲットの値に近くなるように設定した[11]。

図7.1は、$N = 2$ の場合の数値解についてプロットしたものである。状態 H から L に移行する確率が $p_H = 0$ の場合、状態 H は**吸収状態**（absorbing state）とも呼ばれ、一度経済の状態が H になった後はそこから動かない。ここで、状態 H では、政策金利（名目金利）はプラスになっており、産出ギャップ、インフレ率の値はゼロである。一方で、状態 L では、政策金利はゼロにバインドしている[12]。自然利子率が実質金利以上に下がっているので、政策金利をゼロにしても十分な緩和効果が得られず、産出ギャップ、インフレ率ともに大きく下がっている[13]。

ここで、p_H を 0%から 2.5%にすると、状態 H であっても政策金利が下がり、インフレ率が状態 H と状態 L の両方で下がる。この**不確実性の非中立性**（non-

---

10) モデルの1期間は四半期とし、r^* は中立金利を3%として年率の値を四半期換算するため4で割っている。

11) ここでは、ターゲットを $(y_L, \pi_L) = (-7.0, 1.0/4)$（金融危機時の産出ギャップとインフレ率の値）として、パラメータの組 $(s_L, \kappa) = (-1.56, 0.01)$ を最適化関数を用いて求めた。

12) ϕ_π の値が小さく、状態 L においてインフレ率の落ち込みに対して政策金利が十分に反応しない場合、政策金利は正の値をとる。このとき、一般的な数値解に対して $r_{n,L} = 0$ を仮定した解析解は一致しない。

13) もしゼロ金利制約がなければ、政策金利をマイナスにして実質金利の値を自然利子率と一致させることで、状態 H と同様に産出ギャップとインフレ率の値をゼロにできる。

図7.1 2状態モデルにおける政策関数

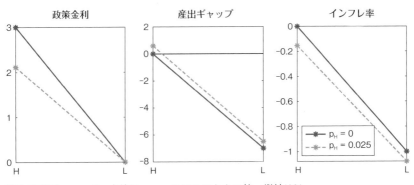

（注）実線は $p_H = 0$、点線は $p_H = 0.025$ のときの値。縦軸は％。

neutrality of uncertainty）は、ゼロ金利制約によるものである。すなわち、正の
ショックには政策金利を引き上げて引き締めによって対応できるのに対して、負
のショックにはゼロ金利制約により政策金利を引き下げることができず、緩和的
に対応できない。したがって、確率 p_H の上昇によって将来の期待産出ギャップ
はマイナスになり、インフレ率は**フォワードルッキング**（forward-looking）な企
業の価格設定行動を反映した (7.2) 式から下押しされる[14]。一方で、産出ギャッ
プがややプラスになるのは、期待インフレ率の低下に反応して政策金利は通常よ
りも低く設定されるためである。このような不確実性の与える影響は、非線形
モデルによってのみ分析が可能である。線形モデルでは、**確実性等価**（certainty
equivalence）が成り立つため、不確実性の影響は排除される。また、4.3 節で
学んだ将来の完全予見を仮定する非線形モデルの解法でも、不確実性の影響は
分析できない。

7.2.4 応用例：ゼロ金利制約下の財政乗数

　財政乗数（fiscal multiplier）とは、1 単位の政府支出に対する産出量の増分を
表したものである。財政乗数が 1 より大きいとき、政府支出を増やすことで、
政府支出そのもの以外にも民間需要を誘発して経済をより活性化することがで

---

14) このようなゼロ金利制約下の不確実性が与える負の影響は、Nakata (2017b) で詳しく議
論されている。

きる。これは、産出量は総需要によって決まるとする、伝統的なケインズ経済学の考え方に基づく。しかし、新古典派経済学では、産出量は総供給によって決まるとするため（セイの法則）、政府支出の増加は産出量の増加には必ずしもつながらない。政府支出の増加は、金利上昇を通じて民間支出を減少させるクラウディングアウトの効果を持つ[15]。

　このようなことから、新古典派的な実物的景気循環（RBC）理論を基礎とするニューケインジアン・モデルでも、財政乗数の値は通常小さいことが知られている。しかし、金利が一時的にゼロであり、何らかの理由で上がっていかないとすると、クラウディングアウトは起こらず、したがって財政乗数の値は大きいかもしれない。Christiano et al. (2011) は、ゼロ金利制約のあるニューケインジアン・モデルにおいて、財政乗数の値が大きくなりうることを示した。

　ここでは、Christiano et al. (2011) に基づく以下の準線形モデルを考える。

$$\lambda_t = \mathbb{E}_t \lambda_{t+1} + (r_{n,t} - \mathbb{E}_t \pi_{t+1} - s_t)$$

$$\lambda_t = d_c c_t + d_n n_t$$

$$\pi_t = \kappa \left(c_t + \frac{N}{1-N} n_t \right) + \beta \mathbb{E}_t \pi_{t+1}$$

$$y_t = (1 - g_y)c_t + g_y g_t$$

$$n_t = y_t$$

$$r_{n,t}^* = r^* + \phi_\pi \mathbb{E}_t \pi_{t+1}$$

$$r_{n,t} = \max\{r_{n,t}^*, 0\}$$

これらの式は、もとのモデルの均衡条件を定常状態周りで対数線形近似したものである。7.2.1 項のモデルと比べて、労働供給 n_t が内生化されていることと、政府支出 g_t が明示的に考慮されていることに注意しよう。λ_t は家計の限界効用（ラグランジュ乗数）、c_t は消費、π_t はインフレ率、y_t は産出ギャップである[16]。s_t は自然利子率であり、(s_t, g_t) はモデルの状態変数となっている。$r_{n,t}$ は名目金利、$r_{n,t}^*$ はシャドーレートであり、シャドーレートがゼロを下回る場

---

15) また、もし政府支出の財源が公債の発行と将来の増税で賄われるとすると、家計はむしろ将来の増税に備えて支出を減らして貯金に回すかもしれない（リカードの等価定理）。

16) 7.2.1 項のモデルでは、$\lambda_t = -c_t$ が成り立つ。

合、名目金利はゼロになる。$(\beta, \phi_\pi, \kappa, r^*, g_y, d_c, d_n)$ はパラメータであり、ミクロ的基礎付けに基づいている。g_y は定常状態における政府支出の産出量に対する割合である。また、$d_c = \gamma(1-\sigma)-1$、$d_n = -(1-\gamma)(1-\sigma)N/(1-N)$ であり、σ は異時点間の代替弾力性、γ はフリッシュ弾力性の逆数、N は労働供給の定常状態での値である[17]。

　ここで、モデルの状態変数 (s_t, g_t) はそれぞれ 2 つの値 $s_t \in \{s_H, s_L\}$、$g_t \in \{g_H, g_L\}$ のいずれかをとり、以下の遷移確率行列を持つ共通の確率過程に従うとする。

$$P = \left[\begin{array}{cc} 1-p_H & p_H \\ 1-p_L & p_L \end{array}\right]$$

すなわち、状態 H では $(s_t, g_t) = (s_H, g_H)$ となり、状態 L では $(s_t, g_t) = (s_L, g_L)$ となる。

　このとき、モデルの解は以下のような関数となる。

$$y = \varsigma_y(s, g), \quad \pi = \varsigma_\pi(s, g), \quad r_n = \varsigma_{r_n}(s, g),$$
$$c = \varsigma_c(s, g), \quad n = \varsigma_n(s, g), \quad \lambda = \varsigma_\lambda(s, g)$$

(s, g) のとりうる値は 2 つだけなので、これらの関数も 2 つの値のいずれかをとる。すなわち、

$$y \in \{y_H, y_L\}, \quad \pi \in \{\pi_H, \pi_L\}, \quad r_n \in \{r_{n,H}, r_{n,L}\},$$
$$c \in \{c_H, c_L\}, \quad n \in \{n_H, n_L\}, \quad \lambda \in \{\lambda_H, \lambda_L\}$$

がモデルの解となる。7.2.2 項と同様、$r_{n,H} > 0$、$r_{n,L} = 0$ という仮定を置く。ここで、ゼロ金利下の財政乗数は、g_L を 1 単位増やしたときの y_L の増分、すなわち、

$$y_L(g_L = 1) - y_L(g_L = 0) \tag{7.5}$$

として定義できる。ここでも 7.2.3 項と同様に、TI を使ってそのような y_L の増分を数値的に求めることができる[18]。

---

17) $d_c = -1$、$d_n = 0$、$N = 0$、$g_y = 0$ であるとき、7.2.1 項のモデルと均衡条件は同じになる。

18) この 2 状態モデルにおける解析解については、Christiano et al. (2011) を参照。7.2.3 項と同様、解析解と数値解はほぼ同じになる。

図7.2　2状態モデルにおける財政乗数の値

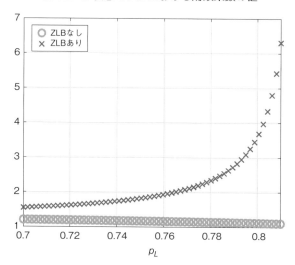

図7.2は、p_L の値を変化させたときの財政乗数 (7.5) 式の値をプロットしたものである。ここで、パラメータの値は、$\beta = 0.99$、$\kappa = 0.03$、$\phi_\pi = 1.5$、$g_y = 0.2$、$\sigma = 1.0$、$\gamma = 0.29$、$N = 1/3$、$p_H = 0$、$s_L = -1.5\%$ とする[19]。このとき、$s_H = r^* = -\log(\beta) \approx 1.0\%$ となる。また、簡単化のために、状態 H では財政支出をゼロに基準化する $(g_H = 0)$。

ゼロ金利制約がない場合、財政乗数の値は 1 をわずかに上回る程度である。p_L の値を大きくしていくと、財政乗数の値はさらに小さくなり、たとえば $p_L = 0.8$ のときの財政乗数の値は 1.12 である。一方で、ゼロ金利制約がある場合、とくに p_L の値が大きいときに財政乗数の値も大きくなる。この場合、$p_L = 0.8$ のときの財政乗数の値は 3.60 である。このように、財政乗数の値は、特にゼロ金利のもとではショックの慣性の大きさに依存する。また、ここで見たすべての p_L の値について、ゼロ金利下の財政乗数はゼロ金利がない場合と比べて大きくなる。

---

19) 今期が状態 H のとき次期に状態 L になる確率は $p_H = 0$ であるので、状態 H は吸収状態であり、7.2.3 項で説明したような $p_H > 0$ のときにみられる不確実性の影響は存在しない。

7.3 ニューケインジアン・モデルにおける最適金融政策と ゼロ金利制約

7.3.1　準線形モデルにおける最適金融政策

　TI を使った実際の応用例として、ニューケインジアン・モデルを用いて分析を行った論文の結果を再現してみよう。ここでは、準線形モデルを用いて、ゼロ金利制約のもとでの最適金融政策を考えた Adam and Billi (2006, 2007) を紹介する。ニューケインジアン・モデルでは、価格の硬直性により相対価格に歪みがあるため、一般には、分権経済では社会計画者問題における最適な配分は実現できない。最適金融政策とは、社会計画者問題における配分にできるだけ近い配分を達成するような金融政策のことである。ここでは、代表的家計の価値関数を 2 次関数（インフレ率と産出ギャップの変動の加重和）で近似した目的関数を**社会厚生**（social welfare）とみなして、対数線形近似した均衡条件（消費のオイラー方程式 (7.1) とニューケインジアン・フィリップス曲線 (7.2)）を制約として最大化するような配分を求める。

　動学的最適化問題において、**政策決定者**（policymaker）が現在だけでなく将来の変数についても操作し、将来の経路にコミットできるとき、これを**最適コミットメント政策**（optimal commitment policy）という。そのようなコミットができない場合は、政策決定者は毎期の社会厚生を最大化するように変数を選ぶことになる。こうした政策は、**最適裁量政策**（optimal discretionary policy）と呼ばれる。

　7.2.1 項の準線形モデルにおける最適金融政策を考えよう。政策決定者は、以下の社会厚生を最大化するように $\{y_t, \pi_t, r_{n,t}\}_{t=0}^{\infty}$ の流列を求める。

$$V_0 \equiv \max_{\{y_t, \pi_t, r_{n,t}\}_{t=0}^{\infty}} -\mathbb{E}_0 \sum_{t=0}^{\infty} \beta^t \left(\pi_t^2 + \lambda y_t^2 \right)$$

subject to

$$y_t = \mathbb{E}_t y_{t+1} - (r_{n,t} - \mathbb{E}_t \pi_{t+1}) + g_t$$

$$\pi_t = \kappa y_t + \beta \mathbb{E}_t \pi_{t+1} + u_t$$

$$r_{n,t} \geq 0$$

上記のとおり、社会厚生は、現在から無限先の将来にわたっての、インフレ率と産出ギャップの2乗の加重和の割引現在価値にマイナスを掛けたもので与えられる[20]。ここでは、7.2節の分析で用いた名目金利に関するテイラールールではなく、政策決定者がその他の変数も直接選ぶことに注意しよう。(g_t, u_t) は外生的なショックであり、それぞれ以下の AR(1) 過程に従う。

$$g_t = (1 - \rho_g)\bar{g} + \rho_g g_{t-1} + \varepsilon_{g,t}, \quad \varepsilon_{g,t} \sim N(0, \sigma_g^2)$$

$$u_t = \rho_u u_{t-1} + \varepsilon_{u,t}, \qquad\qquad \varepsilon_{u,t} \sim N(0, \sigma_u^2)$$

ここで、g_t は需要面に対するショック（自然利子率や政府支出など）、u_t は供給面に対するショック（価格マークアップなど）と考えることができる。また、定常状態で g_t は自然利子率の定常値に一致し（$\bar{g} = r^*$）、u_t の定常値はゼロになる。このとき、定常状態における他のモデルの変数の値は、$r_{n,t} = r^*$、$y_t = \pi_t = 0$ となる。

政策決定者の動学的最適化問題は、4.1節でも出てきた動的ラグランジュアンとその1階の必要条件を用いて解くことができる。このモデルにおける動的ラグランジュアンは、以下で与えられる。

$$\mathcal{L}_0 \equiv \mathbb{E}_0 \sum_{t=0}^{\infty} \beta^t \left\{ (\pi_t^2 + \lambda y_t^2) \right.$$
$$+ 2\phi_{PC,t} \left(-\pi_t + \kappa y_t + \beta \mathbb{E}_t \pi_{t+1} + u_t \right)$$
$$+ 2\phi_{EE,t} \left(-y_t - r_{n,t} + \mathbb{E}_t y_{t+1} + \mathbb{E}_t \pi_{t+1} + g_t \right)$$
$$\left. + 2\phi_{ZLB,t} r_{n,t} \right\}$$

ここで、$\{\phi_{PC,t}, \phi_{EE,t}, \phi_{ZLB,t}\}_{t=0}^{\infty}$ はそれぞれの制約式にかかるラグランジュ乗数である。

最適コミットメント政策では、政策決定者は、時点 $t = 0$ に現在から将来にわたる変数を、社会厚生を最大化するように選ぶ[21]。このとき、動的ラグラン

---

20) 前述のように、これは代表的家計の価値関数の2次近似である。詳しくは、Woodford (2003)、Benigno and Woodford (2012) を参照。

21) このモデルにおいては、政策決定者は $t = 0$ の時点でコミットした将来の変数を後で選び直す動機を持つ。すなわち、最適コミットメント政策のもとでの政策関数は、$t = 0$ の時点に限って最適となる。これは**動学的非整合性**（time inconsistency）と呼ばれており、最適金融政策の分野では Kydland and Prescott (1977) によって最初に分析された。

ジュアンの 1 階条件は、

$$\pi_t : \pi_t - \phi_{PC,t} + \phi_{PC,t-1} + \beta^{-1}\phi_{EE,t-1} = 0$$

$$y_t : \lambda y_t + \kappa\phi_{PC,t} - \phi_{EE,t} + \beta^{-1}\phi_{EE,t-1} = 0$$

$$r_{n,t} : -\phi_{EE,t} + \phi_{ZLB,t} = 0$$

となる。ここで、$\phi_{ZLB,t}$ はゼロ金利制約にかかるラグランジュ乗数であり、ゼロ金利制約がバインドしない限りはゼロになることに注意しよう。このことは以下の**相補スラック条件**（complementary slackness condition）にまとめられる。

$$\phi_{ZLB,t}r_{n,t} = 0, \quad \phi_{ZLB,t} \geq 0, \quad r_{n,t} \geq 0$$

すなわち、均衡条件は $r_{n,t}$ の値によって場合分けされる[22]。もし $r_{n,t} > 0$ であれば、$\phi_{ZLB,t} = \phi_{EE,t} = 0$ である。このとき均衡条件は、

$$r_{n,t} = -y_t + \mathbb{E}_t y_{t+1} + \mathbb{E}_t \pi_{t+1} + g_t \tag{7.6}$$

$$\pi_t = \kappa y_t + \beta\mathbb{E}_t \pi_{t+1} + u_t \tag{7.7}$$

$$\pi_t - \phi_{PC,t} + \phi_{PC,t-1} + \beta^{-1}\phi_{EE,t-1} = 0 \tag{7.8}$$

$$\lambda y_t + \kappa\phi_{PC,t} + \beta^{-1}\phi_{EE,t-1} = 0 \tag{7.9}$$

となる。4 つの未知数 $(y_t, \pi_t, r_{n,t}, \phi_{PC})$ に対して 4 本の式 (7.6)、(7.7)、(7.8)、(7.9) があるので、解を求めることができる。あるいは、もし $r_{n,t} = 0$ であれば、$\phi_{ZLB,t} = \phi_{EE,t} > 0$ である。このとき均衡条件は、上の (7.7) 式、(7.8) 式および以下の 2 式となり、

$$0 = -y_t + \mathbb{E}_t y_{t+1} + \mathbb{E}_t \pi_{t+1} + g_t \tag{7.10}$$

$$\lambda y_t + \kappa\phi_{PC,t} - \phi_{EE,t} + \beta^{-1}\phi_{EE,t-1} = 0 \tag{7.11}$$

4 つの未知数 $(y_t, \pi_t, \phi_{EE}, \phi_{PC})$ に対して 4 本の式 (7.7)、(7.8)、(7.10)、(7.11) があるので、解を求めることができる。

　最適裁量政策では、政策決定者は将来の変数にコミットできず、毎期その時

---

[22] 後にみるように、実際の計算では、まず $r_{n,t} > 0$ を仮定して均衡条件を解き、もしその仮定が満たされなければ、$r_{n,t} = 0$ として解き直す。

点の変数を社会厚生を最大化するように選ぶ。この場合、$(\mathbb{E}_t y_{t+1}, \mathbb{E}_t \pi_{t+1})$ を所与とした動的ラグランジュアンの 1 階条件から、解となる政策関数を求めることができる[23]。すなわち、

$$\pi_t : \pi_t - \phi_{PC,t} = 0$$

$$y_t : \lambda y_t + \kappa \phi_{PC,t} - \phi_{EE,t} = 0$$

$$r_{n,t} : -\phi_{EE,t} + \phi_{ZLB,t} = 0$$

となる。また、相補スラック条件より、もし $r_{n,t} > 0$ であれば、$\phi_{EE,t} = 0$ である。このとき均衡条件は、上の (7.6) 式、(7.7) 式、および以下の式で与えられる。

$$0 = \lambda y_t + \kappa \pi_t \tag{7.12}$$

あるいは、もし $r_{n,t} = 0$ であれば、$\phi_{EE,t} > 0$ である。このとき均衡条件は、上の (7.7) 式、(7.10) 式、および以下の式で与えられる。

$$\phi_{EE,t} = \lambda y_t + \kappa \pi_t \tag{7.13}$$

いずれの場合も、3 つの未知数に対して 3 つの式 ((7.6)、(7.7)、(7.12) または (7.7)、(7.10)、(7.13)) があるので、解を求めることができる。

7.3.2 時間反復法による最適裁量政策の数値計算

ここでは、TI を用いて Adam and Billi (2007) の結果を再現してみよう。最適裁量政策においては、2 状態モデルと同じように、モデルの状態変数が外生的なショック以外に存在しないため、外生変数をグリッドとしてそれぞれのグリッドの点で均衡条件を解けばよい。政策関数をグリッド以外の点で近似する必要がないため、比較的簡単にモデルを解くことができる。

まず、外生的なショックの確率過程を Tauchen (1986) の方法を用いてマルコフ連鎖で近似する（付録 C.1 参照）。すなわち、各変数のグリッドは以下で与えられる。

---

23) 最適裁量政策は**マルコフ完全均衡**（Markov-perfect equilibrium）となる。すなわち、最適コミットメント政策と異なり、最適裁量政策のもとでの政策関数は、どの時点からみても最適なものになっている。

$$g \in \{g_1, g_2, ..., g_{N_g}\}$$

$$u \in \{u_1, u_2, ..., u_{N_u}\}$$

また、遷移確率行列は、それぞれ以下のように定義される。

$$P^g = \begin{bmatrix} p_{11}^g & \cdots & \cdots & p_{1N_g}^g \\ p_{21}^g & \ddots & & \vdots \\ \vdots & & \ddots & \vdots \\ p_{N_g 1}^g & \cdots & \cdots & p_{N_g N_g}^g \end{bmatrix}, \quad P^u = \begin{bmatrix} p_{11}^u & \cdots & \cdots & p_{1N_u}^u \\ p_{21}^u & \ddots & & \vdots \\ \vdots & & \ddots & \vdots \\ p_{N_u 1}^u & \cdots & \cdots & p_{N_u N_u}^u \end{bmatrix}$$

これらの 2 つのマルコフ連鎖を結合して 1 つのマルコフ連鎖として考えるために、2 次元のグリッドの座標 (g, u) を 1 次元のベクトル s に集約する。たとえば、$N_g = N_u = 2$ の場合、g と u の組み合わせは以下の $N_g \times N_u = 4$ 個のベクトルで与えられる。

$$s_1 = (g_1, u_1)$$

$$s_2 = (g_1, u_2)$$

$$s_3 = (g_2, u_1)$$

$$s_4 = (g_2, u_2)$$

ここで、ベクトル s の添字 $i \in \{1, 2, 3, 4\}$ は、それぞれのショックの添字の組に対応しており、$s_i = (g_{k(i)}, u_{l(i)})$ のように書ける。このとき、モデルの解は以下のような外生的なショック s_i の関数となる。

$$y = \varsigma_y(s_i), \quad \pi = \varsigma_\pi(s_i), \quad r_n = \varsigma_{r_n}(s_i)$$

また、それぞれの遷移確率行列の**クロネッカー積** (Kronecker product)、$P = P^g \otimes P^u$ が、結合されたマルコフ連鎖の遷移確率行列となる。たとえば、$N_g = N_u = 2$ の場合、以下のようになる。

$$P = \begin{bmatrix} p_{11}^g p_{11}^u & p_{11}^g p_{12}^u & p_{12}^g p_{11}^u & p_{12}^g p_{12}^u \\ p_{11}^g p_{21}^u & p_{11}^g p_{22}^u & p_{12}^g p_{21}^u & p_{12}^g p_{22}^u \\ p_{21}^g p_{11}^u & p_{21}^g p_{12}^u & p_{22}^g p_{11}^u & p_{22}^g p_{12}^u \\ p_{21}^g p_{21}^u & p_{21}^g p_{22}^u & p_{22}^g p_{21}^u & p_{22}^g p_{22}^u \end{bmatrix}$$

　数値計算のアルゴリズムは7.2.3項で解説したものとほぼ同じである。ただし、ステップ3の最適化の部分は、以下のようにゼロ金利制約にバインドしているかどうかで場合分けが必要となる。すなわち、それぞれのグリッド $s_i = (g_{k(i)}, u_{l(i)})$ において、もし $r_{n,i}^{(n)} > 0$ であると仮定すると、$\phi_{ZLB,t} = 0$ である。このとき、以下の式を $(y_i^{(n)}, \pi_i^{(n)}, r_{n,i}^{(n)})$ について解く。

$$r_{n,i}^{(n)} = -y_i^{(n)} + y_i^e + \pi_i^e + g_{k(i)}$$
$$\pi_i^{(n)} = \kappa y_i^{(n)} + \beta \pi_i^e + u_{l(i)}$$
$$0 = \lambda y_{(n)} + \kappa \pi_i^{(n)}$$

ここで計算した $r_{n,i}^{(n)}$ について、$r_{n,i}^{(n)} > 0$ が満たされているかをチェックし、満たされていれば、$(y_i^{(n)}, \pi_i^{(n)}, r_{n,i}^{(n)})$ がこのグリッドにおける政策関数の値となる。

　一方で、不等式が満たされていなければ、$r_{n,i}^{(n)} = 0$ として、以下の式を $(y_i^{(n)}, \pi_i^{(n)})$ について解き、このグリッドにおける政策関数の値とする[24]。

$$0 = -y_i^{(n)} + y_i^e + \pi_i^e + g_{k(i)}$$
$$\pi_i^{(n)} = \kappa y_i^{(n)} + \beta \pi_i^e + u_{l(i)}$$

　図7.3は、様々な値の負の需要ショック（ここでは自然利子率 g の変動）に対する、産出ギャップ y、インフレ率 π、政策金利 r_n の政策関数の値を示している。ゼロ金利制約がバインドすると、自然利子率の低下に対して実質金利を下げることができないため、産出ギャップとインフレ率は目立って落ち込む。また、インフレ率はゼロ金利制約がバインドするよりも早く落ち込み始める。これは、将来にゼロ金利制約がバインドし、産出ギャップが落ち込むことを見越して企業が価格を引き下げる、というゼロ金利制約下の不確実性の影響による。政策金利はこのようなインフレの動きに対応して、**予備的緩和（preemptive easing）**を行い、結果として産出ギャップはゼロ金利制約がバインドするまでは若干のプラスとなる[25]。

---

24) $\phi_{ZLB,i}^{(n)} = \lambda y_i^{(n)} + \kappa \pi_i^{(n)} > 0$ は、ゼロ金利制約がバインドしている度合いを表すが、ここではモデルの動学に影響を与えないため無視できる。

25) ゼロ金利制約がないときは、政策金利を下げることで需要ショックの影響を無効にできるため、産出ギャップはゼロになる。

図 7.3　Adam and Billi (2007) のリプリケーション

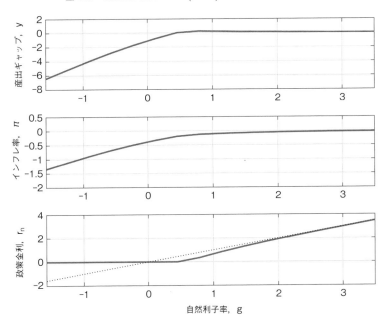

7.3.3　時間反復法による最適コミットメント政策の数値計算

　7.3.2 項と同じように、TI を用いて最適コミットメント政策を数値的に解い
てみよう。最適コミットメント政策においては、これまでとは異なり、モデルの
状態変数には、外生的なショックだけではなく、内生的な過去のラグランジュ
乗数も含まれる。これは、最適コミットメント政策においては、過去のある時
点における将来へのコミットメント（＝約束）が、現在においては過去の約束
を守らなければならない、という意味で現在の政策決定者の行動に影響を与え
ているからである。

　具体的には、最適コミットメント政策における均衡条件の式（(7.6)、(7.7)、
(7.8)、(7.9) または (7.10)、(7.7)、(7.8)、(7.11)）において、$(\phi_{EE,t-1}, \phi_{PC,t-1})$
は、前期にその値がすでに決まっている**内生状態変数**（endogenous state vari-
ables）である。このとき、モデルの解は以下のような関数となる。

$$y = \varsigma_y(\phi_{EE,-1}, \phi_{PC,-1}, s_i), \qquad \pi = \varsigma_\pi(\phi_{EE,-1}, \phi_{PC,-1}, s_i),$$

図7.4 2状態モデルにおける最適コミットメント政策と最適裁量政策

産出ギャップ, y　インフレ率, π　政策金利, r_n

コミットメント政策
裁量政策

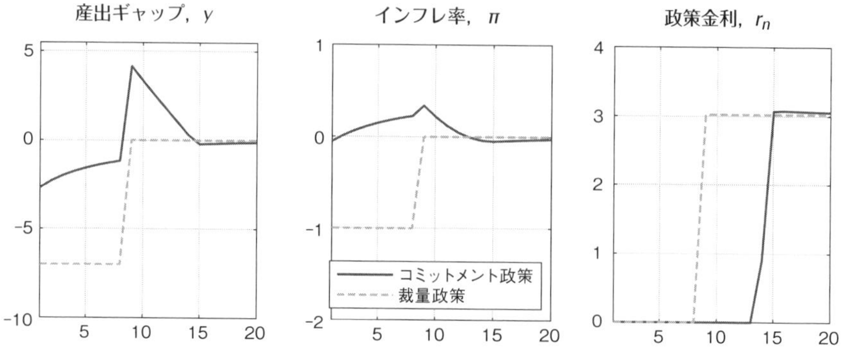

$$r_n = \varsigma_{r_n}(\phi_{EE,-1}, \phi_{PC,-1}, s_i), \quad \phi_{EE} = \varsigma_y(\phi_{EE,-1}, \phi_{PC,-1}, s_i),$$

$$\phi_{PC} = \varsigma_\pi(\phi_{EE,-1}, \phi_{PC,-1}, s_i)$$

すなわち、政策関数は、外生的なショック s_i のほかに内生的な過去のラグランジュ乗数 ($\phi_{EE,-1}, \phi_{PC,-1}$) にも依存する。また、外生的なショックはグリッド上の離散的な値しかとらないのに対して、ラグランジュ乗数は連続的な値をとりうるため、政策関数をグリッド以外の点で近似する、関数の補間が必要になる[26]。なお、数値計算のアルゴリズムについては本章の7.6節（補論）で解説している。

図7.4は、7.2節のように外生的なショック $s_i = g_i$ が2つの値 $\{s_H, s_L\}$ だけをとるときの、最適コミットメント政策と最適裁量政策のもとでの、産出ギャップ y、インフレ率 π、および政策金利 r_n の反応である（パラメータの値）。ここでは、1期目から8期目までは状態 L が続いた後に、9期目以降は状態 H となるようなショックが実現したとする。ここで、今期が状態 H のとき次期に状態 L になる確率は $p_H = 0$ である、すなわち状態 H では不確実性の影響はないことに注意しよう。

最適裁量政策のもとでは、最初の8期間において負のショックが起こった状態 L では政策金利をゼロより下げることができないため、産出ギャップ、イン

26）状態変数が離散的な値しかとらない場合は、そのような関数の補間は必要ではない。

フレ率ともに大きく落ち込む。その後状態 *H* では、政策金利は定常状態の値となり、産出ギャップ、インフレ率はゼロになる。一方で、最適コミットメント政策のもとでは、最初の 8 期間が過ぎた後の状態 *H* のもとでも、ゼロ金利をしばらく続けることで産出ギャップとインフレ率はゼロを超えてオーバーシュートする、そのような政策にコミットする。このとき、将来の経済がオーバーシュートして好況になるという家計や企業のフォワードルッキングな期待から、状態 *L* のもとでも、産出ギャップとインフレ率の落ち込みを、最適裁量政策に比べて抑えることができている。このように、最適コミットメント政策は、「中央銀行がより長めのゼロ金利にコミットすることで期待に働きかける」というフォワード・ガイダンス政策の理論的な基礎となっている。この点については、8.4 節で改めて解説する[27]。

ここで、とくに最適コミットメント政策における変数の経路は、特別なケースを除いては、本節で説明したような数値計算手法によってのみ計算できることに注意しよう[28]。したがって、近年では、数値計算手法は最適金融政策の分析と切り離せないものとなっている。

7.4 非線形ニューケインジアン・モデル

これまでは、均衡条件を対数線形近似したモデルでゼロ金利制約を考慮してきた。すなわち、モデルにおける非線形性はゼロ金利制約のみによって与えられていた。しかし、もとの均衡条件は非線形であり、そのような非線形の均衡条件とゼロ金利制約を合わせて考えることも、もちろん可能である。

本節では、最終財生産企業と中間財生産企業、家計、政府からなるニューケインジアン・モデルを考える[29]。また、価格の硬直性については Rotemberg

---

27) しかし、実際の経済では、モデルとは異なりフォワード・ガイダンスの効果は必ずしも大きくない。これは「フォワード・ガイダンス・パズル (forward guidance puzzle)」と呼ばれる (Del Negro et al., 2015)。これについても 8.4 節で詳しく説明する。

28) 最適裁量政策の解析解は、7.2.2 項のテイラールールの場合と同様に、比較的容易に計算できるケースもある。

29) ここでのモデルは、Herbst and Schorfheide (2015)、Hirose and Sunakawa (2019) で使われている定式化に基づいている。

(1982) 型、すなわちインフレ率の定常状態からの乖離の 2 乗に比例する調整費用を考える。

7.4.1 最終財生産企業

最終財生産企業は、異なる中間財 $Y_t(j)$ を用いて、最終財 Y_t を生産する。添字 $j \in [0, 1]$ は中間財の種類を表す。

$$Y_t = \left(\int_0^1 Y_t(j)^{1-\nu} dj \right)^{\frac{1}{1-\nu}}$$

ここで、ν は需要の価格弾力性の逆数である。利潤最大化あるいは費用最小化により、以下の需要曲線を得る。

$$Y_t(j) = \left(\frac{P_t(j)}{P_t} \right)^{-1/\nu} Y_t \tag{7.14}$$

$P_t(j)$ は中間財 $Y_t(j)$ の価格である。また、P_t は一般価格水準であり、$P_t = \left(\int_0^1 P_t(j)^{\frac{\nu-1}{\nu}} dj \right)^{\frac{\nu}{\nu-1}}$ と表される。

7.4.2 中間財生産企業

それぞれの中間財生産企業は、$Y_t(j)$ を独占的競争下で生産し、2 次の価格調整費用のもとで価格を設定する。生産関数は以下で与えられる。

$$Y_t(j) = A_t N_t(j) \tag{7.15}$$

ここで、A_t は全要素生産性（TFP）であり、確定的なトレンド $\bar{\gamma}$ とトレンドに対する確率的なショック z_t からなる。すなわち、A_t の成長率は、$\gamma_t \equiv \log(A_t/A_{t-1}) = \bar{\gamma} + z_t$ のように分解できる。z_t は、AR(1) 過程 $z_t = \rho_z z_{t-1} + \varepsilon_{z,t}$ に従う。ここで、$\varepsilon_{z,t} \sim N(0, \sigma_z^2)$ である。$N_t(j)$ は労働投入量である。中間財 j を生産する企業は、その企業自身の生産関数 (7.15) 式と、最終財生産企業からの需要関数 (7.14) 式を制約条件として、以下の将来利益の割引現在価値を最大化する。

$$\mathbb{E}_t \left[\sum_{s=0}^{\infty} \beta^s Q_{t+s|t} \left(\frac{P_{t+s}(j)}{P_{t+s}} Y_{t+s}(j) - W_{t+s} N_{t+s}(j) - \Phi_{t+s}(j) \right) \right]$$

ここで、$\beta^s Q_{t+s|t} = \beta^s (C_{t+s}/C_t)^{-\tau}(A_t/A_{t+s})^{1-\tau}$ は**確率的割引因子** (stochastic discount factor) と呼ばれ、以下に示す家計のオイラー方程式 (7.17) から導出される[30]。β は（主観的）割引因子、τ はリスク回避度に関するパラメータ、C_t は総消費である。価格の調整費用は、Rotemberg (1982) に従い、$\Phi_t(j) = \frac{\phi}{2}\left(\frac{P_t(j)}{P_{t-1}(j)} - \Pi\right)^2 Y_t(j)$ として定式化され、ϕ は調整費用の大きさに関するパラメータ、Π は定常状態における粗インフレ率である。また、W_t は実質賃金率である。$P_t(j)$ について微分し整理することで、最適化の必要条件は以下の式で与えられる。

$$(1 - \nu^{-1})\left(\frac{P_t(j)}{P_t}\right)^{-1/\nu}\frac{Y_t}{P_t} + \nu^{-1}\frac{W_t}{A_t}\left(\frac{P_t(j)}{P_t}\right)^{-1/\nu - 1}\frac{Y_t}{P_t}$$

$$- \frac{\partial \Phi_t(j)}{\partial P_t(j)} - \beta\mathbb{E}_t Q_{t+1|t}\frac{\partial \Phi_{t+1}(j)}{\partial P_t(j)} = 0 \tag{7.16}$$

7.4.3　家計

代表的家計は、各期の予算制約を所与として、生涯の効用を最大化する。

$$\mathbb{E}_t\left[\sum_{s=0}^{\infty}\beta^s\left(\frac{(C_{t+s}/A_{t+s})^{1-\tau} - 1}{1 - \tau} - \chi_H H_{t+s}\right)\right]$$

subject to

$$P_t C_t + B_t + T_t = P_t W_t H_t + R_{n,t-1}B_{t-1} + P_t D_t + P_t \Xi_t$$

ここで、χ_H は労働による不効用の効用全体に対するウェイトである。B_t は t 期末における債券の保有量、H_t は総労働供給、T_t は所得移転、$R_{n,t}$ は名目金利を**粗利**（gross）で表したものである。D_t は家計が保有する中間財生産企業からの配当である。また、Ξ_t は状態依存型証券を取引することで得られる純キャッシュフローである[31]。この問題の最適化の必要条件は以下の式で与えられる。

$$1 = \beta\mathbb{E}_t\left[\left(\frac{C_{t+1}/C_t}{A_{t+1}/A_t}\right)^{-\tau}\frac{A_t}{A_{t+1}}\frac{R_{n,t}}{\Pi_{t+1}}\right] \tag{7.17}$$

---

30) ここでは、中間財生産企業は家計が保有すると仮定している。このとき、独占的競争による利益は家計に分配される。

31) ここで、証券市場は完備であり、どのような経済の状態においてもそのリスクをヘッジできる証券が存在する。

$$\frac{W_t}{A_t} = \chi_H \left(\frac{C_t}{A_t}\right)^\tau \tag{7.18}$$

ここで、$\Pi_t = P_t/P_{t-1}$ は粗インフレ率である。

7.4.4 モデルを閉じる

金融政策ルールは以下の形をとる。これは対数をとって線形化すれば 7.2 節のものと実質的に同じである。

$$R_{n,t} = \left(R\Pi^* \left(\frac{\Pi_t}{\Pi^*}\right)^{\psi_1} \left(\frac{Y_t}{Y_t^*}\right)^{\psi_2}\right)^{1-\rho_R} R_{n,t-1}^{\rho_R} \exp(\varepsilon_{R,t}) \tag{7.19}$$

R は定常状態の実質利子率、Π^* は目標インフレ率、$\varepsilon_{R,t} \sim N(0, \sigma_R^2)$ は金融政策ショックである。$Y_t^* = (1-\nu)^{1/\tau} A_t \exp(g_t)$ は、$\phi = 0$ とした伸縮的価格のもとで得られる自然産出量の水準である。ψ_1 と ψ_2 はインフレ率と産出ギャップに対する反応係数、ρ_R は政策の慣性を示すパラメータである。財政支出は、産出の一部として、$G_t = (1 - \exp(-g_t)) Y_t$ で与えられる。また、g_t は、以下の AR(1) 過程に従う。

$$g_t = (1 - \rho_g)\bar{g} + \rho_g g_{t-1} + \varepsilon_{g,t}$$

ここで、$\bar{g}$ は g の定常状態の値、$\varepsilon_{g,t} \sim N(0, \sigma_g^2)$ は財政支出に対するショックである。

以下では、すべての中間財生産企業が同じ決定をする**対称均衡**（symmetric equilibrium）に着目するため、添字 j は省略する。**市場清算条件**（market-clearing conditions）は以下で与えられる。

$$C_t + G_t + AC_t = Y_t \tag{7.20}$$
$$H_t = N_t$$

ここで、(7.16)〜(7.20) 式において、(Y_t, Y_t^*, C_t) は共通のトレンド A_t を持つことから、$\tilde{Y}_t = Y_t/A_t$、$\tilde{Y}_t^* = Y_t^*/A_t$、$\tilde{C}_t = C_t/A_t$ のようにトレンドを除去する。結果として、均衡条件は以下で与えられる。

$$\tilde{C}_t^{-\tau} = \beta R_{n,t} \mathbb{E}_t \left[\frac{\tilde{C}_{t+1}^{-\tau}}{\exp(\gamma_{t+1})\Pi_{t+1}}\right] \tag{7.21}$$

$$0 = \left((1 - \nu^{-1}) + \nu^{-1} \tilde{C}_t^\tau - \phi \left(\Pi_t - \bar{\Pi} \right) \left[\Pi_t - \frac{1}{2\nu} \left(\Pi_t - \bar{\Pi} \right) \right] \right) \tilde{C}_t^{-\tau} \tilde{Y}_t$$

$$+ \beta\phi\mathbb{E}_t \left[\tilde{C}_{t+1}^{-\tau} \tilde{Y}_{t+1} \left(\Pi_{t+1} - \bar{\Pi} \right) \Pi_{t+1} \right] \tag{7.22}$$

$$\tilde{C}_t + \frac{\phi}{2} \left(\Pi_t - \Pi \right)^2 \tilde{Y}_t = \exp(-g_t)\tilde{Y}_t \tag{7.23}$$

$$R_{n,t}^* = \left(R^* \bar{\Pi} \left(\frac{\Pi}{\bar{\Pi}} \right)^{\psi_1} \left(\frac{\tilde{Y}_t}{\tilde{Y}_t^*} \right)^{\psi_2} \right)^{1-\rho_R} R_{n,t-1}^{*\rho_R} \exp(\varepsilon_{R,t}) \tag{7.24}$$

$$R_{n,t} = \max \left\{ R_{n,t}^*, 1 \right\} \tag{7.25}$$

(7.21)〜(7.24) の 4 つの式は、それぞれ消費のオイラー方程式、ニューケインジアン・フィリップス曲線、経済の資源制約、そしてテイラー型の金融政策ルールである。$R_{n,t}^*$ はシャドーレートである。$R_{n,t}$ はゼロ金利制約 ((7.25) 式) から 1 以上となる（純利〔net〕に直すと 0 以上となる）。

これらの非線形の均衡条件にも、TI を適用して政策関数を求めることができる。7.3 節の準線形モデルと比べて、ゼロ金利制約以外の非線形性を考慮した場合、モデルの政策関数は特に定常状態から大きく離れたところでは異なりうることが知られている[32]。また、非線形の均衡条件 (7.21)〜(7.24) 式を対数線形近似することで、(7.1)〜(7.3) 式に近い式を求めることができる[33]。

7.4.5　時間反復法の非線形モデルへの適用

TI の非線形モデルへの適用について、以下では概略のみ示す。モデルの解は以下の政策関数で与えられる。

---

[32]　たとえば、Boneva et al. (2016) を参照。

[33]　対数線形近似後の、線形ニューケインジアン・モデルの均衡条件は以下のとおり。

$$c_t = \mathbb{E}_t c_{t+1} - \tau^{-1} \left(r_{n,t} - \mathbb{E}_t \pi_{t+1} - \mathbb{E}_t \gamma_{t+1} \right)$$

$$\pi_t = \frac{(\nu^{-1} - 1)\tau}{\phi\bar{\Pi}^2} c_t + \beta\mathbb{E}_t \pi_{t+1}$$

$$y_t = c_t + g_t$$

$$r_{n,t} = \rho_R r_{n,t-1} + (1 - \rho_R) \left(\psi_1 \pi_t + \psi_2 (y_t \quad y_t^*) \right) + \varepsilon_{R,t}$$

対数線形近似

線形近似（linear approximation）とは、モデルの均衡条件を、定常状態の周りで線形に近似することである。たとえば、関数 $f(x)$ を定常状態 $\bar{x}$ の周りで近似するには、以下の1次の**テイラー近似**（Taylor approximation）を用いる。

$$f(x) \approx f(\bar{x}) + f'(\bar{x})(x - \bar{x})$$

あるいは、$z = \log(x)$ のように対数変換を行い、$f(x) = f(\exp(z))$ を $\bar{x} = \exp(\bar{z})$ の周りで近似すると、

$$f(x) \approx f(\bar{x}) + f'(\bar{x})\bar{x}(\log(x) - \log(\bar{x}))$$

となり、これを**対数線形近似**（log-linear approximation）と呼ぶ。

対数線形近似を行うには、以下の公式が便利である。すなわち、$x_t \equiv \log(X_t/\bar{X})$ とすると、

$$X_t \approx \bar{X}(1 + x_t), \quad \frac{X_t}{Y_t} \approx \frac{\bar{X}}{\bar{Y}}(1 + x_t - y_t), \quad X_t^a \approx \bar{X}^a(1 + ax_t)$$

が成り立つ。

たとえば、消費のオイラー方程式 (7.21) にこれらの公式を適用すると、$\tilde{C}_t^{-\tau} \approx \bar{C}^{-\tau}(1-\tau c_t)$、$\tilde{\Pi}_t \approx \bar{\Pi}(1+\pi_t)$、$\tilde{R}_{n,t} \approx \bar{R}_n(1+r_{n,t})$、$\exp(\gamma_t) \equiv \Gamma_t \approx \bar{\Gamma}(1+\gamma_t)$ を代入して、

$$\tilde{C}_t^{-\tau} = \beta R_{n,t}\mathbb{E}_t\left[\frac{\tilde{C}_{t+1}^{-\tau}}{\Gamma_{t+1}\Pi_{t+1}}\right]$$

$$\Leftrightarrow 1 - \tau c_t = \frac{\beta \bar{R}_n}{\bar{\Gamma}\bar{\Pi}}\mathbb{E}_t\left(1 + r_{n,t} - \tau c_{t+1} - \gamma_{t+1} - \pi_{t+1}\right)$$

$$\Leftrightarrow -\tau c_t = r_{n,t} - \mathbb{E}_t\tau c_{t+1} - \mathbb{E}_t\gamma_{t+1} - \mathbb{E}_t\pi_{t+1}$$

$$\therefore c_t = \mathbb{E}_t c_{t+1} - \tau^{-1}\left(r_{n,t} - \mathbb{E}_t\pi_{t+1} - \mathbb{E}_t\gamma_{t+1}\right)$$

ここで、定常状態より、$\beta\bar{R}_n/(\bar{\Gamma}\bar{\Pi}) = 1$ を用いた。$\tau = 1$、$c_t = y_t$、$\mathbb{E}_t\gamma_{t+1} = s_t$ としたとき、これは準線形モデルの消費のオイラー方程式 (7.1) と等しい。

$$\tilde{C} = \varsigma_{\tilde{C}}(R_{n,-1}^*, s), \quad \Pi = \varsigma_{\Pi}(R_{n,-1}^*, s),$$

$$R_n^* = \varsigma_{R_n^*}(R_{n,-1}^*, s), \quad \tilde{Y} = \varsigma_{\tilde{Y}}(R_{n,-1}^*, s)$$

ここで、$s = (z, g, \epsilon_R)$ である。4 つの式に対して、4 つの内生変数がある
ので、均衡条件を政策関数について解くことができる。ここで、ゼロ金利
制約は $R_n = \max\{R_n^*, 1\}$ によって与えられる。古い政策関数 $\varsigma^{(n-1)} = \left(\varsigma_{\tilde{C}}^{(n-1)}, \varsigma_{\Pi}^{(n-1)}, \varsigma_{\tilde{Y}}^{(n-1)}, \varsigma_{R_n^*}^{(n-1)}\right)$ を所与とすると、新しい政策関数 $\varsigma^{(n)}$ は、以下
の連立方程式を $(\tilde{C}, \Pi, \tilde{Y}, R_n^*)$ について解くことによって求められる。

$$0 = -\tilde{C}^{-\tau} + \beta R_n \int \left[\frac{\varsigma_{\tilde{C}}^{(n-1)}(R_n^*, s')^{-\tau}}{\exp(\gamma + z')\varsigma_{\Pi}^{(n-1)}(R_n^*, s')}\right] p(s'|s)ds'$$

$$0 = \left((1 - \nu^{-1}) + \nu^{-1}\tilde{C}^{\tau} - \phi\left(\Pi - \bar{\Pi}\right)\left[\Pi - \frac{1}{2\nu}\left(\Pi - \bar{\Pi}\right)\right]\right)\tilde{C}^{-\tau}\tilde{Y}$$

$$\quad + \beta\phi \int \left[\varsigma_{\tilde{C}}^{(n-1)}(R_n^*, s')^{-\tau}\varsigma_{\tilde{Y}}^{(n-1)}(R_n^*, s')\left(\varsigma_{\Pi}^{(n-1)}(R_n^*, s') - \bar{\Pi}\right)\varsigma_{\Pi}(R_n^*, s')\right]$$

$$\quad \times p(s'|s)ds'$$

$$\tilde{C} + \frac{\phi}{2}\left(\Pi - \bar{\Pi}\right)^2 \tilde{Y} = \exp(-g)\tilde{Y}$$

$$R_n^* = \left(R^*\bar{\Pi}\left(\frac{\Pi}{\bar{\Pi}}\right)^{\psi_1}\left(\frac{\tilde{Y}}{\tilde{Y}^*}\right)^{\psi_2}\right)^{1-\rho_R}R_{n,-1}^{*\,\rho_R}\exp(\varepsilon_R)$$

$$R_n = \max\{R_n^*, 1\}$$

ここで、$p(s'|s)$ は s' の s に関する条件付き確率密度関数である[34]。次期の変
数 $\tilde{C}' = \varsigma_{\tilde{C}}(R^*, s')$、$\Pi' = \varsigma_{\Pi}(R^*, s')$ および $\tilde{Y}' = \varsigma_{\tilde{Y}}(R^*, s')$ については均衡
条件に代入した。これらの関数の値についてはグリッド上にないため、近似す
る必要がある[35]。

7.5 まとめ

本章では、TI の応用として、主にゼロ金利制約を考慮した非線形ニューケ

---

[34] これらの積分を計算するには、これまで説明した確率過程をマルコフ連鎖に近似するほか
に、**ガウス積分**（Gaussian quadrature）を用いる方法もある。

[35] ここで、状態変数の数は 4 個であるため、それぞれの状態変数のグリッドの数によっては、
2.4 節で説明した次元の呪いに直面する。このようなときにグリッドの数を減らす工夫につ
いては、Hirose and Sunakawa (2019) に詳しくまとめられている。

インジアン・モデルについて解説した。ゼロ金利制約をモデル化して明示的に扱った分析は、かつては数えるほどしかなかったが、2008 年の金融危機以降に米国を始めとする各国の中央銀行がそのような制約に実際に直面したことから、論文の数は、以前とは比べものにならないほど増加した。ゼロ金利制約は、モデルにおいて内生的にバインドするため数値解法での取り扱いが難しいが、ここでは TI にそのような制約を取り入れる工夫をいくつか紹介した。このような**時折バインドする制約**（occasionally binding constraint）のあるモデルの数値解法は、担保制約のあるモデル (Kiyotaki and Moore, 1997) などほかのマクロモデルにも適用可能であり、興味深い非線形の経済現象の分析で活用できる[36]。

7.6 ♣ [補論] 時間反復法による最適コミットメント政策の数値計算：アルゴリズム

　この補論では、7.3.3 項で解説した時間反復法による最適コミットメント政策の計算アルゴリズムを紹介する。

　最適コミットメント政策のもとで、モデルの解は以下のような関数となる。

$$y = \varsigma_y(\phi_{EE,-1}, \phi_{PC,-1}, s_i), \qquad \pi = \varsigma_\pi(\phi_{EE,-1}, \phi_{PC,-1}, s_i),$$
$$r_n = \varsigma_{r_n}(\phi_{EE,-1}, \phi_{PC,-1}, s_i), \quad \phi_{EE} = \varsigma_y(\phi_{EE,-1}, \phi_{PC,-1}, s_i),$$
$$\phi_{PC} = \varsigma_\pi(\phi_{EE,-1}, \phi_{PC,-1}, s_i)$$

政策関数は、外生的なショック s_i のほかに内生的な過去のラグランジュ乗数 $(\phi_{EE,-1}, \phi_{PC,-1})$ にも依存する。また、外生的なショックはグリッド上の離散的な値しかとらないのに対して、ラグランジュ乗数は連続的な値をとりうるため、政策関数をグリッド以外の点で近似する、関数の補間が必要になる。ここで、（とくにゼロ金利制約がバインドしている場合は）内生状態変数の数は 2 個に増えているので、関数の補間や非線形方程式のゼロ点を求めるための数値解

---

[36] 担保制約のあるモデルの数値解法については、Mendoza and Villalvazo (2020)、Cuba-Borda et al. (2019) などが詳しい。また、Guerrieri and Iacoviello (2015) は、準線形モデルにおいて完全予見の仮定のもとで数値解を得るためのアルゴリズム（Occbin）を提案しており、このアルゴリズムは Dynare 上で使うことができる。

法についても、2 次元の関数を扱う必要がある。

数値計算のアルゴリズムは、以下のとおりである。

■ アルゴリズム

1. **グリッド生成**　状態空間の評価点を有限個のグリッドに区切る。この場合、外生的なショックの値 (s_H, s_L) はすでに与えられている。内生状態変数については、$\phi_{EE,-1,k} \in [0, \phi_{EE,\max}]$ を $k = 1, ..., N_1$ 個のグリッド $(\phi_{EE,-1,1}, \phi_{EE,-1,2}, ..., \phi_{EE,-1,N_1})$ に、$\phi_{PC,-1,l} \in [\phi_{PC,\min}, \phi_{PC,\max}]$ を $l = 1, ..., N_2$ 個のグリッド $(\phi_{PC,-1,1}, \phi_{PC,-1,2}, ..., \phi_{PC,-1,N_2})$ に分割する。グリッド上における政策関数の値 $\left\{\varsigma_y^{(0)}(\phi_{EE,-1,k}, \phi_{PC,-1,l}, s_i), \varsigma_\pi^{(0)}(\phi_{EE,-1,k}, \phi_{PC,-1,l}, s_i)\right\}$, $i = 1, ..., N_s, k = 1, ..., N_1, l = 1, ..., N_2$, の初期値を当て推量する。

2. **収束の基準**　収束の基準になるパラメータ ε を定める。

3. **最適化および補間**　古い政策関数

$$\varsigma^{(n-1)}(\phi_{EE,-1}, \phi_{PC,-1}, s_i)$$
$$= \left(\varsigma_y^{(n-1)}(\phi_{EE,-1}, \phi_{PC,-1}, s_i), \varsigma_\pi^{(n-1)}(\phi_{EE,-1}, \phi_{PC,-1}, s_i)\right)$$

およびそれぞれのグリッドにおける $(\phi_{EE,-1,k}, \phi_{PC,-1,l}, s_i)$ の値を所与として、以下の式を $(y_{i,k,l}^{(n)}, \pi_{i,k,l}^{(n)}, r_{n,i,k,l}^{(n)}, \phi_{EE,i,k,l}^{(n)}, \phi_{PC,i,k,l}^{(n)})$ について解く。

$$r_{n,i,k,l}^{(n)} = -y_{i,k,l}^{(n)} + y_i^e(\phi_{EE,i,k,l}^{(n)}, \phi_{PC,i,k,l}^{(n)}) + \pi_i^e(\phi_{EE,i,k,l}^{(n)}, \phi_{PC,i,k,l}^{(n)}) + s_i$$
$$\pi_{i,k,l}^{(n)} = \kappa y_{i,k,l}^{(n)} + \beta \pi_i^e(\phi_{EE,i,k,l}^{(n)}, \phi_{PC,i,k,l}^{(n)})$$
$$\pi_{i,k,l}^{(n)} - \phi_{PC,i,k,l}^{(n)} + \phi_{PC,-1,l} + \beta^{-1}\phi_{EE,-1,k} = 0$$
$$\lambda y_{i,k,l}^{(n)} + \kappa \phi_{PC,i,k,l}^{(n)} - \phi_{EE,i,k,l}^{(n)} + \beta^{-1}\phi_{EE,-1,k} = 0$$

ここで、産出ギャップとインフレ率の期待値は、

$$y_i^e(\phi_{EE}, \phi_{PC}) = \sum_{j=1}^{N} p_{ij}\varsigma_y^{(n-1)}(\phi_{EE}, \phi_{PC}, s_j)$$

$$\pi_i^e(\phi_{EE}, \phi_{PC}) = \sum_{j=1}^{N} p_{ij}\varsigma_\pi^{(n-1)}(\phi_{EE}, \phi_{PC}, s_j)$$

である。これらは (ϕ_{EE}, ϕ_{PC}) および s_i の関数であることに注意しよう。$(\phi_{EE,i,k,l}^{(n)}, \phi_{PC,i,k,l}^{(n)})$ は必ずしもグリッド上にあるとは限らないため、（この場合 2 次元の）関数の補間が必要になる。また、p_{ij} は、遷移確率行列 P の i 行 j 列の要素である。このステップで、新しい政策関数 $\varsigma^{(n)}$ を得る。

4. **収束しているか確認** すべての $(\phi_{EE,-1,k}, \phi_{PC,-1,l}, s_i)$, $x \in \{y, \pi, r_n, \phi_{EE}, \phi_{PC}\}$ について $\|\varsigma_x^{(n)}(\phi_{EE,-1,k}, \phi_{PC,-1,l}, s_i) - \varsigma_x^{(n-1)}(\phi_{EE,-1,k}, \phi_{PC,-1,l}, s_i)\| < \varepsilon$ であればストップ。そうでなければ、$\varsigma^{(n)}(\phi_{EE,-1,k}, \phi_{PC,-1,l}, s_i)$ を $\varsigma^{(n-1)}(\phi_{EE,-1,k}, \phi_{PC,-1,l}, s_i)$ に代入して、ステップ 3 を繰り返す。

ステップ 3 の最適化の部分はゼロ金利制約がバインドしているかどうかで場合分けする。すなわち、それぞれのグリッド $(\phi_{EE,-1,k}, \phi_{PC,-1,l}, s_i)$ において、もし $r_{n,i,k,l}^{(n)} > 0$ であることを仮定すると、（ゼロ金利制約はバインドしないので）ただちに $\phi_{EE,i,k,l}^{(n)} = 0$ である。このとき、以下の式を $(y_{i,k,l}^{(n)}, \pi_{i,k,l}^{(n)}, r_{n,i,k,l}^{(n)}, \phi_{PC,i,k,l}^{(n)})$ について解く。

$$r_{n,i,k,l}^{(n)} = -y_{i,k,l}^{(n)} + y_i^e(0, \phi_{PC,i,k,l}^{(n)}) + \pi_i^e(0, \phi_{PC,i,k,l}^{(n)}) + s_i$$
$$\pi_{i,k,l}^{(n)} = \kappa y_{i,k,l}^{(n)} + \beta \pi_i^e(0, \phi_{PC,i,k,l}^{(n)})$$
$$\pi_{i,k,l}^{(n)} - \phi_{PC,i,k,l}^{(n)} + \phi_{PC,-1,l} + \beta^{-1} \phi_{EE,-1,k} = 0$$
$$\lambda y_{i,k,l}^{(n)} + \kappa \phi_{PC,i,k,l}^{(n)} + \beta^{-1} \phi_{EE,-1,k} = 0$$

ここで計算した $r_{n,i,k}^{(n)}$ について、不等式 $r_{n,i,k}^{(n)} > 0$ が満たされているかをチェックし、満たされていれば、$(y_{i,k,l}^{(n)}, \pi_{i,k,l}^{(n)})$ がこのグリッドにおける政策関数の値となる。$\phi_{EE} = 0$ はグリッド上の値であるため、ここでの政策関数の補間は ϕ_{PC} についてのみ行えばよい。また、$y_i^e(0, \phi_{PC})$、$\pi_i^e(0, \phi_{PC})$ は ϕ_{PC} について非線形な関数であるため、これらの式は数値的にしか解くことができないが、ϕ_{PC} についての 1 本の式にまとめることで、1 次元非線形方程式のゼロ点を求める問題に帰着できる。

一方で、不等式が満たされていなければ、$r_{n,i,k,l}^{(n)} = 0$ であるとすると、$\phi_{EE,i,k,l}^{(n)} > 0$ であるので、以下の式を $(y_{i,k,l}^{(n)}, \pi_{i,k,l}^{(n)}, \phi_{EE,i,k,l}^{(n)}, \phi_{PC,i,k,l}^{(n)})$ につ

いて解き、このグリッドにおける政策関数の値とする。

$$0 = -y_{i,k,l}^{(n)} + y_i^e(\phi_{EE,i,k,l}^{(n)}, \phi_{PC,i,k,l}^{(n)}) + \pi_i^e(\phi_{EE,i,k,l}^{(n)}, \phi_{PC,i,k,l}^{(n)}) + s_i$$
$$\pi_{i,k,l}^{(n)} = \kappa y_{i,k,l}^{(n)} + \beta \pi_i^e(\phi_{EE,i,k,l}^{(n)}, \phi_{PC,i,k,l}^{(n)})$$
$$\pi_{i,k,l}^{(n)} - \phi_{PC,i,k,l}^{(n)} + \phi_{PC,-1,l} + \beta^{-1}\phi_{EE,-1,k} = 0$$
$$\lambda y_{i,k,l}^{(n)} + \kappa \phi_{PC,i,k,l}^{(n)} - \phi_{EE,i,k,l}^{(n)} + \beta^{-1}\phi_{EE,-1,k} = 0$$

ここでの政策関数の補間は、(ϕ_{EE}, ϕ_{PC}) について行う。$y_i^e(\phi_{EE}, \phi_{PC})$、$\pi_i^e(\phi_{EE}, \phi_{PC})$ は (ϕ_{EE}, ϕ_{PC}) について非線形な関数であるため、これらの式を数値的に解くには、多次元非線形方程式のゼロ点を求める数値解法（多次元ニュートン法など）を用いる必要がある。

第**8**章

定量的マクロ経済学のフロンティアを覗いてみる

8.1 ビューリー・モデルを拡張する

　最終章となる本章では、第5章で紹介したビューリー・モデルを拡張・発展させて、(1) 異質な個人、および**異質な企業（heterogeneous firms）**と**集計リスク（aggregate risks）**の関係性に関する Krusell and Smith (1998) 以降の分析、(2) Kaplan et al. (2018) に代表されるニューケインジアン・モデルとビューリー・モデルの結合、という2つの定量的マクロ経済学のフロンティアの研究事例を紹介する。いずれも、経済格差や個人・企業の異質性とマクロ経済の関係性を探ろうという試みである。

　ビューリー・モデルでは、各個人は固有の所得リスクに直面しているものの、集計量であるマクロ変数は時間を通じて一定となる定常均衡、あるいは定常状態間の移行過程を分析対象としていた。この仮定のもとでは、当然のことながら、たとえば景気循環のように経済全体に影響する集計リスクが存在して、マクロ変数自体が常に変動する経済を分析することはできない。しかし、集計リスクが存在している経済で個人の異質性を考慮した均衡を分析するのは、それほど容易ではないことが知られている。なぜ分析が難しいのだろうか。

　不完備市場モデルのなかで登場したオイラー方程式 (5.5) を思い出そう (5.2.3 項参照)。ビューリー・モデルでは定常状態においてマクロ変数は変動しないた

め利子率 r は時間を通じて一定であったが、集計リスクがある場合、個人の意思決定に必要な次期の利子率 r_{t+1} にも不確実性が含まれることになるため、期待値オペレータの位置が変わっている点に注意してほしい。

$$u'(c_t) \geq \beta \mathbb{E}_t (1 + r_{t+1}) u'(c_{t+1}) \tag{8.1}$$

将来の利子率に不確実性が入ったため、個人は次期の利子率を予測する必要があるが、利子率 r_{t+1} は次期の総資本 K_{t+1} の関数である。また、総資本は個人の資産分布 $\mu_t(a, l)$ に依存する。$t + 1$ 期の資産分布関数 $\mu_{t+1}(a, l)$ は現在の分布関数 $\mu_t(a, l)$ から遷移法則によって決定するため、各個人の最適な意思決定には現在の資産分布 $\mu_t(a, l)$ の情報が必要になる。言い換えると、個人の意思決定の状態変数に資産分布が入ってくるのである。

　資産分布は期初の資産や全要素生産性 (TFP) といったスカラーではなく関数である。資産分布そのものを個人の状態空間に含めることは、理論的にも数値計算的にも問題を非常に複雑にする[1]。そこで Krusell and Smith (1998) や Den Haan (1997) は、分布関数そのものを状態空間に含めるのではなく、分布の平均や分散といったモーメント情報のみを状態変数として近似的に解くアプローチを開発した。

　本来は分布関数そのものが必要であるから、すべての情報ではなくモーメントのみを用いることは、情報の一部を落としてしまっているといえる。しかし、Krusell and Smith (1998) は、限られたモーメントに基づいて予測された次期の総資本は、現実のデータへの当てはまりが非常に良く、資産分布のすべての情報を用いなくても精度の高い数値計算ができることを示した。この結果は**近似集計（approximate aggregation）**と呼ばれている[2]。

---

1) これまで政策関数は資産という実数 $a \in \mathcal{R}$ 上の関数として、$a' = g(a)$ のような関数で表現してきた。一方、資産分布そのものを状態空間に含める場合、$a' = f(a, \mu(a))$ という**汎関数（functional）**になる。

2) もちろん、近似集計の当てはまりの良さはどのようなモデルを使うかによって異なる。たとえば Krueger and Kubler (2004) は、集計リスクが存在する世代重複モデルを数値計算で解く場合、近似集計の当てはまりが悪くなることを示している。また、Ahn et al. (2018) は 8.4 節で説明する HANK モデルでは近似集計が成り立たないことを主張している。

8.2 クルセル・スミス・モデル

8.2.1 不完備市場モデル再考

まずはビューリー・モデルの簡単な復習から始めよう。ビューリー・モデルでは無数の個人が存在していて、それぞれの個人は自身が保有する資産 a と労働生産性 l に基づいて消費・貯蓄の意思決定を行っていた。ここでは、状態の数を節約するために、確率的に遷移する雇用状態を就業と失業の 2 状態、すなわち $l \in \{1, \epsilon\}$ で捉えることにしよう。なお、就業時の労働生産性を 1 に基準化し、失業時は ϵ であるとする。よって、賃金を w としたとき、就業時の労働所得は w である。一方、失業時は雇用保険を $w\epsilon$（$0 \leq \epsilon < 1$）だけ受け取れると仮定する[3]。また、借入は一切できないと仮定しよう。このとき、個人の最適化問題は以下のように書くことができる。

$$V(a, l) = \max_{c, a'}\{u(c) + \beta\mathbb{E}V(a', l')\}$$

subject to

$$c + a' = (1 + r)a + wl$$

$$a' \geq 0$$

生産関数は $Y = AK^\alpha L^{1-\alpha}$ で、総資本 K と総労働 L にはそれぞれ、個人の貯蓄と労働を集計した値が投入されていた。実物的景気循環（RBC）理論など

----

3) Krusell and Smith (1998) は、失業時の所得をゼロとして計算している。所得がゼロになる可能性がある場合、資産がゼロのグリッド上で総所得がゼロとなり、消費もゼロとなり定義できなくなる。そのようなケースを避けるため、グリッドの最小値をわずかにゼロより上に設定する必要がある。もちろん、Krusell and Smith (1998) が実際に解いているように、失業時の所得がゼロでも解くことはできるが、ゼロ近辺の扱いに一手間必要になる。このような問題を避けるために、本書では失業時でも所得はゼロにならないという仮定を置いて、資産がゼロとなるグリッド上の値を計算している。なお、所得がゼロになる確率がゼロではない場合、均衡での資産分布には資産がゼロの世帯は存在しなくなる。これは、資産がゼロで所得もゼロだと消費ができなくなるためである。一方、実際のデータには資産がゼロの世帯は数多く存在している。これは、労働所得はゼロでもそれ以外の手段、たとえば雇用保険や生活保護などが存在しているのが一因であると考えられる。

の様々な景気循環モデルでは、生産関数における TFP を表す変数 A が確率的に変化することが、景気循環が生じる要因の 1 つであるとされている。一方、ビューリー・モデルでは A に不確実性はなく、すべての個人が同時に受ける集計ショックは存在していなかった。そのため、定常均衡において個人の消費・貯蓄や労働所得は変化するが、集計量としてのマクロ変数は時間を通じて一定な経済を考えていた。

8.2.2　限定合理性と近似集計

8.1 節の議論から、集計リスクが入る場合、個人の意思決定は自身の資産 a、雇用状態 l だけでなく、分布関数 $\mu(a, l)$ と TFP レベル A にも依存するようになる。すなわち、

$$V(a, l, \mu, A) = \max_{c, a'}\{u(c) + \beta \mathbb{E}V(a', l', \mu', A')\} \qquad (8.2)$$

のように価値関数の状態空間に分布関数 $\mu(a, l)$ が入ってくる。分布関数の遷移式を $\mu' = \mathcal{H}(\mu, A, A')$ と書くことにしよう。

一見すると状態変数が 2 つ増えただけのマイナーな変更のようにみえるが、(8.2) 式はかなり厄介な問題である。資産 $a \in \mathcal{R}$ 上の価値関数であれば、適切にグリッドを設定したうえで、グリッドポイント上で個人の意思決定問題を近似的に解くというこれまで学習してきたアプローチが使える。しかし、資産分布が状態変数の場合、そうはいかない。1 つの分布を表現するだけでも何らかのグリッドとその分布を表現するためのパラメータが必要となる。しかも、資産分布は正規分布のようなきれいな形をしていることもあれば、パレート分布のように裾が長い形であったり、もっと複雑な形であったりするかもしれないため、分布の形状に応じて適したグリッドも異なる可能性が高い。どのような形だと価値関数が大きくなるのか小さくなるのかも直観的に判別しにくいし、無数に存在する様々な分布関数の形状のそれぞれについて価値関数を計算してみるということは到底不可能である。

そこで、8.1 節でも述べたとおり、Krusell and Smith (1998) は分布関数そのものを状態空間に含める代わりに、分布関数のモーメントを状態変数にする方法を提案した。具体的には、

$$\hat{V}(a,l,K,A) = \max_{c,a'}\{u(c) + \beta\mathbb{E}\hat{V}(a',l',K',A')\}$$

のように資産分布 $\mu(a,l)$ を、その 1 次のモーメントである平均資産（＝均衡においてはマクロ経済における総資本）$K \in \mathcal{R}_+$ で代替した。総資本 K であれば他の状態変数と同様にスカラーなので、これまで学んできたようなグリッド上の計算というアプローチが可能になる。また、次期の総資本については、

$$\log K' = a(A) + b(A)\log K \tag{8.3}$$

で遷移すると個人は信じて意思決定を行うと仮定する。こうすれば、最適化の必要条件である (8.1) 式にある次期の利子率も計算できる。

　言い換えると、本来、次期の資本は現在の個人の資産分布 $\mu(a,l)$ から決定されるのだが、個人は他の人たちの資産分布は知らず、代わりに観察可能な現在の総資本 K と集計リスクの状態 A という情報のみに基づいて次期の資本を予測して、そのもとで最適な行動をしていると仮定するのである。Krusell and Smith (1998) は、この仮定を**限定合理性**（**bounded rationality**）の一種とみなして正当化している。たしかに、現実世界で我々は他の個人の資産状況を正確に知ったうえで行動しているわけではないので、この仮定には一定の妥当性があるであろう。一方で、限られたモーメントの情報に基づいて予測した遷移法則 (8.3) 式が、実際に均衡において実現した遷移法則と大きくズレるのであれば、誤った予測に基づいて行動し続けると仮定することになるため、自然な仮定とは言いづらい。幸い Krusell and Smith (1998) は、最小 2 乗法によって求めた決定係数を用いて、(8.3) 式に基づいた予測とそこから生成された均衡経路における総資本の推移に大きなズレはないことを示した。すなわち彼らのモデルにおいては、資産分布の平均といった容易に観察可能な変数だけで、マクロ経済の動態をかなり予測できる[4]。これが近似集計である[5]。

---

4) ただし、この結果はあくまで Krusell and Smith (1998) モデルの設定とパラメータのもとで成立する結果であり、パラメータやモデルの設定が変われば、必ずしも成立しない点に注意されたい。

5) Krusell and Smith (1997) は 1 次のモーメントだけでなく 2 次のモーメント（K^2）を加えることでより精度が高まるかを確認しているが、もともとの精度が極めて良いことから、そこからの改善幅は大きくないことを報告している。

8.2.3 集計リスクと固有リスクを組み合わせる

数値計算ができるように、モデルの設定を具体的に詰めていこう。ここでは個人は固有リスクに加えて、集計リスクにも直面している。その場合の個人が直面する遷移確率行列は次のように定義される。

簡単化のために、Krusell and Smith (1998) に従って $A_t \in \{A_g, A_b\}$ とし、マクロ経済の状態は好況 $A_t = A_g$ と不況 $A_t = A_b$ のどちらかであると仮定する。マクロ経済の状態 A_i から A_j への遷移確率を p_{ij} と書くことにしよう。このとき A の遷移確率行列は

$$P_A = \begin{pmatrix} p_{gg} & p_{gb} \\ p_{bg} & p_{bb} \end{pmatrix}$$

となる。同様に、雇用状態 l の遷移確率行列は

$$P_l = \begin{pmatrix} p_{11} & p_{1\epsilon} \\ p_{\epsilon 1} & p_{\epsilon\epsilon} \end{pmatrix}$$

となる。両者を結合した

$$P = P_l \otimes P_A = \begin{pmatrix} p_{gg11} & p_{gb11} & p_{gg1\epsilon} & p_{gb1\epsilon} \\ p_{bg11} & p_{bb11} & p_{bg1\epsilon} & p_{bb1\epsilon} \\ p_{gg\epsilon1} & p_{gb\epsilon1} & p_{gg\epsilon\epsilon} & p_{gb\epsilon\epsilon} \\ p_{bg\epsilon1} & p_{bb\epsilon1} & p_{bg\epsilon\epsilon} & p_{bb\epsilon\epsilon} \end{pmatrix} \tag{8.4}$$

が、個人から見た状態 (l, A) の遷移確率行列である[6]。ただし、$p_{AA'll'}$ は状態 (A, l) から (A', l') への遷移確率である。また、各 A の状態における失業率 u_A は一定と仮定し、以下の条件が満たされるとする。

$$p_{AA'\epsilon\epsilon'} + p_{AA'\epsilon1'} = p_{AA'1\epsilon'} + p_{AA'11'} = p_{AA'}$$
$$u_A \frac{p_{AA'\epsilon\epsilon'}}{p_{AA'}} + (1 - u_A) \frac{p_{AA'1\epsilon'}}{p_{AA'}} = u_{A'}$$

これらは不況時 A_b と好況時 A_g にそれぞれ決まった失業率になるための、失業のプールへの流入 (出) の整合性を保つための条件である。さらに Krusell and Smith (1998) に従って

---

6) $\otimes$ はクロネッカー積である。

$$p_{bb'\epsilon\epsilon'} = 0.75 \times p_{bg'\epsilon\epsilon'} \tag{8.5}$$

$$p_{gg'\epsilon\epsilon'} = 1.25 \times p_{gb'\epsilon\epsilon'} \tag{8.6}$$

という条件を置いておく[7]。これらの条件から、遷移確率行列 (8.4) 式を完全に特定化することができる。

8.2.4 再帰的競争均衡

クルセル・スミス・モデルにおける再帰的競争均衡は、以下の条件を満たす価値関数 V、政策関数 $a' = f(a, l, \mu, A)$、分布関数の遷移法則 $\mathcal{H}$、金利 r および賃金 w である。

(1) すべての (a, l, μ, A) について、価値関数 V は (8.2) 式を満たし、政策関数 $a' = f(a, l, \mu, A)$ はそのときの解となる。

(2) あらゆる (μ, A) において、要素価格 r, w は競争的に決定される。

$$r(\mu, A) = \alpha A K^{\alpha-1} N^{1-\alpha} - \delta$$

$$w(\mu, A) = (1 - \alpha) A K^\alpha N^{-\alpha}$$

ただし、$K = \int_l \int_a a\mu(a, l)dadl$、$L = \int_l \int_a l\mu(a, l)dadl$ である。

(3) 遷移法則 $\mathcal{H}$ は政策関数 $a' = g(a, l, \mu, A)$ より生成される。

これまで説明してきたとおり、このまま分布関数 μ が入った競争均衡を解くことはできないので、分布関数 μ を総資本 K に置き換えて、その遷移法則は (8.3) 式に従うと考える。

8.2.5 カリブレーション

Krusell and Smith (1998) に従って、モデルのパラメータを設定しよう。景気循環を想定して、モデルの1期間は四半期であると仮定する。割引因子 $\beta = 0.99$ で効用関数は対数型、生産関数はコブ・ダグラス型を仮定し、そのパラメータはそれぞれ $\alpha = 0.36$、$\delta = 0.025$ とする。

---

[7] この条件は遷移確率行列の値を決定するために必要な追加的仮定であるが、具体的な実証的背景などは Krusell and Smith (1998) のなかでは語られていない。

　TFP を表す A の水準は好況時と不況時にそれぞれ 1.01、0.99 とし、そのときの失業率 u_A はそれぞれ 4%、10% とする。雇用状態および TFP の遷移確率行列 P はともに 2×2 の行列であることから、それぞれの状態の平均持続期間と定常分布を設定すれば遷移確率を決定することができる。具体的には、好況期および不況期の平均持続期間は 8 期間、好況時の平均失業持続期間は 1.5 期間、不況時の平均失業期間は 2.5 期間であるとする。これらに (8.5) 式と (8.6)式の条件を加えれば、(8.4) 式を計算することができる。

　Krusell and Smith (1998) モデルを解くためのアルゴリズムは以下のとおりである。

■ アルゴリズム

1. **遷移法則の当て推量**　遷移法則の近似式を特定化してパラメータを当て推量する。ここでは Krusell and Smith (1998) に従って、(8.3) 式のように、個人は次期の総資本を現在の総資本のみから決定すると考えると想定し、そのパラメータである $a(A)$、$b(A)$ を各 A について適当に設定する。

2. **最適化問題を解く**　近似した遷移法則を所与として、家計の最適化問題を解く。ベルマン方程式およびオイラー方程式は、状態変数に総資本 K とTFP を表す A が含まれているため、その分だけループ回数が増えているが、それ以外はこれまでと同様であるため、価値関数反復法（VFI）でも時間反復法（TI）でも計算可能である。利子率および賃金は現在の総資本 K から導出できる。(a, K) 上のグリッド数は、a について 100 個、K について 21 個とした。K の平均値は 5.2 節で説明した定常均衡を計算すればおおよその値が判明するので、その近辺で K のグリッドをとることとする。一方で a のグリッドについてはビューリー・モデル同様に幅を持って多めにとる必要がある。なお前述のとおり、A と l のグリッドはそれぞれ 2 種類ある。

3. **前向きにシミュレーション**　政策関数 $a' = g(a, l, K, A)$ が計算できたら、その政策関数を使って N 人の T 期間の貯蓄の推移をシミュレーションする。Krusell and Smith (1998) は $N = 5000$、$T = 11000$ として、定常性を求めるためにシミュレーションの始めの 1000 期間を切り捨てて

いる[8]。

4. **遷移法則をアップデート** ステップ 3 から生成されたシミュレーションデータ $\{K_t\}_{t=1001}^{11000}$ を使って、新しい予測関数のパラメータ $(\hat{a}(A), \hat{b}(A))$ を最小 2 乗法によって推計する。

5. **収束の確認** 新しいパラメータ $(\hat{a}(A), \hat{b}(A))$ と古いパラメータ $(a(A), b(A))$ が十分に近くなったら、それを不動点であるとみなしてストップする。

8.2.6 数値計算結果

では、数値計算結果を確認していこう。次の 2 つの式では予測関数の係数 a、b、およびアルゴリズムのステップ 3〜4 で計算したシミュレーションデータに基づく決定係数 R^2 の値を示している。

$$\log K' = 0.134 + 0.963 \log K, \quad R^2 = 0.99994, \quad \text{if } A = A_g$$
$$\log K' = 0.122 + 0.965 \log K, \quad R^2 = 0.99987, \quad \text{if } A = A_b$$

上式が好況時で、下式が不況時である。

決定係数が非常に 1 に近いことから、このような予測ルールが次期の総資本水準の予測精度として十分に高いことを示している[9]。なぜ異質な個人の資産にバラツキがあるにもかかわらず、マクロ経済の動態を総資本だけで高い精度で説明できてしまうのだろうか。その理由は、政策関数の形状にある。図 8.1 には、実際に計算して得られた政策関数の借入制約近辺を拡大したものを示している。見てのとおり、資産ゼロ近辺を除いて、かなり直線に近い形状であることが確認できる。資産ゼロ近辺は非線形となっているが、均衡分布において借入制約付近の個人は(消費の平準化と予備的貯蓄から)少ないうえに、貯蓄がゼロに近い個人の資産を集計してもその値は小さいことから、マクロに与える影響も小さくなる。個人の意思決定関数でマクロに大きな影響を与える部分が線形に近いのであれば、それを集計した結果も線形に近くなるので、個人の

---

8) Young (2010) のように、シミュレーションを用いずに、分布関数を線形補間などで計算するアプローチも存在する。

9) ただし、この予測関数の精度の問題に関しては議論の余地がある。たとえば、**自己実現** (self-fulfilling) 的な予測になっている可能性は否定できないため、Den Haan (2010) は決定係数に代わる近似集計の適切さの指標を提案している。

コードを実行する際の注意点

　実際にクルセル・スミス・モデルを MATLAB や Python を使って解こうとすると、非常に計算時間がかかる。これはシミュレーションパートにおいて繰り返し計算（for ループ）が大量に必要になるためである。一般的に、MATLAB や Python のようなインタープリタ言語と呼ばれる言語は、繰り返し計算を増やすと極端に計算時間が増加することが知られており、可能な限りコードを書く際にループを避ける工夫が必要である。また、どうしても繰り返し計算が多くなるモデルを解きたい場合は別の言語も検討する必要が出てくる。

　Krusell and Smith (1998) が実際に論文中で使用したコードはアンソニー・スミス（Anthony A. Smith）教授のホームページ（http://www.econ.yale.edu/smith/code.htm）からダウンロードできる。また、この分野の第一人者である向山敏彦教授は、自身のホームページ上で実際に研究で用いた経験に基づきながら、クルセル・スミス・モデルの解法の解説（英文タイトル："Computing the Krusell-Smith Model: A Personal Experience"）と Fortran コードを公開している（https://sites.google.com/view/toshimukoyama/notes）。

図 8.1　借入制約近辺の政策関数

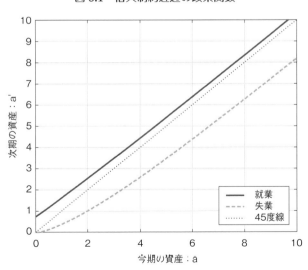

貯蓄の散らばりから複雑なダイナミクスは生まれてこない。言い換えると、個人の異質性や資産分布の違いがマクロ経済の動態に強く影響を与えるためには、借入制約に直面する人がもっと増えたり、借入制約の他に様々な非線形な意思決定が生じる要因が必要になるのである。

8.3 カーン・トーマス・モデルと企業ダイナミクス

これまでは家計の異質性を考えてきたが、異質性は家計だけに存在するわけではない。企業についてもまた、規模や生産性といった点で異なる様々なタイプが存在する。本節では、そのような企業の異質性を導入することで、個別の企業の**断続的**（**lumpy**）な投資行動とマクロの比較的スムーズな投資を1つのモデルで説明したオービック・カーン（Aubhik Khan）教授とジュリア・トーマス（Julia K. Thomas）教授の研究を紹介しよう (Khan and Thomas, 2003, 2008)[10]。

8.3.1 異質な企業のモデル

それぞれの企業は、資本 k と労働投入 n により生産 $y = A_t f(k, n)$ を行う。A_t は各企業に共通の TFP である[11]。ここで、$f(k, n)$ は規模に関して収穫逓減の生産関数である。企業は所有する資本 k の量がそれぞれ異なる。各企業はランダムな固定費用 ξ に直面しており、固定費用を支払うことで初めて資本を調整することができる。その一方で、労働投入 n は毎期の利潤を最大化するように行う。

企業は、以下の利潤を最大化するように労働投入 n を決定する。

$$\pi(k; \mu_t, A_t) = \max_n \left\{ A_t f(k, n) - w_t n \right\} + (1 - \delta)k \tag{8.7}$$

ここで、$w_t = \Gamma_w(\mu_t, A_t)$ はすべての企業に共通の賃金率であり、企業分布 μ_t

---

10) なお、ここでは企業の異質性を考える代わりに、家計については代表的家計の存在を仮定する。

11) 本節と 8.4 節では、集計されたマクロ変数には時間を表す添字 t を付けている。またこれらのマクロ変数は、家計の最適化問題において所与である。

と TFP を表す A_t の関数である。労働市場は完全競争を仮定する。また、ここ
での利潤は前期末の資本から減耗分を除いたものである $(1-\delta)k$ を含むことに
注意しよう。

　一方で、企業の資本 k の調整は以下のように行われる。企業は（賃金率に比
例して決まる）固定費用 ξw_t を支払うことで、次期の資本をどのような正の水
準にも定めることができる。もし固定費用を支払わなければ、次期の資本は今
期の資本から資本減耗を除いたものになる。このとき、この企業を現在から将
来にわたって操業することの価値は、以下のようになる。

$$
v_0(k, \xi; \mu_t, A_t) = \pi(k; \mu_t, A_t) +
$$
$$
\max\left\{ -\xi w_t + \max_{k'>0}\left\{ -k' + \beta\mathbb{E}\left(\frac{p_{t+1}}{p_t}\right) v(k'; \mu_{t+1}, A_{t+1}) \right\} \right.
$$
$$
\left. -(1-\delta)k + \beta\mathbb{E}\left(\frac{p_{t+1}}{p_t}\right) v((1-\delta)k; \mu_{t+1}, A_{t+1}) \right\} \tag{8.8}
$$

ここで、$p_t = \Gamma_p(\mu_t, A_t)$ は消費の影の価格であり、$\mu_{t+1} = \Gamma_\mu(\mu_t, A_t)$ は（企業に
よって予測された）次期の企業分布である[12]。賃金率と同様に、今期の企業分布と
TFP (μ_t, A_t) の関数になっている。$v(k; \mu_t, A_t) = \int_0^{\bar{\xi}} v_0(k, \xi; \mu_t, A_t)G'(\xi)d\xi$
はランダムな固定費用 ξ について期待値をとった将来の企業価値である。それ
ぞれの企業は家計によって所有されているため、確率的割引因子 $\beta(p_{t+1}/p_t)$ に
よって将来の企業価値を割り引く。ξ は累積密度関数 $G : [0, \bar{\xi}] \to [0, 1]$ に従う。

　企業は固定費用を観察する前に投資に関する決定を行わなければならない。
ここで、$V(k; \mu_t, A_t) \equiv p_t v(k; \mu_t, A_t)$ のように定義すると、(8.8) 式の両辺に
p_t を掛けて、ξ について積分することで、$V(k; \mu_t, A_t)$ について以下の再帰的な
ベルマン方程式を得る。

$$
V(k; \mu_t, A_t)
$$
$$
= p_t\pi(k; \mu_t, A_t) - p_t w_t \int_0^{\hat{\xi}(k; \mu_t, A_t)} \xi G'(\xi)d\xi
$$
$$
+ \alpha(k; \mu_t, A_t)E_0(\mu_t, A_t) + (1 - \alpha(k; \mu_t, A_t))E_1(k; \mu_t, A_t) \tag{8.9}
$$

---

12) 企業が合理的期待形成を行うとき、これは遷移法則 $\mathcal{H}(\mu_t, A_t)$ と等しい。後に述べるよう
　　に、（クルセル・スミス・モデルと同様に）計算上の制約から近似式を用いる。

ここで、

$$E_0(\mu_t, A_t) = \max_{k'>0} \{p_t k' + \beta \mathbb{E} V(k'; \mu_{t+1}, A_{t+1})\}$$
$$E_1(k; \mu_t, A_t) = -p_t(1-\delta)k + \beta \mathbb{E} V((1-\delta)k; \mu_{t+1}, A_{t+1})$$

である。このベルマン方程式は、個別の企業の投資行動について以下のようなことを示している。すなわち、もし企業が固定費用を支払う場合、企業は資本の最適な水準 $k^*(\mu_t, A_t)$ を選び、そのとき資本を調整することによる企業の来期以降の価値は $E_0(\mu_t, A_t)$ である。一方で、企業が固定費用を支払わない場合、資本を調整しないことの価値は $E_1(k; \mu_t, A_t)$ である。$\hat{\xi}(k; \mu_t, A_t) = (E_0(\mu_t, A_t) - E_1(k; \mu_t, A_t)) / (w_t p_t)$ は固定費用の閾値であり、固定費用がこの閾値と同じかそれよりも低い場合、$E_0(\mu_t, A_t) - w_t p_t \xi - E_1(k; \mu_t, A_t) \geq 0$ となるため、企業は資本を調整する。固定費用はランダムであり、事前にその値はわからないが、固定費用の閾値の値から、企業が資本を調整する事前の確率は $\alpha(k; \mu_t, A_t) = G\left(\hat{\xi}(k; \mu_t, A_t)\right)$ で与えられる。

固定費用の値が判明した後の、企業レベルの事後の政策関数は以下のように与えられる。

$$k' = K(k, \xi; \mu_t, A_t) = \begin{cases} k^*(\mu_t, A_t), & \text{if } \xi \leq \hat{\xi}(k; \mu_t, A_t) \\ (1-\delta)k, & \text{if } \xi > \hat{\xi}(k; \mu_t, A_t) \end{cases}$$

固定費用について期待値をとることで、企業レベルの事前の政策関数は以下のように与えられる。

$$g_k(k; \mu_t, A_t) = \alpha(k; \mu_t, A_t)k^*(\mu_t, A_t) + (1 - \alpha(k; \mu_t, A_t))(1-\delta)k$$

さらに、(8.7) 式から得られた最適な労働投入 $n^*(k; \mu_t, A_t)$ を生産関数に代入することで、企業レベルの生産関数は以下のように与えられる。

$$g_y(k; z, \mu) = A_t f(k, n^*(k; \mu_t, A_t))$$

8.3.2 集計

このようにして得られた企業レベルの意思決定を集計することで、今期の総生産と次期の総資本が得られる。

$$Y_t = \int_k g_y(k; \mu_t, A_t) \mu_t(k) dk$$

$$K_{t+1} = \int_k g_k(k; \mu_t, A_t) \mu_t(k) dk$$

ここで、$\mu_t(k)$ は企業の分布関数、すなわちある資本の値 k を所有している企業の数である。企業の分布は $\int_k \mu_t(k) dk = 1$ が成り立つように基準化する。Y_t と K_{t+1} が得られると、経済全体の資源制約より、財市場の清算条件

$$C_t = Y_t + (1 - \delta) K_t - K_{t+1}$$

が得られる。ここで、C_t は総消費、$K_t = \int_k k \mu_t(k) dk$ は今期の総資本である。労働市場の清算条件は以下で与えられる。

$$N_t = \int_k \left[n^*(k; \mu_t, A_t) + \int_0^{\hat{\xi}(k; z, \mu)} \xi G'(\xi) d\xi \right] \mu_t(k) dk$$

ここで、N_t は総労働投入であり、資本の調整費用を含むものとする。

　最後に、消費の影の価格 p_t と賃金率 w_t は経済の集計された状態変数 (μ_t, A_t) の関数である。これは、代表的家計の消費・貯蓄と労働供給が一般均衡において価格と賃金に影響を与えるためである。ここでは、$U(C_t, 1 - N_t) = \log C_t + \eta(1 - N_t)$ を家計の効用関数とする。このとき、家計の最適化行動の結果として、価格と賃金率はそれぞれ $p_t = 1/C_t$ および $w_t = \eta/p_t$ によって与えられる[13]。

8.3.3　再帰的競争均衡

　カーン・トーマス・モデルにおける再帰的競争均衡は、以下の条件を満たす価値関数 V、政策関数 $k' = g_k(k; \mu_t, A_t)$、$y = g_y(k; \mu_t, A_t)$、分布関数の遷移法則 $\mathcal{H}$、消費の影の価格 p および賃金率 w である。

(1) すべての (k, μ_t, A_t) について、価値関数 V は (8.9) 式を満たし、政策関数 $k' = g_k(k; \mu_t, A_t)$ はそのときの解となる。また、労働投入に関する利潤最大化により、$y = g_y(k; \mu_t, A_t) = f(k, n^*(k; \mu_t, A_t))$ が得られる。

(2) 以下の市場清算条件が成り立つ。

---

13) ここで、p_t は家計の予算制約のラグランジュ乗数である。

$$C_t = Y_t - K_{t+1} + (1 - \delta)K_t$$

$$N_t = \int_k \left[n^*(k, \mu_t, A_t) + \int_0^{\hat{\xi}(k;\mu_t, A_t)} \xi G'(\xi)d\xi \right] \mu_t(k)dk$$

ただし、$K_{t+1} = \int_k g_k(k; \mu_t, A_t)\mu(k)dk$、$Y_t = \int_k g_y(k; \mu_t, A_t)\mu(k)dk$ である。

(3) あらゆる (μ_t, A_t) において、家計の効用最大化条件より以下が成り立つ。

$$p_t = \Gamma_p(\mu_t, A_t) = \frac{1}{C_t}, \quad w_t = \Gamma_w(\mu_t, A_t) = \frac{\eta}{p_t}$$

(4) 遷移法則 $\mu_{t+1} = \mathcal{H}(\mu_t, A_t)$ は政策関数 $k' = g_k(k; \mu_t, A_t)$ より生成される。

8.2 節のクルセル・スミス・モデルと同様に、近似集計の仮定のもとで、分布関数 μ を総資本 K に置き換える。このとき、今期の価格、賃金率、および次期の総資本の企業による予測は、以下で与えられる。

$$p_t = \Gamma_p(K_t, A_t), \quad w_t = \Gamma_w(K_t, A_t), \quad K_{t+1} = \Gamma_\mu(K_t, A_t)$$

ここで、クルセル・スミス・モデルとは異なる注意すべき点として、$g_y(k; \mu_t, A_t)$ と $g_k(k; \mu_t, A_t)$ は価格と賃金率の暗黙の関数になっていることが挙げられる。たとえば、ある推測された価格 $\tilde{p}_t$ のもとで、企業レベルの意思決定を解いたとしよう。すると、集計により総生産 Y_t と次期の総資本 K_{t+1} を計算できる。財市場の清算条件から総消費 C_t を求めることで、価格 $p_t = C_t^{-1}$ が更新される。すなわち、推測された価格と更新された価格の間には $p_t = F(\tilde{p}_t)$ のような対応関係があることがわかる。この対応関係の不動点 $p_t^* = F(p_t^*)$ について解くことで、企業の最適化条件と市場清算条件を同時に満たす価格を計算することができる[14]。

さらに、企業は総資本の 1 次のモーメントのみに基づき予測を行うと仮定すると、今期の価格と次期の総資本について以下の近似式が得られる。

---

[14] クルセル・スミス・モデルでは、資本市場が均衡することでワルラス法則から財市場も均衡していた。家計の労働供給が内生の場合は、労働市場の均衡も考える必要があるため、均衡価格についてここで示したような手続きをとる必要がある。

$$\log p_t = a_p(A_t) + b_p(A_t) \log K_t$$

$$\log K_{t+1} = a_\mu(A_t) + b_\mu(A_t) \log K_t$$

ここで賃金率は、家計の最適化条件から $\hat{w}_t = \eta/\hat{p}_t$ である。

8.3.4 カリブレーションと計算結果

ここでは、Khan and Thomas (2003) にならって、関数形およびモデルのパラメータを設定する。生産関数の形状は $f(k, n) = k^\theta n^\nu$、$\theta + \nu < 1$ とする。資本の調整費用は $\xi \sim U[0, B]$ の一様分布に従うものとする。パラメータの値は、$\beta = 0.954$、$\delta = 0.06$、$\theta = 0.325$、$\nu = 0.58$、$\eta = 3.6142$ である。TFP については、以下の AR(1) 過程を Tauchen (1986) の方法を用いて近似する（付録 C.1 参照）。

$$\log A_{t+1} = \rho \log A_t + \varepsilon_{t+1}, \quad \varepsilon_{t+1} \sim N(0, \sigma^2)$$

ここで、米国の年次データを用いて推定すると、$\rho = 0.9225$、$\sigma = 0.0134$ が得られる。また、固定費用の上限値を $B = 0.002$ とすると、モデルの定常状態においては、投資の資本に対する比率が1%以上となる企業は全体の約80%、同比率が20%以上となる企業は約10%であり、一部の企業は（その大きさに対して）大量の投資を一度に行っている。これは米国のミクロデータと整合的である (Cooper and Haltiwanger, 2006)[15]。

このモデルを解くためのアルゴリズムは以下のとおりである。

■ アルゴリズム

1. **遷移法則の当て推量**　遷移法則および消費の影の価格の近似式を特定化してパラメータ $a(Z)$、$b(Z)$ の初期値を当て推量する。初期値には、たとえば代表的個人モデルの遷移法則を用いる。

2. **最適化問題を解く**　ステップ1の近似式を所与として、企業の最適化問題

---

15) Khan and Thomas (2008) は、企業レベルの生産性の違いを導入することや、固定費用を支払わない場合にも微小な調整を許容することで、投資を行わない企業や負の投資を行う企業の全体に対する比率についても、モデルの定常状態の値とデータの値が近くなるようにカリブレーションを行っている。

を解く。ここで、消費の影の価格についても、クルセル・スミス・モデルとは異なり、近似式を用いていることに注意しよう。(k, K) 上のグリッド数は、k について 25 個、K について 5 個とした。クルセル・スミス・モデルと同様に、定常均衡の近辺で K のグリッドをとる。グリッドの間は 3 次のスプライン補間で近似する。

3. **前向きにシミュレーション** 価値関数 $V(k, K, A)$ が計算できたら、T 期間の消費の影の価格 p_t および総資本 K_t の推移をシミュレーションする。ここでは毎期、ステップ 2 で得られた価値関数を用いて (8.9) 式を一度だけ解くことで推測された価格 p_t のもとで政策関数を計算し、その政策関数を集計して求めた総消費から価格 $\tilde{p}_t = 1/C_t$ を更新する。この手続きを繰り返すことで、$\tilde{p}_t = p_t$ となるような今期の均衡価格 p_t^*、およびその価格のもとでの次期の総資本 K_{t+1} を求める。ここでは、$T = 2500$ として、定常性のためにシミュレーションの始めの 500 期間を切り捨てる。

4. **遷移法則をアップデート** ステップ 3 から生成されたシミュレーションデータ $\{p_t^*, K_{t+1}\}_{t=501}^{2500}$ を使って、新しい予測関数のパラメータ $(\hat{a}_p(A), \hat{b}_p(A), \hat{a}_\mu(A), \hat{b}_\mu(A))$ を最小 2 乗法によって計算する。

5. **収束の確認** 新しいパラメータ $(\hat{a}_p(A), \hat{b}_p(A), \hat{a}_\mu(A), \hat{b}_\mu(A))$ と古いパラメータ $(a_p(A), b_p(A), a_\mu(A), b_\mu(A))$ が十分に近くなったら、不動点であるとみなしてストップする。

図 8.2 は定常分布における企業の資本調整確率と企業分布を示したものである。ここで、資本調整のターゲットは $k^* = 1.1054$ である。調整費用の存在により、資本の量が k^* に十分近いときには、企業は投資を行わない[16]。企業が投資を行うのは、資本の減耗が続いて、資本の量がターゲットから十分に離れたときである。定常分布では、7 期後には資本調整確率は $\alpha(k) = 1$ になり、すべての企業が調整費用を支払って資本の調整を行う。このような性質のため、企業は一度に大量の投資を行うことになる。集計リスクが存在するとき、k^* は総

---

16) $k = k^*/(1 - \delta)$ のとき、資本調整確率がゼロとなる。この場合、調整費用を支払わなくても資本減耗により次期の資本は k^* になる。

図 8.2　資本を調整する確率と企業分布

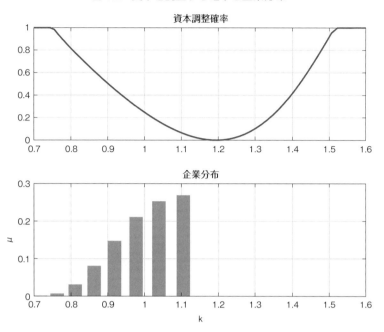

資本や TFP の関数にもなっているため、時間を通じて変動する[17]。

　図 8.3 は TFP に対するショックによる確率的シミュレーションを示している。表 8.1 は景気循環統計と呼ばれるものである。シミュレーションによって得られたマクロ変数のトレンドを HP フィルター（Hodrick-Prescott filter）を用いて除去し、トレンド除去後のマクロ変数の標準偏差や相関を計算した。ここで、標準偏差は総生産 Y_t の標準偏差（1.96）に対する比である。また、家計のオイラー方程式より、$R_t = (C_{t+1}/C_t)/\beta$ が成り立つ。このモデルは、総生産や総消費、総投資の標準偏差や相関といったマクロデータの特性については、米国のデータのそれをよく捉えている（Kydland and Prescott, 1982）。すなわち、このモデルは断続的な企業レベルの投資行動と、比較的スムーズなマクロ

---

17) このモデルでは、集計リスクが存在する場合でも、企業分布はこのような有限の点におけるヒストグラムで表すことができる。一方で、企業に固有の生産性リスクが存在する場合（Khan and Thomas, 2008）、企業分布はより連続的な分布となる。

図 8.3 確率的シミュレーション

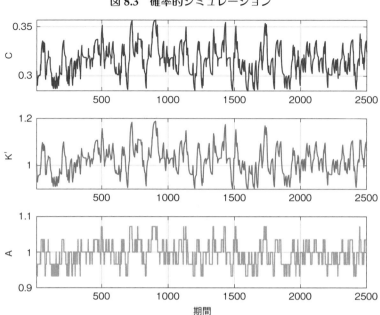

表 8.1 景気循環統計

	Y_t	C_t	I_t	N_t	w_t	R_t
標準偏差	(1.96)	0.48	4.05	0.55	0.48	0.40
Y_t との同時相関		0.92	0.96	0.95	0.92	0.69

の総投資の動きを同時に説明する。

　これは、前述したようにクルセル・スミス・モデルにも見られる集計リスクを導入した異質な主体のモデルの特徴である。すなわち、個人の異質性がマクロ経済動学に与える影響は大きくない。一方で、Krueger et al. (2016) や Ahn et al. (2018) などのより最近の研究は、ミクロの主体が直面する固有なリスクが、マクロ経済動学にも影響を与えうることを示している。たとえば、借入制約に直面している家計が多い場合、負の TFP ショックに対して、これらの家計は（借入を十分に行うことができないため）消費を増やすことができず、結果として総消費の落ち込みはより大きくなる。これは代表的個人モデルでは扱

うことのできない集計リスクの波及経路である[18]。

Terry (2017) は、カーン・トーマス・モデルを、Krusell and Smith (1998) の方法だけではなく、Algan et al. (2010) や Den Haan and Rendahl (2010)、Reiter (2009) など様々な方法で解いて比較している。Winberry (2016) は摂動法（Algan et al. (2010) と Reiter (2009) を組み合わせた方法）でモデルを解いて、さらにパラメータの推定まで行っている。Sunakawa (2020) は、Den Haan and Rendahl (2010) の方法を改良して、より精度の高い方法でモデルを解いている[19]。

8.4 HANKモデルとフォワード・ガイダンス・パズル

8.4.1 金融政策の波及過程と消費行動

次に、異質な個人モデルから派生したもう1つの発展分野をみていこう。近年、金融政策分析において、HANK (Heterogeneous Agent New Keynesian) モデルが注目を集めている。HANK モデルは、第7章で学んだニューケインジアン・モデルに、第5章で学んだ所得（労働生産性）の不確実性と不完備市場の仮定のもとで家計の異質性を導入したものである。HANK モデルを用いることで、たとえば、金融政策が家計の資産分布、すなわち格差（inequality）に与える影響や、分布を通じた**金融政策の波及過程**（transmission mechanism of monetary policy）について考えることができる。

標準的なニューケインジアン・モデルでは、金融政策の波及過程において、消費のオイラー方程式における異時点間の代替（intertemporal substitution）が

---

18) ベンジャミン・モル (Benjamin Moll) 教授は、自身の講義ノート (https://benjaminmoll.com/wp-content/uploads/2019/07/inequality_macro.pdf) で、代表的個人モデルを第1世代モデル、（クルセル・スミス・モデルやカーン・トーマス・モデルのような）異質な主体のモデルで、ミクロの資産格差のような分布がマクロ経済に影響しないものを第2世代モデル、異質な主体のモデルでも、ミクロの分布がマクロ経済に影響を与えうるものを第3世代モデルと呼んでおり、それぞれの世代のモデルの違いについて興味深い議論を展開している。

19) また、この方法は Krueger et al. (2016) のようなよりデータに近い資産分布を持つ異質な家計のモデルにも応用可能であり、標準的な Krusell and Smith (1998) の方法よりもモデルを速く解くことができる。

非常に大きな役割を持っている。たとえば、中央銀行が名目金利を引き下げた
としよう。このときインフレ率を一定とすると、実質金利も低下し、家計は貯
蓄を減らすか借入をして、消費を増やそうとする。このような総需要の増加は、
硬直的な価格のもとで企業の生産を増やして、経済に対する拡張的な効果をも
たらす。

　しかし、不完備市場のもとで借入制約に直面している家計は、実質金利が低
下しても、借入を行って消費を増やすことができないかもしれない。流動的な
資産（現金や預金など）がなく限界消費性向の高い家計のことを、**その日暮ら
し（hand-to-mouth）家計**と呼ぶ[20]。こうしたその日暮らし家計の経済全体に
占める割合が高いとき、名目金利の引き下げは、標準的なモデルでみられるよ
うな大きな緩和効果は持たないことになる。

　また、2008 年の世界金融危機以降、世界各国の多くの中央銀行が名目金利の
実効下限（いわゆるゼロ金利制約）に直面してきた。このような状況下では、名
目金利を引き下げて経済を刺激する伝統的金融政策が使えない。そこで中央銀
行は、いわゆる非伝統的金融政策の一環として、経済の安定化を目的として将
来の政策に関する情報を発信するようになった。これは**フォワード・ガイダンス**
（forward guidance）と呼ばれる。

　標準的なモデルにおいては、経済がゼロ金利制約に直面しており、現在の名目
金利を下げられないようなときでも、将来の名目金利を経済が回復した後もゼ
ロに据え置くことを約束することで、現在の経済に対して緩和効果を持つ。こ
れは、経済の先行きを見越して行動するとき、家計や企業は将来の経済の過熱化
を予測して、現在の経済活動を活発化させるからである。しかし、実際の経済で
はフォワード・ガイダンスの効果は必ずしもモデルが予測するほど大きくない
（Del Negro et al., 2015）。これが、**フォワード・ガイダンス・パズル（forward**
guidance puzzle）と呼ばれる問題である。

　このパズルに対する 1 つの回答は、家計の異質性をモデルに導入することで
得られる（McKay et al., 2016）。すなわち、借入制約に直面しているような家
計は、将来の金利低下とそれによる好況を知らされても、借入をして今期の消
費を増やすことができない。このような家計の存在が経済全体に与える影響が

20）日本におけるその日暮らし家計の割合を推定したものとして、宇南山・原（2015）がある。

大きいとき、金利の直接効果を通じたフォワード・ガイダンスの効果は限定的になる。

8.4.2 HANK モデル

ここでは、McKay et al. (2016)（以下、著者名の McKay, Nakamura, Steinsson より MNS）モデルに基づき、不完備市場と所得の不確実性のもとでの家計の異質性が、フォワード・ガイダンスの効果にどのような影響を与えるのか見ていこう。モデルの定常状態は、第 5 章で見たビューリー・モデルと基本的に同じである。また、消費やインフレ率といった各変数の現在から将来への経路を数値的に解くには、第 6 章で学習したモデルの移行過程の数値計算を応用する。

第 7 章で学んだような、最終財生産企業と中間財生産企業、家計、政府からなるニューケインジアン・モデルを考える。価格の硬直性については、Rotemberg (1982) 型の、インフレ率の定常状態からの乖離の 2 乗に比例する価格調整費用を考える[21]。ここでの違いは、家計は市場の不完備性と所得の不確実性に直面しており、各家計は異なる資産と労働生産性を持っているという点である。

8.4.3 企業

それぞれの中間財生産企業は、異なる中間財 $Y_t(j)$（$j \in [0, 1]$ は中間財の種類を表す）を独占的競争下で生産し、2 次の価格調整費用のもとで価格を設定する。生産関数および最終財生産企業による需要関数は以下で与えられる。

$$Y_t(j) = N_t(j) \tag{8.10}$$

$$Y_t(j) = \left(\frac{P_t(j)}{P_t}\right)^{-1/\nu} Y_t \tag{8.11}$$

ここで、$N_t(j)$ は労働投入、$P_t(j)$ は中間投入 $Y_t(j)$ の価格であり、ν は需要の価格弾力性の逆数である。Y_t は最終財、P_t は最終財の価格すなわち一般価格水準であり、$P_t = \left(\int_0^1 P_t(j)^{\frac{\nu-1}{\nu}} dj\right)^{\frac{\nu}{\nu-1}}$ と表される。

中間財 j を生産する企業は、その企業自身の生産関数 (8.10) 式と、最終財生産企業からの需要関数 (8.11) 式を制約条件として、以下の将来利益の割引現在

---

[21] MNS では、Calvo (1983) 型の調整費用を用いている。すなわち、それぞれの中間財生産企業は、ある一定の確率でのみ価格改定を行える。

価値を最大化する。

$$\sum_{s=0}^{\infty} D_{t+s} \left(\frac{P_{t+s}(j)}{P_{t+s}} Y_{t+s}(j) - (1-\tau^w)w_{t+s}N_{t+s}(j) - AC_{t+s}(j) \right)$$

ここで、$D_t = 1$、$D_{t+s} = \frac{1}{1+r_t} \frac{1}{1+r_{t+1}} \cdots \frac{1}{1+r_{t+s-1}}$ は将来利益の割引因子であり、$1 + r_t$ は粗実質金利である。また、w_t は実質賃金率であり、r_t および w_t は企業にとって所与とする。価格の調整費用は、$AC_t(j) = \frac{\phi}{2} \left(\frac{P_t(j)}{P_{t-1}(j)} - \Pi \right)^2 Y_t$ として定式化され (Rotemberg, 1982)、ϕ は調整費用の大きさに関するパラメータ、$\Pi = 1 + \pi$ は定常状態での粗インフレ率である。また、企業は $\tau^w w_t N_t(j)$ の補助金を政府から受け取る。$P_t(j)$ について微分し整理することで、最適化の必要条件は以下の式で与えられる。

$$\begin{aligned}
0 = &(1 - \nu^{-1}) + (1 - \tau^w)\nu^{-1}w_t \\
&- \phi\pi_t(1 + \pi_t) - \frac{1}{1+r_t}\phi\pi_{t+1}(1 + \pi_{t+1})\frac{Y_{t+1}}{Y_t}
\end{aligned} \tag{8.12}$$

これは、割引率がグロスの実質金利であることを除いては、7.4 節で出てきた非線形ニューケインジアン・フィリップス曲線と同じものである[22]。また、独占的競争下で得られる、中間財生産企業の各期における実質利益は以下で与えられる。

$$d_t = Y_t - (1 - \tau^w)w_t Y_t \tag{8.13}$$

8.4.4 家計

家計は、実質金利 r_t、賃金率 w_t、税 T_t および配当 d_t を所与として、消費 c と労働時間 h から得られる効用 $u(c, h)$ の期待割引現在価値を予算制約のもとで最大化する。それぞれの家計は所得の不確実性に直面しており、市場は不完備であるとする。すなわち、家計が所得リスクに備える唯一の手段は資産を購入して貯蓄を行うことである。ベルマン方程式は以下のように書ける。

$$V(a, l_i) = \max_{c, a', h} \left\{ u(c, h) + \beta \sum_j p_{ij}^l V(a', l_j) \right\}$$

---

[22] ここで、$\phi = 0$ のとき、最適化の必要条件は $\frac{P_t(j)}{P_t} = (1 - \tau^w)(1 - \nu)^{-1}w_t$ と書ける。ここで、$(1 - \tau^w)(1 - \nu)^{-1}$ は独占によるマークアップ率であり、$\tau^w = \nu$ と設定することでマークアップ率を 1 にすることができる。

subject to

$$c + a' = (1 + r_t)a + w_t l_i h - T_t(l_i) + d_t,$$

$$a' \geq 0$$

ここで、$a' \geq 0$ であり、家計は借入を行うことができないとする。それぞれの家計は労働時間 h に応じた不効用を得る一方で、労働所得を受け取る。ここでの労働所得は、労働生産性 l と労働時間 h の積に、実質賃金率 w_t を掛けたものである。労働生産性に応じた税 $T_t(l)$ を政府に支払う一方で、中間財生産企業からは配当 d_t を受け取る[23]。

労働生産性 l はマルコフ連鎖に従う。l の値がとりうる上限 $l_{\max}$ および下限 $l_{\min}$ を設定し、N_l 個のグリッドで離散化する。今期の労働生産性 l_i から次期に l_j となる遷移確率を p_{ij}^l で表す。価値関数 V は今期の状態変数 (a, l_i) の関数となる。

各家計は、それぞれ異なる資産 a と労働生産性 l_i を持っており、(a, l_i) の分布は $\mu_t(a, l_i)$ として与えられる。ここで、労働生産性の分布は時間によらず不変であり、$\mu^l(l_i) = \int \mu_t(a, l_i) da$ となる。

8.4.5　政府

政府は金融市場において（家計が資産として購入する）債券を発行し、また家計から税金を集め、企業には補助金を渡す。政府の予算制約式は以下で与えられる。

$$b_{t+1} = (1 + r_t)b_t - \sum_i \mu^l(l_i)T_t(l_i) + \tau^w w_t \int N_t(j) dj \qquad (8.14)$$

ここで、b_t は t 期の初めにおける実質債券の量である。すなわち、前期に発行した債券の元本を含む利払いおよび補助金支出と集めた税金の差が、今期に発行する債券の量 b_{t+1} になる。

中央銀行は名目金利の水準 R_t を決定する。ここで、以下の恒等式が成り立つ。

$$1 + r_t = \frac{1 + R_t}{1 + \pi_{t+1}} \qquad (8.15)$$

---

23)　$T_t(l)$ は外生的に決まる労働生産性に対する一括税であるため、家計の労働供給などの意思決定を歪めない。

これは、**フィッシャー方程式**（Fisher equation）とも呼ばれる。すなわち、実質金利は、名目金利と期待インフレ率の差として表される。

8.4.6 市場清算条件と再帰的競争均衡

財市場、債券市場および労働市場の市場清算条件はそれぞれ以下で与えられる[24]。

$$Y_t = C_t = \sum_i \int_a g_c(a, l_i) \mu_t(a, l_i) da \tag{8.16}$$

$$b_t = \sum_i \int_a g_a(a, l_i) \mu_t(a, l_i) da \tag{8.17}$$

$$N_t = \sum_i \int_a l_i g_h(a, l_i) \mu_t(a, l_i) da \tag{8.18}$$

また、中間財生産企業の生産関数 (8.10) 式より、$Y_t = N_t$ となる。すなわち、総生産量は生産性を含む総労働投入に等しい。

HANK モデルにおける再帰的競争均衡は、以下の条件を満たす政策関数 $a' = g_a(a, l)$ および $h = g_h(a, l)$、資産分布 $\mu_t(a, l)$、労働投入 N_t、債券の量 b_t、賃金率 w_t、実質金利 r_t、税 T_t および配当 d_t によって定義される。

(1) 賃金率 w_t は労働市場において競争的に決定される。(8.15) 式のように、実質金利 r_t は中央銀行が決定する名目金利 R_t から期待インフレ率 π_{t+1} を引いたものに等しくなる。

(2) 政府は家計から税 T_t を徴収する。(8.14) 式のように、債券の量 b_{t+1} は、政府の予算制約式を満たすように決定される。

(3) 実質賃金率 w_t を所与として、企業は中間財の価格 $P_t(i)$ を独占的競争下で (8.12) 式のように最適に設定する。(8.13) 式のように、独占によって得られた利益は家計に配当 d_t として移転される。

(4) 政策関数 $a' = g_a(a, l)$ および $h = g_h(a, l)$ は、賃金率 w_t、実質金利 r_t、税 T_t および配当 d_t を所与としたときの、家計の最適化問題の解である。

---

[24] 価格の調整費用を財市場の式に含めることもできる。ここでは、そのような費用はたとえば効用に影響を与えるものであり、最終財の量には影響を与えないものとする (Hagedorn et al., 2019)。

(5) 政府の債券供給 b_t と家計の総債券需要は一致する。また、企業の労働投入 N_t と家計の総労働供給も一致する。

(6) 家計の資産分布 $\mu_t(a, l)$ は、政策関数 $g_a(a, l)$ および労働生産性 l の遷移確率 $\{p_{ij}^l\}$ に従って推移する。

8.4.7　定常状態の計算

第 5 章のビューリー・モデルと同様に、HANK モデルの定常状態を数値的に解くことができる。価格は短期においてのみ硬直的であるため、定常状態には影響しない。さらに簡素化のため、定常インフレ率はゼロ（$\pi = 0$）とする。このとき、(8.15) 式に見られるように名目金利は実質金利と常に等しくなる。

このモデルにおいても、金利・賃金などの要素価格を所与としたミクロの家計の最適化問題と、要素価格を決定するマクロの需給均衡を分けて考える。またここでは、政府の予算制約についても考える必要がある。5.2 節で見たように、「外側」のマクロステップと「内側」のミクロステップの 2 段階に分けて計算しよう。

マクロステップでは、労働供給と貯蓄が内生的であるため、債券市場と労働市場の均衡 (8.17) 式および (8.18) 式を考える必要がある[25]。また、フィリップス曲線 (8.12) 式における労働市場の需給と、政府の予算制約 (8.14) 式についても考える。定常状態でインフレ率がゼロの場合、これらの均衡条件は以下の式で与えられる。

$$b = \sum_i \int a\mu(a, l_i)da$$
$$N = \sum_i \int g_h(a, l_i)\mu(a, l_i)da$$
$$w = (1 - \tau^w)^{-1}(1 - \nu)$$
$$rb = \sum_i \mu^l(l_i)T(l_i)$$

(8.12) 式において $\pi_t = \pi_{t+1} = \pi = 0$ とすることで、賃金率 w は他の条件によらず一定となる。したがって、労働投入 N はそのような w のもとでの総労

---

25) ワルラス法則により、労働市場と債券市場が均衡することで財市場も均衡する。

働供給の量となる。

さらに、ここでは、債券の量の総生産量に対する比率 $b_y = b/Y$ をデータと一致させるように、税収を調整したい[26]。このため、$T(l_i) = \tau \bar{\tau}(l_i)$ と定式化して、税収のパラメータ τ の値を調整する。すなわち、債券・総生産比率 b_y と総生産 Y を所与としたとき、政府の予算制約式から、

$$rb_y Y = rb = \tau \sum_i \mu^l(l_i)\bar{\tau}(l_i) \tag{8.19}$$

が成り立つ。この式から τ の値を求める。

また、実質金利についても、債券市場の需要と供給を一致させるような値を求める代わりに、実質金利の値 r をターゲットと合致させる。実質金利のターゲットはデータに基づいて決定し、需給が一致する均衡においてそのような実質金利が内生的に導出されるような主観的割引率 β を求める[27]。

ミクロステップにおいて、家計による労働供給と実質債券需要を計算するには、ベルマン方程式を用いた動的計画法（DP）による解に加えて資産 a と労働生産性 l の空間 (a, l) における定常分布 $\mu(a, l)$ を導出する必要がある。

■ アルゴリズム

1. **初期セットアップ** パラメータを設定する。労働生産性は $[l_{\min}, l_{\max}]$ 内で N_l 個のグリッドに離散化し、遷移確率 $\{p^l_{ij}\}$ を求める。

2. **グリッド生成** 家計の貯蓄について、状態空間の評価点を N_a 個のグリッドで設定する。

3. **収束の基準** 収束の基準になるパラメータ ε を定める。

4. **カリブレーションおよびパラメータの初期値設定** 賃金率 w および実質金利の値 r は一定とする。債券市場の需給を均衡させるような割引率の初期値 β_0 を当て推量する。総生産量 Y についても当て推量により、(8.19) 式から $(r, b_y, Y, \mu^l(l_i), \bar{\tau}(l_i))$ を所与としたときに政府の予算制約を満たす一括税のパラメータ τ_0 の値を求める。

---

26) 逆に税収が一定のとき、実質金利を所与とすると、債券の量は政府の予算制約式から求めることができる。

27) もちろん、割引率の値を所与として、債券市場の需給が均衡するような実質金利の値を求めることも可能である。

5. **個人の政策関数の導出**　割引率 β_0、一括税のパラメータ τ_0 を所与として、個人の最適化問題を解く。VFI や TI などを用いて、各状態変数 (a, l) における個人の政策関数 $a' = g_a(a, l)$ および $h = g_h(a, l)$ を求める。

6. **定常分布の導出**　定常分布を求めて総債券需要 b および総生産量 $Y = N$ を求める。

7. **均衡条件の確認**　モデルの総債券需要量の総生産量に対する比率 b/Y をデータの値と比較する。$|b/Y - b_y| < \varepsilon$ であればストップ。そうでなければ β_0 の値を調整して、新しい総生産量に基づき政府の予算制約式を満たすような τ_0 の値を求めて、ステップ 4〜6 を繰り返す。

　ステップ 6 の定常分布の計算は、ビューリー・モデルの場合と基本的に同じである。以下では、5.2.6 項で解説した反復計算によるアルゴリズムのみを再掲する。

■ **アルゴリズム：反復計算による定常分布の導出（再掲）**

1. **初期セットアップ**　政策関数 $a' = g_a(a, l)$ および労働生産性 l の遷移確率 p_{ij}^l から、遷移確率行列 P を求める。

2. **収束の基準**　収束の基準になるパラメータ ε を定める。

3. **初期値の設定**　状態変数空間における分布 μ_0（ただし $\sum_{a,l} \mu_0(a, l) = 1$）を当て推量する。

4. **新分布の計算**　遷移確率行列 P に基づき、$\mu_1' = \mu_0' P$ を計算する。

5. **収束の確認**　ステップ 4 で計算した新分布と初期分布との距離を測る。$||\mu_0 - \mu_1|| < \varepsilon$ であればストップ。そうでなければ $\mu_0 = \mu_1$ として、ステップ 4 を繰り返す。

■ **カリブレーション**　パラメータについては、基本的には MNS と同じ値を用いる。まず、モデルの 1 期間の長さは四半期とする。このとき、実質金利の定常状態は年率 2%、すなわち $1 + r = 1.005$ とした。すでに述べたように、定常状態のインフレ率は $\pi = 0\%$ とした。家計の効用関数は $u(c, h) = \frac{c^{1-\gamma}}{1-\gamma} - \frac{h^{1+\psi}}{1+\psi}$ とし、リスク回避度を示すパラメータは $\gamma = 2$、フリッシュ弾力性の逆数については $\psi = 2$ とした。需要の価格弾力性の逆数は $\nu = 1/6$ とした。債券・生産

比率については $b_y = 5.5/4$ と四半期換算した値を用いた。Rotemberg 型の価格の調整費用のパラメータは、対数線形化後のニューケインジアン・フィリップス曲線における限界費用の係数が MNS（先述のとおり、Calvo 型の調整費用を用いている）と整合的になるように、$\phi = 800$ とした[28]。

労働生産性 l の対数は AR(1) 過程に従う。ここでは、Flodén and Lindé (2001) による PSID（Panel Study of Income Distribution）の年次データを用いた推定結果を四半期変換して、$\log l' = 0.966 \log l + \varepsilon', \varepsilon' \sim N(0, 0.017)$ とした。この AR(1) 過程を、Rouwenhorst (1995) の方法を用いて、グリッド数 $N_l = 3$, $l_i \in \{l_L, l_M, l_H\}$ のマルコフ連鎖で近似した[29]。

政府は労働生産性が最も高い家計にのみ税金を課す。すなわち、$T(l_i) = \tau \bar{\tau}(l_i)$ としたとき、

$$\mu^l(l_L)\bar{\tau}(l_L) = \mu^l(l_M)\bar{\tau}(l_M) = 0, \quad \mu^l(l_H)\bar{\tau}(l_H) = 1$$

と置き、τ については政府の予算制約式を満たすように計算した。

図 8.4 は、定常状態における家計の資産分布を労働生産性ごとに示したものである。労働生産性の低い家計（$l = l_L$）の多くは資産がなく借入制約に直面している一方で、労働生産性の高い家計（$l = l_H$）は資産も多い。経済全体における借入制約に直面している家計の割合は 14.8% である。また、モデルで計算される資産のジニ係数は 0.63 である[30]。このような格差がモデルにおいても生じるのは、賃金のミクロデータから推定された労働生産性の慣性の値が大

---

28) 対数線形化後のニューケインジアン・フィリップス曲線は、Calvo 型の調整費用と Rotemberg 型の調整費用で同じ式となり、それぞれの調整費用のパラメータの間には一対一の関係がある。

29) Tauchen (1986) の方法は、慣性のパラメータ ρ が大きい値をとるときには近似誤差が大きくなる。ここでは $\rho = 0.966$ であるため、代わりに誤差の少ない近似として Rouwenhorst (1995) の方法を用いる。詳しくは付録 C を参照。

30) 米国のデータでは、家計の約 1/3 が流動的な資産（現金や預金など）がなく限界消費性向の高いその日暮らし家計であり、そのうち非流動的な資産（持家や年金など）も持たない家計はその約 1/3 である (Kaplan et al., 2014)。Kaplan et al. (2018) は、流動的な資産と非流動的な資産の 2 種類の資産をモデル化することで、非流動的な資産を持つと同時に限界消費性向の高いその日暮らし家計が、金融政策の波及過程に重要であることを示した。ジニ係数は、PSID または SCF（Survey of Consumer Finance）のミクロデータを用いた推定では、0.77〜0.78 である (Krueger et al., 2016)。

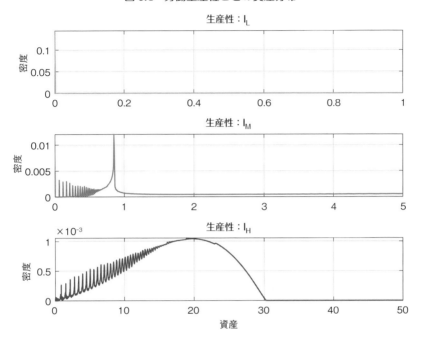

図 8.4　労働生産性ごとの資産分布

きい（0.966）ためである。先に述べたように、データに近い家計の資産と労働
生産性に関する分布をモデル分析に取り入れることで、マクロの金融政策の波
及過程にも影響を及ぼす可能性がある。次の 8.4.8 項では、移行過程の計算に
おいてそれをみてみよう。

8.4.8　移行過程の計算

　所得の不確実性と不完備市場の仮定のもとで、家計の異質性はフォワード・
ガイダンスの効果にどのような影響を与えるのだろうか。たとえば、実質金利
が将来のある時点（たとえば 20 期目）に一時的に 2% 低下し、その後すぐにも
との水準に戻るということが現在（0 期目に）わかっているとする。このとき、
現在から将来にかけての総生産やインフレ率といったマクロ変数は、このよう
なフォワード・ガイダンスに対してどのように反応するだろうか。この問いに
答えるためには、将来の外生変数の動きについて完全予見の仮定のもとでモデ

ルを解けばよい。

標準的な代表的家計のニューケインジアン・モデルでは、完全予見のもとで
フォワード・ガイダンスは大きな効果を持つ。第7章で学んだ対数線形化後の
消費のオイラー方程式から、現在の消費は将来の金利ギャップ（実質金利と自
然利子率の差）の総和として書くことができる。

$$c_t = c_{t+1} - (r_t - r^*)$$

$$\Leftrightarrow c_t = -\sum_{i=0}^{\infty}(r_{t+i} - r^*)$$

すなわち、20期目に金利ギャップがマイナスになることがわかっていれば、1～
20期目の消費に対して等しく押上げる効果がある。このことから、消費のオイ
ラー方程式にみられるような異時点間の代替が、フォワード・ガイダンスの効
果にとって重要であることがわかる。しかし、現実には異時点間の代替による
金融政策の波及過程の働きは弱く、このような効果は観察されないかもしれな
い。ここでは、HANK モデルを用いて、家計の異質性が与える影響を定量化し
てみよう。

HANK モデルにおける移行過程の計算には、第6章で学んだ方法を用いるこ
とができる（計算アルゴリズム等は6.4節を参照）。第6章では2つの異なる定
常状態の間の移行過程を計算したが、ここでは1つの定常状態のもとでの外生
変数の一時的な変化に伴う移行過程を計算する。

移行過程の計算は大きく分けて2つのステップからなる。まず、定常状態に
おける均衡を計算する。次に、この定常状態をスタート地点およびゴール地点
として、その間の外生変数の一時的な変化に伴う移行経路を導出する。計算期
間には、すべての変数が定常状態へとスムーズに収束するのに十分な長さが必
要となる[31]。

ここでも、第6章と同様に最終期からの後ろ向き帰納法を用いることができ
る。各期の家計の最適化問題における金利などの外生変数を所与とする。移行
過程の最終期である T 期における価値関数は、すでに計算した定常状態におけ
る価値関数と一致するため、ここを起点に時間をさかのぼって各期の政策関数

---

31) シミュレーションの長さは $T = 250$ 期間として、$T_0 = 20$ 期目に実質金利にマイナス
50bps（$= 0.5\%$）のショックを与えた。

図 8.5 移行過程

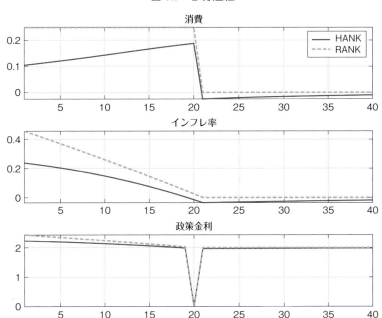

を計算していく。すべての期間における政策関数を求めたら、今度は 1 期から前向きに分布を計算していく。分布をもとに、各期のマクロ変数を計算する。外生変数をアップデートし、以上の計算を繰り返す[32]。

図 8.5 は、実質金利のパスを、20 期 (5 年) 目に一時的に 2% (四半期モデルでは 50bps = 0.5%) 低下させ、それ以外では定常状態にあるように固定させたときの、消費 (=総生産)、インフレ率、および名目金利 (政策金利) のパスを描いたものである。代表的家計 (RANK) のモデルでは、消費のオイラー方程式が示唆するように、消費は 1 期目から 20 期目まで一様に上昇する。一方、HANK モデルにでは、その日暮らし家計の反応が鈍く、異時点間の消費の代替が十分でないために、消費の上昇は抑えられる。ここで、20 期目以降に消費が

---

32) ここで、第 6、7 章と異なるのは、均衡条件の 1 つであるニューケインジアン・フィリップス曲線に将来のインフレ率が含まれる点である。この場合、各期のマクロ変数は、現在だけではなく将来の均衡条件にも依存する。そのため、MNS は**修正ニュートン法 (modified Newton method)** を用いて、各期のマクロ変数を計算し、外生変数をアップデートしている。

落ち込むのは、金利低下による負の所得効果によるものである。この結果、1〜20期目におけるインフレ率および名目金利の上昇も低く抑えられる[33]。

8.5 クルセル・スミス・モデル以降の進展

8.2節で解説したクルセル・スミス・モデルは、異質な個人が存在するマクロ経済モデルの解法に様々な形で大きな影響を与えた。近似集計がより一般的なモデルで成立するのか、それとももっと強い非線形性や様々な現実的な摩擦を導入すると異質性がマクロ経済に影響を与えるようになるのか。この問いに答えるために現在もモデルの拡張が行われているが、そのためにはより洗練された数値計算手法が必要となる。すでに膨大な先行研究が存在するため、ここですべてを紹介するのは困難であるが、Krusell and Smith (2006) や Algan et al. (2014)、Krueger et al. (2016) はこの分野の良質なサーベイ論文となっているので、関心のある読者は参照されたい[34]。また、*Journal of Economic Dynamics and Control* 誌は2010年にクルセル・スミス・モデルの解法に関する特集を組んでおり（Volume 34, Issue 1）、本章で紹介したのと同じモデルを様々な手法で解くことによって、計算速度や精度を比較している。

Maliar et al. (2010) は、TIと分布関数を（シミュレーションではなく）グリッドで近似する方法を組み合わせてクルセル・スミス・モデルを解いている[35]。グリッドのとり方は、以下のような2.3.2項で紹介した多項式ルールを採用している。

$$k_j = \left(\frac{j}{J}\right)^\theta k_{\max}, \quad \text{for } j = 0, 1, ..., J$$

ただし、$J+1$ はグリッドの数で、θ は多項式の次数である。彼・彼女らは100,000個の等分のグリッドをとって精緻に計算した場合と、グリッドの数を100個と粗く計算した場合で、多項式の次数をどの程度に設定すれば、計算の精度が保証

---

33) 名目金利は2%の実質金利にインフレ率を加えたものになる。

34) 特に、Algan et al. (2014) は本書では取り扱っていない摂動法を用いた Preston and Roca (2007) や、分布関数をモーメントではなく一般的な形でパラメトリックに表現した Algan et al. (2008) など、様々なアプローチをより詳しく説明している。

35) Krusell and Smith (1998) の原論文では、TI ではなく、VFI を使っていた。

されるかを確認している。彼・彼女らの結果によれば、$\theta = 7$ で精緻なケースと粗いケースで誤差がほとんど同じになるという。また、どのような内挿法を採用するかによって、結果が変わってくることも報告している。加えて、線形近似と 3 次の多項式で計算時間を比較したところ、3 次の多項式では線形近似よりおよそ 3 倍遅くなるものの、非常に高い計算精度が保証されることを明らかにした。そのため、線形近似で多くのグリッドをとる（当然、計算速度は低下する）べきか、それとも計算が遅い 3 次の多項式で近似すべきかというトレードオフに直面するが、後者のほうが特に非線形性が強い場合において望ましい結果となる。

Den Haan and Rendahl (2010) はこれまでと大きく発想が異なるアプローチを提案している。通常のクルセル・スミス・アルゴリズムでは、まず経済主体の意思決定を解いた後、シミュレーション等によって Aggregate Law of Motion（ALM：(8.3) 式に相当）を導出する。一方、Den Haan and Rendahl (2010) は、ALM は各経済主体の意思決定の集計である点に注目して、個人の政策関数を多項式で近似してパラメータ化した後で、その式を集計して ALM を明示的に導出している。そのため、シミュレーションなどで ALM を計算するステップを省略することができる。また、分布関数をモーメントで近似するステップも省略できることになる。

Reiter (2009, 2010) は、連続の分布関数を離散の分布（≒ ヒストグラム）で近似することによって、本来は連続な分布関数を有限個の状態空間で近似する方法を提案している。そのうえで、状態変数の遷移を線形モデルで計算することによって、集計リスクがある異質な経済主体モデルを分析している。McKay and Reis (2016) は、このアプローチを用いて実際に HANK モデルを解いて、金融政策のフォワード・ガイダンスに関する知見を得ている。また Ahn et al. (2018) は、Kaplan et al. (2018) の連続時間 HANK モデルに集計リスクを導入して、Reiter のアプローチで解いている[36]。同様に Bayer and Luetticke (2020) は、Reiter のアプローチを発展させて離散時間モデルを解き、より複雑な HANK モデル (Bayer et al., 2023) にも応用可能であることを示している。

----

[36] 連続時間におけるビューリー・モデルの解法は Achdou et al. (2022) を参照。対応するコードはモル教授のホームページ（https://benjaminmoll.com/codes/）から入手可能である。

　最近では、異質な主体のモデルにおいては、集計リスクの不確実性の効果は考慮せず、Reiter のアプローチや、完全予見を仮定した解法を用いてマクロ経済動学を分析するケースが増えている。完全予見を仮定した解法では、「MITショック」と呼ばれる予見されなかった 1 回限りのショックが起こったときの動学を分析することが多い。本書の第 5、6 章および 8.4 節で分析した移行動学も MIT ショックの一種である[37]。

　しかし、Reiter のアプローチや完全予見を仮定した解法では、集計リスクに関して確実性等価が成り立つため、将来起こるかもしれないショックが現在の経済に与える影響を分析できない。このような（本書でも第 7 章で議論した）不確実性の効果が、個人の異質性を通じて経済全体に与える影響が重要かどうかについては、現在のところ明確な答えは出ていない[38]。

　ビューリー・モデルに集計リスクを加えたクルセル・スミス・モデルの拡張範囲は広く、景気循環のコストから資産価格決定理論、政治経済学への応用まで様々である。Krusell et al. (2009) は、景気循環のコストという古典的ながら重要な問題について、個人の異質性が存在する場合に代表的個人モデルとどのような違いが生じるのかについて定量的に分析を行っており、特に低資産層が直面する景気循環に伴う失業リスクがどの程度の厚生劣化を生じさせているかを丁寧に検証している。Krueger et al. (2016) も、モデルにおける資産格差がデータと合うように調整をしながら、景気循環のコストが様々な経済主体に対してどのように異なった影響を及ぼしているのかを分析している。

　同じく代表的個人の枠組みから個人の異質性を導入することで含意が大きく変わるのが資産価格決定理論である。代表的個人モデルから離れて、個人の異質性を導入することによって Prescott and Mehra (1980) が指摘したエクイ

---

37) Boppart et al. (2018) は、MIT ショックについて文献紹介も含めたより詳細な解説を行っているほか、集計リスクについてモデルの線形性を仮定した新しい解法を提案している。Auclert et al. (2021) は Boppart et al. (2018) の解法を応用する形で一般化して計算速度を高速化し、資産が 2 種類ある HANK モデルの推定が可能であることを示している。

38) 代表的個人モデル、とくにニューケインジアン・モデルで、ゼロ金利制約や借入制約を考えるときは、モデルの非線形性を通じた集計リスクの不確実性の効果は重要になりえる。たとえば、Nakata (2017a) や Bianchi et al. (2021) などを参照されたい。Fernández-Villaverde et al. (2021) や Schaab (2020) は、HANK モデルにおける集計リスクの不確実性の効果を分析している。

ティ・プレミアム・パズルを説明した理論的研究として、Constantinides and
Duffie (1996) がある。Storesletten et al. (2007) は世代重複モデルに固有リス
クと集計リスクを導入することで、エクイティ・プレミアム・パズルが部分的
に解消されることを示しているが、彼らもまたモデルを解く際にクルセル・ス
ミス・アルゴリズムを用いている。また Miyazaki et al. (2010) も、世代重複
モデルを解く際に同様のアルゴリズムを使用して、いわゆる世代効果によって
世代間で生涯所得が異なる場合に金融市場がどの程度改善に貢献できるのかを
定量的に検討している。

　Corbae et al. (2009) は賃金格差の拡大が、**中位投票者定理**（median voter
theorem）を通じて、税による再分配政策をどのように内生的に決定するのか
を考察した論文である。彼らのモデルは集計リスクは存在しないが、**政治経済
的均衡**（politico-economic equilibrium）を計算するためにクルセル・スミス・
モデルのアルゴリズムを用いている。第 5 章では外生的な税率の変化に対する
移行過程を計算したが、こちらは政治的な投票によって再分配政策の程度が格
差の度合いに影響を受けながら内生的に決まるモデルを分析している。

8.6　おわりに

　最終章となる本章では、本書で学習した知識を総動員して、定量的マクロ経
済学のフロンティアでどのようなモデルが実際に解かれていて、どのような研
究動機で分析が行われているかについて概観した。ここで解説した論文はフロ
ンティアのごく一部に過ぎない。HANK モデルは本書執筆中にも現在進行形で
様々な最新成果が報告されているし、ここでは紹介しきれなかった分野や成果
が数多く残されている。本書を読破した読者は、ぜひ（何度も強調してくどい
かもしれないが）手を動かしながら、新たな研究分野にもチャレンジしてみて
ほしい。

付録

付録 A
使用したコードについて

　付録 A では、本書で使用したコードなどを提供するサポートサイトと GitHub の使い方について説明する。

　本書で使用したコードは、原則として本書の GitHub リポジトリからダウンロードできる。GitHub とは、世界中のプログラマが自分で書いたソースコードを保存・公開（ホスティング）しているサイトである。正確には、Git と呼ばれるバージョン管理システムと連携して、自分が書いたコードをウェブ上で管理しながら、場合によってはいろいろな人たちと連携しつつ開発をしていくためのプラットフォームである。現在では多くのプログラマにとって、GitHub 上でコードを管理したり、必要に応じて公開することは常識になっている[1]。

　まずは以下の URL にアクセスしてみよう。

本書のサポートサイト

- https://quant-macro-book.github.io

　図 A.1 は上記の URL にアクセスすると表示される本書のサポートサイトの画面である。それぞれの章についてプログラミング言語ごとにリンクが設定されているので、各自の必要に応じてリンクをたどっていった先で右クリックす

---

[1] 2019 年 1 月からプライベート・リポジトリを無料で利用できるようになったため、自分が書いたコードを他人に見せたくない場合は、非公開にすることも可能である。

図 A.1　本書のサポートサイト

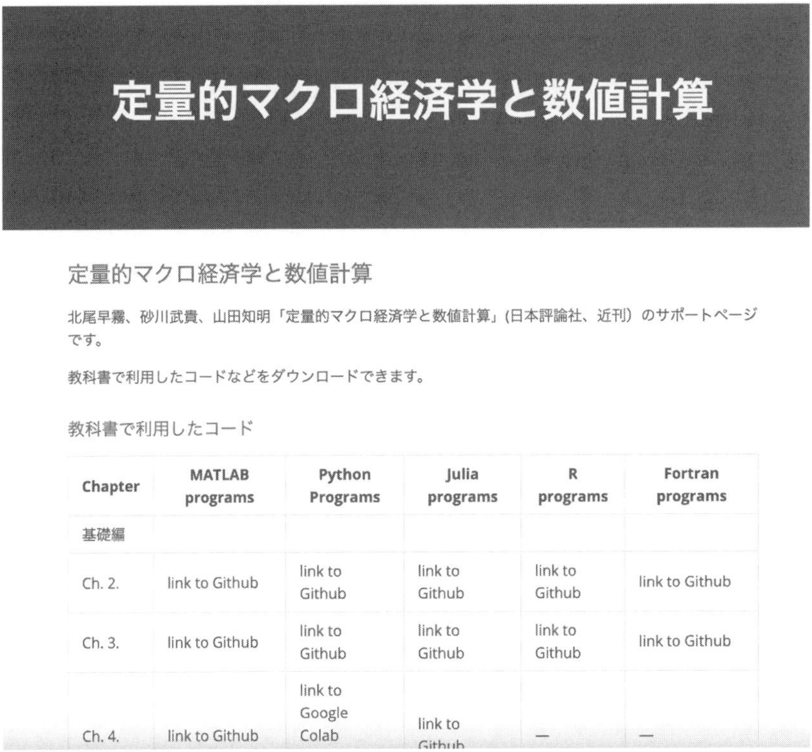

定量的マクロ経済学と数値計算

定量的マクロ経済学と数値計算

北尾早霧、砂川武貴、山田知明「定量的マクロ経済学と数値計算」(日本評論社、近刊) のサポートページです。

教科書で利用したコードなどをダウンロードできます。

教科書で利用したコード

Chapter	MATLAB programs	Python Programs	Julia programs	R programs	Fortran programs
基礎編					
Ch. 2.	link to Github	link to Github	link to Github	link to Github	link to Github
Ch. 3.	link to Github	link to Github	link to Github	link to Github	link to Github
Ch. 4.	link to Github	link to Google Colab	link to Github	—	—

れば（使用しているブラウザによって操作方法に多少の違いはあるかもしれないが）、必要なファイルを入手することができる。一括ですべてのコードをダウンロードしたい場合には、サポートサイトの下のほうにある「一括ダウンロード」のリンクに従って進んで、右上にある緑色の「Code」と書かれたタブから「Download Zip」を選択すればよい。

　コードに書かれた命令が数値計算のどの部分に対応しているかは、Jupyter Notebook およびコード内のコメントで説明をしている。プログラミング言語を学習する際にお勧めされる方法の 1 つに「写経」がある。文字どおり、ひたすらコードを書き写すのである。公開しているコードは筆者らの PC で実際に実行したものなので、大幅なバージョン変更などがなければ問題なく動くはずだが、ただ実行ボタンを押して満足するのではなく、自力で解読をしたり、あえて

計算の高速化に向けて

　本文で述べたとおり、本書で使用したコードは読みやすさを重視しており、プログラミング上の難しいテクニックは極力使用していない。しかし、巨大なモデルを解きたい場合、たとえば均衡解を得るために数時間あるいは 10 時間以上かかるようなケースでは、数値計算の高速化を意識することが必要になってくるかもしれない。ここでは計算速度を高速化するための方法として、2 つを簡単に紹介をしよう。

(1) **並列処理**（parallel computing）：通常、プログラミングされた計算は上から順番に実行されていく。しかし、場合によっては同時に実行したい箇所が出てくるかもしれない。たとえば、独立した 2 タイプの経済主体の問題を解く場合、最初のタイプが終わったら次のタイプに行くより、同時に（並列的に）計算したほうが効率的かもしれない。最近のコンピュータに搭載されている CPU は**マルチコア**（multi-core）になっているため、同時進行で別々の演算をすることが可能である。ただし、この方法を用いるためにはコードに並列化したい箇所を明示したうえで、並列化に適したプログラミングをする必要がある。計算を高速化したい場合には、並列処理が可能な箇所がないか考えてみるとよいだろう[*]。並列化の方法は、多くの言語がライブラリなどを提供しているため、各種マニュアルを探してほしい。

(2) **GPU を使う**：現在のコンピュータは CPU の他に、グラフィック用に GPU（graphic processing unit）を搭載しており、たとえばゲームの綺麗な 3D 映像などは GPU が担当している。この GPU を数値計算に利用する方法が **GPGPU**（general purpose computing with graphics processing units）である。GPU は近年、機械学習や深層学習でも使われている。GPU を用いるのはかなり上級者向けになるが、関心がある読者は、やや内容が古くなるが、Aldrich et al. (2011) を参照してほしい。

----

[*] Maliar (2015) は、並列化によってどの程度計算を効率化できるかを議論している。

　手を動かして書き直すといった作業を通じて理解を深めてほしい。なお、筆者らが書いたコードは読みやすさや学習効果なども考慮して、必ずしも速度の面で最適な書き方になっているとは限らない。プログラミング言語と数値計算手法を勉強して、ぜひ自身でより適切なコードの書き方はないか模索してほしい。

付録 **B**
数値計算の理論

　付録 B では、本書で使用する様々な数値計算手法の背後にある理論について、最小限の解説を行う。実際に手を動かしてモデルを解く際に、背後にあるアルゴリズムをすべて自力で書くことは少ない。たとえば、MATLAB を使ってある関数の最小値を知りたい場合には、fminsearch を利用すればよい。これは Stata や R などで回帰分析を行う際に、最小 2 乗法の計算式を自力で書くことはないのと一緒である。しかし、たとえば、関数の最小値を探すアルゴリズムは必ずしも正しい解を返してくれるとは限らない。大域的な最小値が存在しても、その周りに局所的最小値が数多く存在する場合、局所解を返してくる場合が多々ある。また、「最小値がみつからなかった」とエラーを（英語で）返してくる場合も多々ある。このような状況に正しく対処するためには、最小値を探すアルゴリズムが何を行っているのかについて、予備知識を持っておく必要がある。一方で、実際にこれらのアルゴリズムを自力でプログラミングする機会はあまりないかもしれない。経済学を専門にする人たちが書くコードは、通常、科学技術計算を専門にする人たちが書くコードには精度や速度面では敵わない。そのため、あくまでもここで必要になる知識は、何らかのトラブルに直面した場合や、より効率的なアルゴリズムを探すために事前に持っておくべき知識であり、「車輪の再開発」は避けるべきである。より詳しい解説は、Judd (1998) や Miranda and Fackler (2004)、Press et al. (2007)、クアルテローニ他 (2014) などを参照してほしい。

B.1 内挿法

本節では、関数を近似するための内挿法について説明する。一般的に、グリッドポイント上の関数の値がわかっているとき、グリッドポイント間については、何らかの関数によって近似することができる。そのとき、状態空間を分割するグリッドの間を異なる関数で近似するか、あるいは状態空間全体を 1 つの多項式で近似する。前者については 3 次のスプライン補間が、後者については多項式（チェビシェフ多項式）補間がよく使われるが、これらの方法についてやや詳しく説明する。

B.1.1　3 次のスプライン補間

グリッドポイント間で滑らかで、かつグリッドポイント上でも微分可能な関数を考えよう。$[a, b]$ 区間上の関数 $S(x)$ が 3 次のスプライン補間であるとは、(1) $[a, b]$ 上で 3 次の多項式（すなわち連続で 2 階微分可能）となっていて、かつ、(2) グリッドポイント $a = x_0 < x_1 < \cdots < x_N = b$ 上で連続な 1 階および 2 階導関数を持つ場合である。直観的には次のとおりである。2.8.1 項で学んだ線形補間の場合、グリッド間は線形で近似するため連続かつ 1 階微分可能であるが、グリッドポイント上では屈折点となり微分が不可能になるような直線の集まりである。一方、3 次のスプライン補間は直線ではなく多項式をつないでいって、関数全体として連続で 2 階微分可能な多項式の集まりとして表現するイメージである。

以下は、Judd (1998) による定式化に従っている。今、近似したい点の集合として $\{x_i, y_i\}_{i=0}^N$ が手元にあるとしよう。区間ごとに異なる 3 次多項式でつないでいくので、$a_i + b_i x + c_i x^2 + d_i x^3$ が区間ごとの多項式近似である。ただし、上記の条件 (2) があるので、グリッドポイント x_i 上で $i-1$ 区間と i 区間の多項式の値 y_i が滑らかに一致している必要がある。すなわち、3 次のスプライン補間とは、

$$y_i = a_i + b_i x_i + c_i x_i^2 + d_i x_i^2, \quad i = 1, \ldots, N$$

MATLAB/Julia/Python で内挿法と外挿法

- **MATLAB**：1次データの内挿・外挿を計算する関数として interp1 が用意されていて、線形補間および3次のスプライン補間にも対応している。グリッドが2次元（たとえば、資本が2種類あるモデル）の場合には interp2 がある。
- **Julia**：もともと Fortran で書かれていたスプライン補間用ライブラリを Julia 向けに翻訳した Dierckx パッケージがある。1次データであれば Spline1D でスプライン補間が計算できるほか、外挿法にも対応している。Julia には Interpolations というパッケージも存在していて、こちらも線形補間を含む基本的な内挿法の計算をしてくれる。
- **Python**：SciPy ライブラリの関数 interpolate が、本書で紹介していない方法を含めて、様々な内挿法を実装している。

$$y_i = a_{i+1} + b_{i+1}x_i + c_{i+1}x_i^2 + d_{i+1}x_i^2, \quad i = 0,\ldots,N-1$$

$$b_i + 2c_ix_i + 3d_ix_i^3 = b_{i+1} + 2c_{i+1}x_i + 3d_{i+1}x_i^2, \quad i = 1,\ldots,N-1$$

$$2c_i + 6d_ix_i = 6d_ix_i, \quad i = 1,\ldots,N-1$$

を満たすような $\{a_i, b_i, c_i, d_i\}$ である。上の1番目と2番目の式は、各グリッドポイントの左側と右側の多項式の値が一致する条件を表している。3番目、4番目の式は各1階および2階微分がグリッドポイント上で一致する条件である。これにより、いたるところで2階微分可能となる。ただし、3次のスプライン補間は多項式でつないでいくことから、真の関数がたとえば凹関数であったとしても、補間した関数が凹関数の性質を持つとは限らない点に注意する必要がある。

B.1.2　多項式補間

2.8.1 項で学んだ線形補間や、B.1.1 項で学んだ3次のスプライン補間は、いずれも状態空間を分割するグリッドの間を異なる関数で近似するが、今度は状態空間全体を1つの多項式で近似することを考えてみよう。この方法は、グリッドの数を少なくして計算時間を短縮したい場合に便利なことが多い。

今、

図 B.1　線形近似と多項式近似による内挿

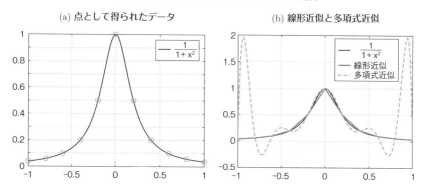

(a) 点として得られたデータ　　　　(b) 線形近似と多項式近似

$$y = g(x) = \frac{1}{1+x^2}, \quad x \in [-5, 5]$$

が我々が知りたい真の関数であるとする[1]。しかし、我々はその真の姿を知らず、図 B.1(a) のように 11 個の点の情報だけを持っているとしよう。実際には、我々は真の関数の形状を知っているため、図 B.1(a) がスムーズな山型であることは推測できるが、限られた点の情報しか知らない場合には、どのように近似すればよいのだろうか。

この 11 個の点を線形補間を使って近似すると図 B.1(b) の太実線のようになる。点と点の間を直線で結んでいるため、データが存在する点の上で屈折しており、微分不可能になっていることがうかがえる。もちろん、真の関数がこのような形状であれば問題ないが、もし真の関数が微分可能である場合（実際、真の関数は微分可能な滑らかな曲線である）、線形近似は好ましくない性質を持つことになる。

一方、図 B.1(b) の破線は、次のような 10 次の多項式を用いて 11 個の点の間を補間した場合を示している。

$$g(x; \boldsymbol{\theta}) = \theta_0 + \theta_1 x + \theta_2 x^2 + \cdots + \theta_{10} x^{10}$$

ここで、11 個の未知の係数に対して 11 個の点の情報を用いて（たとえば最小

----

1) この関数は、**ルンゲ現象**（Runge's phenomenon）といって、等間隔のグリッドによる多項式近似がうまくいかない例として知られている。

図 B.2　多項式の比較

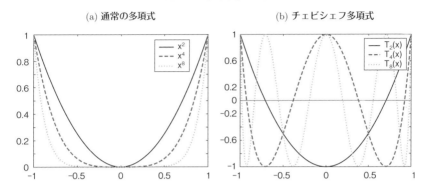

(a) 通常の多項式　　　　　　　　　(b) チェビシェフ多項式

2 乗法を用いて）、係数の値を求めることができる。しかし、図からわかるように、とくにグラフの両端において多項式による近似の精度はよくない。また、このような通常の多項式を用いた推定では、**多重共線性**（multicollinearity）により、推定された係数の値が不安定になることがよく知られている。図 B.2(a) はそれぞれ x^2、x^4、x^8 の値であるが、これらの関数が同じ x に対してカバーする空間が似通っていることがうかがえる。

B.1.3　チェビシェフ多項式

通常の多項式の代わりによく用いられるのが、**チェビシェフ多項式**（Chebyshev polynomial）と呼ばれる多項式である。$i (= 0, 1, 2, ..., N-1)$ 次の基底関数 $T_i(x) : [-1, 1] \to [-1, 1]$ を組み合わせた $N-1$ 次の多項式を用いて、N 個の点の間を補間することを考えよう。

$$g(x; \boldsymbol{\theta}) = \theta_0 + \theta_1 T_1(x) + \theta_2 T_2(x) + \cdots + \theta_{N-1} T_{N-1}(x)$$

ここで、チェビシェフ多項式、あるいはチェビシェフ基底関数 $T_i(x)$、$i = 0, 1, 2, ..., N-1$ は、次のように再帰的に書ける。

$$T_0(x) = 1,$$
$$T_1(x) = x,$$
$$T_2(x) = 2x^2 - 1,$$

$$\vdots$$

$$T_{N-1}(x) = 2xT_{N-2}(x) - T_{N-3}(x)$$

チェビシェフ多項式をデータにフィットさせてパラメータ $\boldsymbol{\theta} = [\theta_0, ..., \theta_{N-1}]$ を求めるには、**選点**（collocation points）と呼ばれる N 個の点 x_j、$j = 0, 1, ..., N-1$ を用いる。評価点には 2 種類あり、1 つは**チェビシェフゼロ点**（Chebyshev zeros）、もう 1 つは**チェビシェフ極値点**（Chebyshev extrema）と呼ばれ、それぞれ以下のように書ける。

チェビシェフゼロ点：$x_0 = 0,$

$$x_j = \cos\left(\frac{(2j-1)\pi}{2(N-1)}\right) \quad \text{for } j = 1, ..., N-1$$

チェビシェフ極値点：$x_j = \cos\left(\frac{j\pi}{N-1}\right) \quad \text{for } j = 0, 1, ..., N-1$

すなわち、チェビシェフゼロ点は $T_{N-1}(x) = 0$ の解および $x_0 = 0$ であり、チェビシェフ極値点は $|T_{N-1}(x)| = 1$ の解である。たとえば、もし 2 次のチェビシェフ多項式を用いると、評価点はチェビシェフゼロ点の場合 $\boldsymbol{x} = [0, \frac{-\sqrt{2}}{2}, \frac{\sqrt{2}}{2}]$ で、チェビシェフ極値点の場合 $\boldsymbol{x} = [0, -1, 1]$ でそれぞれ与えられる。図 B.2(b) はそれぞれ 2、4、8 次のチェビシェフ多項式 $T_2(x)$、$T_4(x)$、$T_8(x)$ の値をプロットしたものである。通常の多項式と異なり、関数の値が空間を満遍なく覆っていることがわかる。

評価点 x_j とその点における関数の値 $g(x_j)$ がわかると、多項式 $g(x_j; \boldsymbol{\theta})$ を関数の値 $g(x_j)$ にフィットさせることで、パラメータ $\boldsymbol{\theta}$ が得られる。評価点における多項式とその値は、以下のように行列の形にまとめられる。

$$\begin{bmatrix} g(x_0) \\ g(x_1) \\ \vdots \\ g(x_{N-1}) \end{bmatrix}$$

$$= \begin{bmatrix} 1 & T_1(x_0) & T_2(x_0) & \cdots & T_{N-1}(x_0) \\ 1 & T_1(x_1) & T_2(x_1) & \cdots & T_{N-1}(x_1) \\ \vdots & \vdots & \vdots & \ddots & \vdots \\ 1 & T_1(x_{N-1}) & T_2(x_{N-1}) & \cdots & T_{N-1}(x_{N-1}) \end{bmatrix} \begin{bmatrix} \theta_0 \\ \theta_1 \\ \vdots \\ \theta_{N-1} \end{bmatrix}$$

または、以下のように表せる。

$$g(\boldsymbol{x}) = T(\boldsymbol{x})\boldsymbol{\theta}$$

ここで、$\boldsymbol{x} = [x_0, ..., x_{N-1}]$ である。もし行列 $T(\boldsymbol{x})$ が**正則**（nonsingular）であれば、その行列は逆行列を持ち、$\boldsymbol{\theta} = T(\boldsymbol{x})^{-1} g(\boldsymbol{x})$ が求まる。

　行列 $T(\boldsymbol{x})$ が非正則に近い**悪条件**（ill-conditioned）になる場合、逆行列の計算結果に含まれる誤差が大きくなる。しかし、チェビシェフ基底関数とその評価点によってつくられる行列は直交条件を満たし、正則になることが知られている[2]。そのため、多重共線性はなく、チェビシェフ多項式と評価点を用いて推定されたパラメータは通常の多項式に比べてより安定した値になる。また、行列 $T(\boldsymbol{x})$ は、ひとたび基底関数と評価点を選ぶとその後は固定される。多項式近似を時間反復法（TI）、あるいは価値関数反復法（VFI）に適用してモデルを解くときは、政策関数を近似するために繰り返し $T(\boldsymbol{x})$ の逆行列を使用するが、逆行列の計算には時間がかかるため、それをアルゴリズムの初期にあらかじめ行っておくことで、計算時間を節約できる。

　チェビシェフ多項式では、x_j は $[-1, 1]$ の間の値をとる。より一般的な関数では、k_j の値は $[k_1, k_N]$ の間にあるとすると、そのような関数をチェビシェフ多項式で近似したいときは、まずそれぞれのグリッドで k_j を $x_j \in [-1, 1]$ に変換する[3]。

$$x_j = \varphi(k_j) = \frac{2(k_j - k_1)}{k_N - k_1} - 1$$

そして、以下のような多項式を得る。

$$g(k; \boldsymbol{\theta}) = \theta_0 + \theta_1 T_1(\varphi(k)) + \theta_2 T_2(\varphi(k)) + \cdots + \theta_{N-1} T_{N-1}(\varphi(k))$$

----

[2] $T(\boldsymbol{x})$ のそれぞれの列は互いに無相関となり、逆行列に含まれる誤差は非常に小さい。

[3] この変換の逆は以下で与えられる：$k_j = \varphi^{-1}(x_j) = k_1 + 0.5(1 + x_j)(k_N - k_1)$.

図 **B.3** チェビシェフ多項式と評価点による近似

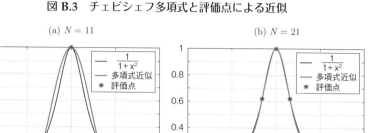

(a) $N = 11$　　　　　　　　　　　　　　(b) $N = 21$

図 B.3 (a) は $N = 11$ のときの、チェビシェフ多項式と評価点を用いた近似
である。グリッド数は B.1.2 項と同じだが、評価点の位置を変えている。通常
の多項式と等間隔のグリッドを用いた近似に比べて、近似の精度が改善してい
ることがうかがえる。この場合、改善の理由は、主に評価点を関数の端に多く
集めたことによるものである（前掲の図 B.1(b) と比較してみよう）。また、図
B.3(b) のように、評価点を多くすることで（この場合は $N = 21$）、さらに近似
の精度を高めることができる。

B.2 最適化アルゴリズム

　本節では、ゼロ点を求めるための最適化アルゴリズムや非線形関数の最大化
について、いくつか代表的な例を紹介する。これらの最適化アルゴリズムは、す
でに各プログラミング言語のパッケージに使いやすい形で関数として実装され
ており（たとえば Python なら `Scipy.optimize.fsolve`）、多くの場合わざわ
ざ「車輪の再開発」をする必要はない。それでも、それぞれの関数をブラック
ボックスのように扱うのではなく、どのような原理に従って動いているのかを
理解することは、間違った使い方をしないために非常に重要である。

B.2.1　ゼロ点を求めるアルゴリズム (1)：ニュートン法

ゼロ点を求めるアルゴリズムの 1 つとして、**ニュートン法**（Newton's method）がある。ニュートン法は、目的の非線形方程式 $f(x) = 0$ が 1 階微分可能なときに使うことができる[4]。

ニュートン法のアルゴリズムは、以下の 1 階の**テイラー近似**（Taylor approximation）をベースとしている。

$$f(x) \approx f(x_0) + f'(x_0)(x - x_0)$$

ここで、$f(x) = 0$ に注意すると、この式を x について解くことができる。

$$x = x_0 - [f(x_0)/f'(x_0)]$$

これは、図 B.4 において、x_0 における $f(x) = 0$ の接線と、x 軸との交点 x_1 の値に等しい。

このようにして求めた x を用いて、同様の計算を繰り返し行うことで、$x_1, x_2, ...,$ の流列を計算する。たとえば、x_1 における $f(x) = 0$ の接線と、x 軸の交点が今度は x_2 となる。これにより、最終的に $f(x^*) = 0$ を満たす x^* の値を求めることができる。すなわち、x_0 の値を所与として、以下の計算を $|x_{i+1} - x_i| < \varepsilon$ となるまで繰り返す。

$$x_{i+1} = x_i - [f(x_i)/f'(x_i)]$$

ここで、$f'(x)$ について計算が必要である。$f(x)$ について数値解しか求めることができないような場合には、1 階微分についても数値的に計算する必要がある。$f(x)$ の 1 階微分は、たとえば以下の 1 次前進差分（forward difference）によって近似できる。

$$f'(x) \approx \frac{f(x + \Delta) - f(x)}{\Delta}$$

ここで、Δ は 10^{-6} のような十分に小さい値である。なお、$f(x)$ が微分可能でない場合には、数値微分もすることができないため、注意が必要である。

----

[4] 各プログラミング言語で実装されている最適化関数の多くはニュートン法をベースとするが、より解が求まりやすいように**信頼領域法**（trust-region methods）を用いるなどの工夫がなされている。

図 B.4 ニュートン法

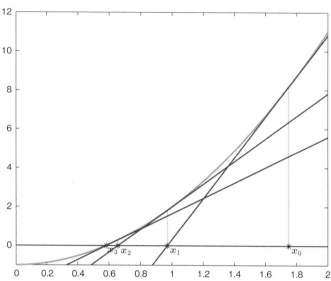

　ニュートン法は多次元の関数にも比較的容易に応用可能である。ここでは 2 次元の非線形連立方程式

$$f(x, y) = 0$$
$$g(x, y) = 0$$

の解を求めることを考えよう。1 階のテイラー近似はそれぞれ以下のようになる。

$$f(x, y) \approx f(x_0, y_0) + \frac{\partial f(x_0, y_0)}{\partial x}(x - x_0) + \frac{\partial f(x_0, y_0)}{\partial y}(y - y_0) = 0$$

$$g(x, y) \approx g(x_0, y_0) + \frac{\partial g(x_0, y_0)}{\partial x}(x - x_0) + \frac{\partial g(x_0, y_0)}{\partial y}(y - y_0) = 0$$

ここで、行列を用いると、

$$\begin{bmatrix} f(x_0, y_0) \\ g(x_0, y_0) \end{bmatrix} + \begin{bmatrix} \frac{\partial f(x_0, y_0)}{\partial x} & \frac{\partial f(x_0, y_0)}{\partial y} \\ \frac{\partial g(x_0, y_0)}{\partial x} & \frac{\partial g(x_0, y_0)}{\partial y} \end{bmatrix} \begin{bmatrix} x - x_0 \\ y - y_0 \end{bmatrix} = 0$$

$$\begin{bmatrix} x - x_0 \\ y - y_0 \end{bmatrix} = - \begin{bmatrix} \frac{\partial f(x_0, y_0)}{\partial x} & \frac{\partial f(x_0, y_0)}{\partial y} \\ \frac{\partial g(x_0, y_0)}{\partial x} & \frac{\partial g(x_0, y_0)}{\partial y} \end{bmatrix}^{-1} \begin{bmatrix} f(x_0, y_0) \\ g(x_0, y_0) \end{bmatrix}$$

と書ける。これをまとめると、

$$x = x_0 - J(x_0)^{-1} f(x_0)$$

となる。ここで、$x = [x, y]$ である。また、$J(x) = \begin{bmatrix} \frac{\partial f(x_0, y_0)}{\partial x} & \frac{\partial f(x_0, y_0)}{\partial y} \\ \frac{\partial g(x_0, y_0)}{\partial x} & \frac{\partial g(x_0, y_0)}{\partial y} \end{bmatrix}$

は $f(x) = \begin{bmatrix} f(x, y) \\ g(x, y) \end{bmatrix}$ のヤコビ行列（Jacobian matrix）と呼ばれる。1 次元
のケースと同様に、$x_1, x_2, ...,$ の流列を計算して、最終的に $f(x) = 0$ を満たす
x の値を求めることができる。ヤコビ行列については、解析的に求めることが
できない場合には、数値的に計算する必要がある。

B.2.2　ゼロ点を求めるアルゴリズム (2)：はさみ打ち法

　ゼロ点を求めるもう 1 つのアルゴリズムが、**はさみ打ち法**（bisection method）
である。はさみ打ち法は、ニュートン法と異なり、$f(x)$ が微分可能でないとき
にも使うことができる。このため、第 5、6 章で学んだ異質な個人のモデルのよ
うな、（家計の消費・貯蓄問題を離散化したグリッドなどで解いているために）
貯蓄関数が滑らかでなく微分可能でない場合にも、均衡価格を求めるために用
いることができる。

　はさみ打ち法では、まず $f(x_L)f(x_H) < 0$、すなわち $f(x_L)$ と $f(x_H)$ の符
号が異なるような (x_L, x_H) の組をみつける。少なくとも $x \in [x_L, x_H]$ におい
て $f(x)$ の値が単調に変化するとき、$f(x) = 0$ を満たすような $x \in [x_L, x_H]$ は
ただ 1 つ存在するはずである。

　ここで、$x_1 = \frac{x_L + x_H}{2}$ である点を新しくとり、$f(x_1)$ の値を計算する。ここ
で、$f(x_1)f(x_H) < 0$ であれば、$f(x_1)$ と $f(x_H)$ の符号は異なるため、x_1 を新
しい x_L とする。そうでなければ、$f(x_1)$ と $f(x_L)$ の符号は異なるはずであり、
x_1 を新しい x_H とする。このようにして、$[x_L, x_H]$ の範囲を狭めていくことが
できる。図 B.5 の例では、$f(x_1)f(x_L) < 0$ であるので、x_1 を新しい x_H とす
る。これを $|x_H - x_L| < \varepsilon$ となるまで繰り返す。図でも、両端が矢印の線で示
された探索範囲が徐々に狭まっていることがわかる。

　はさみ打ち法は、$f(x)$ が微分可能でないときも用いることができるため、非
常に強力である。一方で、$f(x) = 0$ を満たす x が複数ある場合には、計算され

図 **B.5** はさみ打ち法

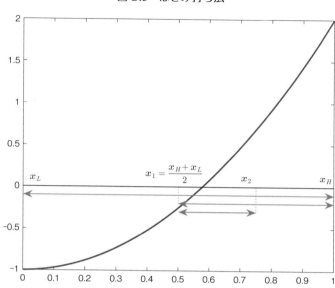

MATLAB/Julia/Python で求根アルゴリズム

- MATLAB：関数 fzero あるいは Optimization Toolbox の関数 fsolve が
  ある。
- Julia：Roots パッケージの関数 find_zero がある。
- Python：SciPy ライブラリの関数 fsolve がある。

た x が本来求めるべきものであるか（経済学的な解釈が可能であるかどうか）
について十分に注意することが必要である。この問題はニュートン法による計
算でも同様である。

B.2.3 最大値を求めるアルゴリズム

今、ある関数 $F(x)$ について、$F(x)$ の値を最大にするような x、すなわち、

$$x^* = \operatorname*{argmax}_{x \in [x_L, x_H]} F(x)$$

を求めたい。$F(x)$ が $x \in (x_L, x_H)$ においてただ 1 つの極値（最大値または最小値）を持つとき、以下の 1 階条件はもとの最適化問題と同値である[5]。

$$f(x) = F'(x) = 0$$

したがって、この場合は基本的にはゼロ点を求めるアルゴリズムを応用すればよい[6]。しかし、この方法は $F(x)$ が微分可能であるときにしか用いることができない。目的関数が微分可能でない場合は、本項で解説する**黄金分割探索**（golden section search）が、1 変数関数の極値を求める比較的平易な方法の 1 つとしてよく使われる。

x^* が $[x_L, x_H]$ の間に 1 つだけ存在することがわかっているとする。このとき、

$$x_1 = x_L + \varphi(x_H - x_L)$$
$$x_2 = x_H - \varphi(x_H - x_L)$$

となるような評価点（ここで $x_L < x_2 < x_1 < x_H$）をとる。$F(x_1)$ と $F(x_2)$ の値を比較したとき、$F(x_2) > F(x_1)$ であれば、最大値は x_L と x_1 の間に存在する。この場合、新しい評価点 (x'_L, x'_1, x'_2, x'_H) は、

$$x'_L = x_L$$
$$x'_H = x_1$$
$$x'_1 = x_2$$
$$x'_2 = x_1 - \varphi(x_1 - x_L)$$
$$= x'_H - \varphi(x'_H - x'_L)$$

のようにする。一方 $F(x_2) \leq F(x_1)$ であれば、図 B.6 の上図のように、最大値は x_2 と x_H の間に存在する。この場合、

$$x'_L = x_2$$

---

[5] 端点（$x = x_L$ または $x = x_H$）で極値をとるときは、1 階条件は必ずしもゼロにはならない。

[6] この考え方を多次元の目的関数に応用したのが、射影法の係数ベクトルを計算するのに用いたレーベンバーグ・マルカート法の元となるガウス・ニュートン法である。

図 B.6　黄金分割探索

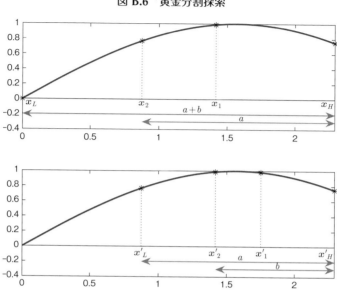

$$x'_H = x_H$$
$$x'_2 = x_1$$
$$x'_1 = x_2 + \varphi(x_H - x_2)$$
$$= x'_L + \varphi(x'_H - x'_L)$$

のようにする。このようにして、（はさみ打ち法と同様に）$[x_L, x_H]$ の範囲を狭めていくことができる。これを $|x_H - x_L| < \varepsilon$ となるまで繰り返す。

　ここで、φ の値はどのように定めればよいのだろうか。上に述べた場合分けで、$F(x_2) > F(x_1)$ の場合、

$$x'_1 = x_2$$
$$= x_L + \varphi(x_1 - x_L)$$
$$= x'_L + \varphi(x'_H - x'_L)$$

となっていれば、新しい評価点のもとでも、それぞれの点の間の距離の比は以

MATLAB/Julia/Python で最適化

- MATLAB：Optimization Toolbox にある `fminsearch` や `fminbnd` という関数がそれに該当する。
  - `fminbnd`：黄金分割探索によって極値（最小値）を探す。
  - `fminsearch`：**ネルダー・ミード法（Nelder-Mead method）**によって極値（最小値）を探す。
- Julia：`Optim` というパッケージに含まれている `optimize` でオプションに `GoldenSection()` を指定することで、黄金分割探索による計算を行う。
- Python：SciPy というライブラリに含まれている `fminbound` が、**ブレント法（Brent method）**によって指定された範囲内で極値を探してくれる[*]。

---

[*] 多くの数値計算ライブラリでは最大値（maximization）ではなく最小値（minimization）を探すアルゴリズムになっている。経済学では効用最大化や利潤最大化問題を考えることのほうが多いが、理系では最小化問題を解くことのほうが多いようである。とはいえ、目的関数に -1 を乗じればよいだけなので、実際に使用する際には些細な違いである。

前と同じになる[7]。すなわち、

$$\varphi = \frac{x_H - x_2}{x_H - x_L} = \frac{x_2 - x_L}{x_1 - x_L}$$

が成り立つ。ここで、図 B.6 にあるように $x_H - x_2 = a$、$x_H - x_L = a + b$、$x_2 - x_L = b$ であることに注意すると、

$$\varphi = \frac{a}{a+b} = \frac{b}{a}$$

となる。これを解くことで、$\varphi = \frac{-1+\sqrt{5}}{2}$ が得られる。すなわち、$\varphi^{-1} = a/b =$

---

[7] 同様に、$F(x_2) \leq F(x_1)$ の場合、$x_1 = x_H - \varphi(x_H - x_2)$ となっていればよい。これは、

$$\underbrace{x_1 - x_H}_{-b} = -\varphi\underbrace{(x_H - x_2)}_{a}$$

$$\Leftrightarrow -\underbrace{(x_2 - x_L)}_{b} = -\varphi\underbrace{(x_1 - x_L)}_{a}$$

$$\Leftrightarrow x_2 - x_L = \varphi(x_1 - x_L)$$

となり、上に挙げた式と同値である。

図 B.7　黄金分割探索による関数の最大化の例

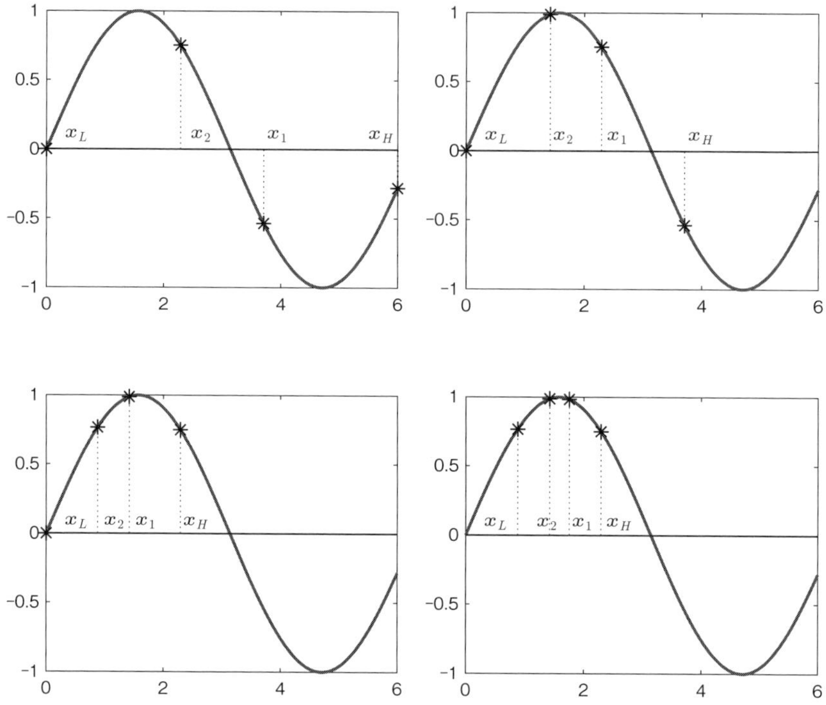

$\frac{1+\sqrt{5}}{2}$ は、いわゆる黄金比（golden ratio）になっている。このような分割を用いることで、評価点が近づきすぎることなく、また少ない $F(x)$ の評価回数で効率よく x^* を探索することが可能になっている。

図 B.7 は黄金分割探索による関数の最大化の例である。この例においては、繰り返し計算の 1 回目では、$F(x_2) > F(x_1)$ であるため、

$$x'_L = x_L$$
$$x'_H = x_1$$
$$x'_1 = x_2$$
$$x'_2 = x_1 - \varphi(x_1 - x_L)$$
$$ = x'_H - \varphi(x'_H - x'_L)$$

とする。ここで、$F(x_2')$ については新しく計算する必要がある一方で、$F(x_1') = F(x_2)$ については以前に計算した値を用いる。繰り返し計算の2回目および3回目でも、同様の操作を行う。一方で、繰り返し計算の4回目では、$F(x_1) > F(x_2)$ であるため、

$$x_L' = x_2$$
$$x_H' = x_H$$
$$x_2' = x_1$$
$$x_1' = x_2 + \varphi(x_H - x_2)$$
$$= x_L' + \varphi(x_H' - x_L')$$

とする。ここでは $F(x_1')$ を新しく計算する。このように、徐々に $[x_L, x_H]$ が狭まっていくことで、最終的に x^* を求めることができる。

付録 C
自己回帰確率過程の離散近似

付録 C では、連続的な値をとる、1 階の自己回帰（AR(1)）確率過程を、マルコフ連鎖で離散的に近似する方法について説明する。

C.1 Tauchen (1986) の方法

連続した実数値をとる変数 $x \in \mathbb{R}$ が、以下のような AR(1) 過程に従うとする。

$$x_{t+1} = c + \rho x_t + \varepsilon_{t+1}, \quad \varepsilon_{t+1} \sim N(0, \sigma_\varepsilon^2) \tag{C.1}$$

ここで、c は定数、$\rho \in (-1, 1)$ は慣性（persistence）についてのパラメータであり、ε_{t+1} は平均 0、分散 σ_ε^2 の正規分布に従う確率変数である。この確率過程を、N 個のグリッドの値をとりうるマルコフ連鎖で近似する。そのために、まず、x のとる値についてグリッドを定める。

$$x_i \in \mathcal{X} = \{x_1, x_2, ..., x_N\}$$

ここで、i は集合 $\mathcal{X}$ に含まれるグリッドを示す添字である。たとえば、以下のような等間隔のグリッドを考える。

$$x_1 = \frac{-m\sigma_\varepsilon}{\sqrt{1 - \rho^2}}$$
$$x_N = \frac{m\sigma_\varepsilon}{\sqrt{1 - \rho^2}}$$

$$x_i = x_{i-1} + d, \text{ for } i = 2, ..., N-1 \tag{C.2}$$

ここで、$d = \frac{x_N - x_1}{N-1}$ は隣り合うグリッド間の距離である。平均値ゼロから上下それぞれ標準偏差 $\sigma_x = \frac{\sigma_\varepsilon}{\sqrt{1-\rho^2}}$ の m 倍の範囲に等間隔にグリッドを定める。

グリッドを定めたら、次にグリッドの集合に含まれる 1 つの点から別の点に移る確率を求める。ここで、$x_t = x_i$ とすると、ε_{t+1} は正規分布に従うので、

$$\varepsilon_{t+1} = (x_{t+1} - c - \rho x_i) \sim N(0, \sigma_\varepsilon^2)$$

となる。すると、$x_t = x_i$, $i = 1, 2, \dots, N$ を所与として、x_{t+1} が x_j、$j = 1, 2, \dots, N$ の近傍にある確率は、以下のように近似できる

$$p_{i1} = \Phi\left(x_{t+1} + \frac{d}{2} - c - \rho x_i\right), \quad \text{for } x_{t+1} = x_1$$

$$p_{ij} = \Phi\left(x_{t+1} + \frac{d}{2} - c - \rho x_i\right) - \Phi\left(x_{t+1} - \frac{d}{2} - c - \rho x_i\right),$$
$$\text{for } x_{t+1} = x_j, \, j = 2, 3, ..., N-1$$

$$p_{iN} = 1 - \Phi\left(x_{t+1} - \frac{d}{2} - c - \rho x_i\right), \quad \text{for } x_{t+1} = x_N$$

ここで、$\Phi(\cdot)$ は正規分布 $N(0, \sigma_\varepsilon^2)$ の**累積分布関数**（cumulative distribution function）である。x_{t+1} がグリッドの端にある場合に注意しよう。すべての $i, j = 1, \cdots, N$ について確率 p_{ij} を計算すると、以下の遷移行列が求まる。

$$P = \begin{bmatrix} p_{11} & \cdots & \cdots & p_{1N} \\ p_{21} & \ddots & & \vdots \\ \vdots & & \ddots & \vdots \\ p_{N1} & \cdots & \cdots & p_{NN} \end{bmatrix}$$

図 C.1 は、p_{ij} の計算についてグラフを用いて示したものである。ここでは簡単化のため $c = 0$ とすると、$x_{t+1} = \rho x_i$ のとき、$\varepsilon = x_{t+1} - \rho x_i = 0$ になり、確率密度関数 $\phi(x_{t+1} - \rho x_i) = \phi(0)$ は最大値をとる。ここで、$x_{t+1} = x_j$ のときの確率密度関数 $\phi(x_j - \rho x_i)$ は、x_j を中心とした累積分布関数の差 $\Phi(x_j + \frac{d}{2} - \rho x_i) - \Phi(x_j - \frac{d}{2} - \rho x_i)$ で近似できる[1]。

---

1) $\Phi(x) = \int_0^x \phi(y) dy$ であることに注意。たとえば、$\Phi(x_j + \frac{d}{2} - \rho x_i)$ は、$x_{t+1} \in (-\infty, x_j + \frac{d}{2}]$ の範囲における $\phi(x_{t+1} - \rho x_i)$ のグラフより下の面積と等しい。

図 C.1 Tauchen (1986) による近似

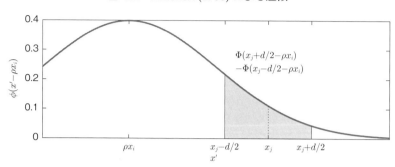

C.2 マルコフ連鎖を用いた確率的シミュレーション

ここでは、マルコフ連鎖を用いて確率変数の流列 $\{x_t\}$ を発生させてみよう。今、$x_t = x_i$ とすると、$x_{t+1} = x_j$ となる条件付き確率は、遷移行列 P における i 行 j 列の要素 p_{ij} である。このとき、$j = 1, ..., N$ について、$x_{t+1} \le x_j$ となる条件付き確率は、p_{ij} の j についての累積和 (cumulative sum) $\tilde{p}_{ij} = \sum_{k=1}^{j} p_{ik}$ によって計算できる (Tauchen (1986) の方法で遷移行列を計算したときは、$\tilde{p}_{ij}$ はもとの AR(1) 過程の累積密度関数と等しくなる)。ここで、$u \sim U[0,1]$ の一様分布から乱数を発生させて、$u < \tilde{p}_{ij}$ を満たすような最大の j を選ぶことができる。これを用いて $x_{t+1} = x_j$ とする[2]。これは、累積密度関数を階段状の離散関数で近似して、その逆関数をとっていると解釈できる。

図 C.2 は、そのようにして発生させた $\{x_t\}$ である。ここで、$\rho = 0.95$、$\sigma_\varepsilon = 0.01$ とした。N の値が大きくなるほど、AR(1) 過程と似たような動きをしていることがわかる。

---

2) ここで、$u = \tilde{p}_{iN} = 1$ のときは、$x_{t+1} = x_N$ とする。

図 **C.2**　マルコフ連鎖の確率的シミュレーション

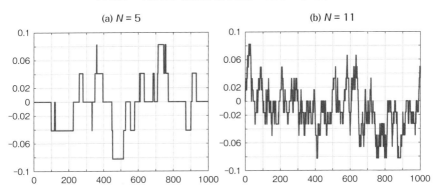

(a) $N = 5$　　　　　　　　　　(b) $N = 11$

C.3 Rouwenhorst (1995) の方法

　Tauchen (1986) の方法は、自己回帰係数 ρ が大きい値をとるときには誤差が大きくなる。その場合は、ここで説明する Rouwenhorst (1995) の方法が誤差の少ない近似として知られている。

　Tauchen (1986) の方法と同様に、(C.1) 式を N 個のグリッドを持つマルコフ連鎖で近似する。このとき、グリッドは以前と同様に (C.2) 式で与えられるとするが、$m = \sqrt{N-1}$ とする。パラメータ $p = \frac{1+\rho}{2}$ を所与として、遷移行列は以下のように再帰的に求められる。

$N = 2$ のとき、

$$P_2 = \begin{bmatrix} p & 1-p \\ 1-p & p \end{bmatrix}$$

$N > 2$ のとき、

$$\tilde{P}_N = p \begin{bmatrix} P_{N-1} & \mathbf{0} \\ \mathbf{0}' & 0 \end{bmatrix} + (1-p) \begin{bmatrix} \mathbf{0} & P_{N-1} \\ 0 & \mathbf{0}' \end{bmatrix}$$
$$+ (1-p) \begin{bmatrix} \mathbf{0}' & 0 \\ P_{N-1} & \mathbf{0} \end{bmatrix} + p \begin{bmatrix} 0 & \mathbf{0}' \\ \mathbf{0} & P_{N-1} \end{bmatrix}$$

ここで、$\mathbf{0}$ は $(N-1) \times 1$ のすべての要素をゼロとする列ベクトルである。$\tilde{P}_N$ の 1 行目と N 行目の和以外が 1 になるように 2 で割ったものを P_N とする[3]。このようにしてつくったマルコフ連鎖は、もとの AR(1) 過程と同じ条件付き平均と条件付き分散を持つ。すなわち、

$$\mathbb{E}(x_{t+1}|x_t = x_i) = \rho x_i, \quad \mathbb{V}(x_{t+1}|x_t = x_i) = \sigma_\varepsilon$$

となる[4]。

C.4 どの方法を使うべきか？

Flodén (2008) は、Tauchen (1986) と Tauchen and Hussey (1991)、Rouwenhorst (1995) による近似方法の精度を分析しており、それぞれの特徴をまとめている。また、近年は労働生産性が AR(1) 過程に従わない可能性が指摘されている[5]。Civale et al. (2017) や De Nardi et al. (2020) はそのような、より複雑な確率過程を近似する方法を提案している。

---

3) $P_{(i,:)}$ を P の i 行目の要素からなる行ベクトルとすると、たとえば、1 行目については、

$$\tilde{P}_{N,(1,:)} = p[P_{N-1,(1,:)}, 0] + (1-p)[0, P_{N-1,(1,:)}]$$

が成り立つ。この行ベクトルの要素の和は 1 になる。

4) 詳細は、Kopecky and Suen (2010) を参照。

5) たとえば、Arellano et al. (2016) や Guvenen et al. (2022) を参照。

参考文献

■ 英語文献

Abe, Naohito and Tomoaki Yamada (2009) "Nonlinear Income Variance Profiles and Consumption Inequality Over the Life Cycle," *Journal of the Japanese and International Economies*, Vol. 23, No. 7, pp. 344–366.

Acemoglu, Daron (2009) *Introduction to Modern Economic Growth*: Princeton University Press.

Achdou, Yves, Jiequn Han, Jean-Michel Lasry, Pierre-Louis Lions, and Benjamin Moll (2022) "Income and Wealth Distribution in Macroeconomics: A Continuous-Time Approach," *Review of Economic Studies*, Vol. 89, No. 1, pp. 45–86.

Açikgöz, Ömer T. (2018) "On the Existence and Uniqueness of Stationary Equilibrium in Bewley Economies with Production," *Journal of Economic Theory*, Vol. 173, pp. 18–55.

Adam, Klaus and Roberto Billi (2006) "Optimal Monetary Policy under Commitment with a Zero Bound on Nominal Interest Rates," *Journal of Money, Credit and Banking*, Vol. 38, No. 7, pp. 1877–1905.

——— (2007) "Discretionary Monetary Policy and the Zero Lower Bound on Nominal Interest Rates," *Journal of Monetary Economics*, Vol. 54, No. 3, pp. 728–752.

Adda, Jerome and Russell W. Cooper (2003) *Dynamic Economics*: MIT Press.

Aguiar, Mark A. and Erik Hurst (2013) "Deconstructing Life Cycle Expenditure," *Journal of Political Economy*, Vol. 121, No. 3, pp. 437–492.

Ahn, SeHyoun, Greg Kaplan, Benjamin Moll, Thomas Winberry, and Christian Wolf (2018) "When Inequality Matters for Macro and Macro Matters for Inequality," in Eichenbaum, Martin S. and Jonathan A. Parker eds. *NBER Macroeconomics Annual 2017*, Vol. 32: University of Chicago Press, pp. 1–75.

Aiyagari, S. Rao (1994) "Uninsured Idiosyncratic Risk and Aggregate Saving," *Quarterly Journal of Economics*, Vol. 109, No. 3, pp. 659–684.

——— (1995) "Optimal Capital Income Taxation with Incomplete Markets, Borrowing Constraints, and Constant Discounting," *Journal of Political Economy*, Vol. 103, No. 6, pp. 1158–1175.

Aiyagari, S. Rao and Ellen R. McGrattan (1998) "The Optimum Quantity of Debt," *Journal of Monetary Economics*, Vol. 42, No. 3, pp. 447–469.

Aldrich, Eric M., Jesús Fernández-Villaverde, A. Ronald Gallant, and Juan F. Rubio-Ramírez (2011) "Tapping the Supercomputer under Your Desk: Solving

Dynamic Equilibrium Models with Graphics Processors," *Journal of Economic Dynamics and Control*, Vol. 35, No. 3, pp. 386–393.

Algan, Yann, Olivier Allais, and Wouter J. Den Haan (2008) "Solving Heterogeneous-Agent Models with Parameterized Cross-Sectional Distributions," *Journal of Economic Dynamics and Control*, Vol. 32, No. 3, pp. 875–908.

―――― (2010) "Solving the Incomplete Markets Model with Aggregate Uncertainty using Parameterized Cross-Sectional Distributions," *Journal of Economic Dynamics and Control*, Vol. 34, No. 1, pp. 59–68.

Algan, Yann, Olivier Allais, Wouter J. Den Haan, and Pontus Rendahl (2014) "Solving and Simulating Models with Heterogeneous Agents and Aggregate Uncertainty," in Schmedders, Karl and Kenneth L. Judd eds. *Handbook of Computational Economics*, Vol. 3: Elsevier, Chap. 6, pp. 277–324.

Allais, Maurice (1947) *Economie et Interet*: Imprimerie Nationale.

Alvarez, Fernando and Nancy L. Stokey (1998) "Dynamic Programming with Homogeneous Functions," *Journal of Economic Theory*, Vol. 82, No. 1, pp. 167–189.

Arcidiacono, Peter, Patrick Bayer, Federico A. Bugni, and Jon James (2013) "Approximating High-Dimensional Dynamic Models: Sieve Value Function Iteration," *Advances in Econometrics*, Vol. 31, pp. 45–95.

Arellano, Cristina, Lilia Maliar, Serguei Maliar, and Viktor Tsyrennikov (2016) "Envelope Condition Method with an Application to Default Risk Models," *Journal of Economic Dynamics and Control*, Vol. 69, pp. 436–459.

Aruoba, S. Borağan and Jesús Fernández-Villaverde (2015) "A Comparison of Programming Languages in Macroeconomics," *Journal of Economic Dynamics and Control*, Vol. 58, pp. 265–273.

―――― (2018) "A Comparison of Programming Languages in Economics: An Update," Mimeograph.

Attanasio, Orazio P. (1999) "Consumption," in Taylor, John B. and Michale Woodford eds. *Handbook of Macroeconomics*, Vol. 1, Part B: Elsevier, Chap. 11, pp. 741–812.

Attanasio, Orazio P., Hamish Low, and Virginia Sánchez-Marcos (2008) "Explaining Changes in Female Labor Supply in a Life-Cycle Model," *American Economic Review*, Vol. 98, No. 4, pp. 1517–1552.

Auclert, Adrien, Bence Bardóczy, Matthew Rognlie, and Ludwig Straub (2021) "Using the Sequence-Space Jacobian to Solve and Estimate Heterogeneous-Agent Models," *Econometrica*, Vol. 89, No. 5, pp. 2375–2408.

Auerbach, Alan J. and Laurence J. Kotlikoff (1987) *Dynamic Fiscal Policy*: Cambridge University Press.

Barillas, Francisco and Jesús Fernández-Villaverde (2007) "A Generalization of the Endogenous Grid Method," *Journal of Economic Dynamics and Control*, Vol. 31, No. 8, pp. 2698–2712.

Barro, Robert J. (1974) "Are Government Bonds Net Wealth?" *Journal of Political*

Economy, Vol. 82, No. 6, pp. 1095–1117.

Bayer, Christian, Benjamin Born, Ralph Luetticke, and Gernot J. Müller (2023) "The Coronavirus Stimulus Package: How Large is the Transfer Multiplier," *Economic Journal*, Vol. 133, No. 652, pp. 1318–1347.

Bayer, Christian and Ralph Luetticke (2020) "Solving Discrete Time Heterogeneous Agent Models with Aggregate Risk and Many Idiosyncratic States by Perturbation," *Quantitative Economics*, Vol. 11, No. 4, pp. 1253–1288.

Benhabib, Jess, Alberto Bisin, and Mi Luo (2019) "Wealth Distribution and Social Mobility in the US: A Quantitative Approach," *American Economic Review*, Vol. 109, No. 5, pp. 1623–1647.

Benhabib, Jess, Alberto Bisin, and Shenghao Zhu (2015) "The Wealth Distribution in Bewley Economies with Capital Income Risk," *Journal of Economic Theory*, Vol. 159, pp. 489–515.

Benigno, Pierpaolo and Michael Woodford (2012) "Linear-quadratic Approximation of Optimal Policy Problems," *Journal of Economic Theory*, Vol. 147, No. 1, pp. 1–42.

Benveniste, Lawrence M. and Jose A. Scheinkman (1979) "On the Differentiability of the Value Function in Dynamic Models of Economics," *Econometrica*, Vol. 47, No. 3, pp. 727–732.

Bertsekas, Dimitri P. (2012) *Dynamic Programming and Optimal Control*, Vol. 2: Athena Scientific, 4th edition.

———— (2017) *Dynamic Programming and Optimal Control*, Vol. 1: Athena Scientific, 4th edition.

Bewley, Truman F. (1983) "A Difficulty with the Optimum Quantity of Money," *Econometrica*, Vol. 51, No. 5, pp. 1485–1504.

———— (2007) *General Equilibrium, Overlapping Generations Models, and Optimal Growth Theory*: Harvard University Press.

Bianchi, Francesco, Leonardo Melosi, and Matthias Rottner (2021) "Hitting the Elusive Inflation Target," *Journal of Monetary Economics*, Vol. 124, No. C, pp. 107–122.

Blanchard, Olivier J. and Stanley Fischer (1989) *Lectures on Macroeconomics*: MIT Press.

Blanchard, Olivier J. and Charles M. Kahn (1980) "The Solution of Linear Difference Models under Rational Expectations," *Econometrica*, Vol. 48, No. 5, pp. 1305–1312.

Blundell, Richard, Monica Costa Dias, Costas Meghir, and Jonathan Shaw (2016) "Female Labor Supply, Human Capital, and Welfare Reform," *Econometrica*, Vol. 84, No. 5, pp. 1705–1753.

Blundell, Richard, Luigi Pistaferri, and Ian Preston (2008) "Consumption Inequality and Partial Insurance," *American Economic Review*, Vol. 98, No. 5, pp. 1887–1921.

Bona, Jerry L. and Manuel S. Santos (1997) "On the Role of Computation in Economic Theory," *Journal of Economic Theory*, Vol. 72, No. 2, pp. 241–281.

Boneva, Lena M., R. Anton Braun, and Yuichiro Waki (2016) "Some Unpleasant Properties of Loglinearized Solutions When the Nominal Rate is Zero," *Journal of Monetary Economics*, Vol. 84, pp. 216–232.

Bonfatti, Andrea, Selahattin İmrohoroğlu, and Sagiri Kitao (2022) "Japan and the Allocation Puzzle in an Aging World," *Journal of Economic Dynamics and Control*, Vol. 145, 104544.

Boppart, Timo, Per Krusell, and Kurt Mitman (2018) "Exploiting MIT Shocks in Heterogeneous-Agent Economies: The Impulse Response as a Numerical Derivative," *Journal of Economic Dynamics and Control*, Vol. 89, No. C, pp. 68–92.

Braun, R. Anton and Douglas H. Joines (2015) "The Implications of a Greying Japan for Government Policy," *Journal of Economic Dynamics and Control*, Vol. 57, pp. 1–23.

Braun, R. Anton, Karen A. Kopecky, and Tatyana Koreshkova (2019) "Old, Frail, and Uninsured: Accounting for Features of the U.S. Long-Term Care Insurance Market," *Econometrica*, Vol. 87, No. 3, pp. 981–1019.

Browning, Martin, Lars P. Hansen, and James J. Heckman (1999) "Micro Data and General Equilibrium Models," in Taylor, John B. and Michael Woodford eds. *Handbook of Macroeconomics*, Vol. 1, Part A: Elsevier, Chap. 8, pp. 543–633.

Cagetti, Marco (2003) "Wealth Accumulation over the Life Cycle and Precautionary Savings," *Journal of Business and Economic Statistics*, Vol. 21, No. 3, pp. 339–353.

Cagetti, Marco and Mariacristina De Nardi (2008) "Wealth Inequality: Data and Models," *Macroeconomic Dynamics*, Vol. 12, No. S2, pp. 285–313.

Cai, Yongyang and Kenneth L. Judd (2014) "Advances in Numerical Dynamic Programming and New Applications," in Schmedders, Karl and Kenneth L. Judd eds. *Handbook of Computational Economics*, Vol. 3: Elsevier, Chap. 8, pp. 479–516.

Calvo, Guillermo (1983) "Staggered Prices in a Utility-Maximizing Framework," *Journal of Monetary Economics*, Vol. 12, No. 3, pp. 383–398.

Canova, Fabio (2007) *Methods for Applied Macroeconomic Research*: Princeton University Press.

Capatina, Elena (2015) "Life-cycle Effects of Health Risk," *Journal of Monetary Economics*, Vol. 74, pp. 67–88.

Carroll, Christopher (2006) "The Method of Endogenous Gridpoints for Solving Dynamic Stochastic Optimization Problems," *Economics Letters*, Vol. 91, No. 3, pp. 312–320.

———— (2012) "Solution Methods for Microeconomic Dynamic Stochastic Optimization Problems," Unpublished Manuscript.

Chamley, Christophe (1986) "Optimal Taxation of Capital Income in General Equilibrium with Infinite Lives," *Econometrica*, Vol. 54, No. 3, pp. 607–622.

Christiano, Lawrence J., Martin Eichenbaum, and Sergio T. Rebelo (2011) "When Is the Government Spending Multiplier Large?" *Journal of Political Economy*, Vol. 119, No. 1, pp. 78–121.

Christiano, Lawrence J. and Jonas D. M. Fisher (2000) "Algorithms for Solving Dynamic Models with Occasionally Binding Constraints," *Journal of Economic Dynamics and Control*, Vol. 24, No. 8, pp. 1179–1232.

Civale, Simone, Luis Diez-Catalan, and Fatih Fazilet (2017) "Discretizing a Process with Non-zero Skewness and High Kurtosis," Unpublished Manuscript.

Coleman, Wilbur J. (1991) "Equilibrium in a Production Economy with an Income Tax," *Econometrica*, Vol. 59, No. 4, pp. 1091–1104.

Conesa, Juan C. and Dirk Krueger (1999) "Social Security Reform with Heterogeneous Agents," *Review of Economic Dynamics*, Vol. 2, No. 4, pp. 757–795.

Constantinides, George M. and Darrell Duffie (1996) "Asset Pricing with Heterogeneous Consumers," *Journal of Political Economy*, Vol. 104, No. 2, pp. 219–240.

Cooley, Thomas F. and Edward C. Prescott (1995) "Economic Growth and Business Cycles," in *Frontiers of Business Cycle Research*: Princeton University Press, Chap. 1, pp. 1–38.

Cooper, Russell W. and John C. Haltiwanger (2006) "On the Nature of Capital Adjustment Costs," *Review of Economic Studies*, Vol. 73, No. 3, pp. 611–633.

Corbae, Dean P., Pablo N. D'Erasmo, and Burhanettin Kuruscu (2009) "Politico-Economic Consequences of Rising Wage Inequality," *Journal of Monetary Economics*, Vol. 56, No. 1, pp. 43–61.

Cuba-Borda, Pablo, Luca Guerrieri, Matteo Iacoviello, and Molin Zhong (2019) "Likelihood Evaluation of Models with Occasionally Binding Constraints," *Journal of Applied Econometrics*, Vol. 34, No. 7, pp. 1073–1085.

De Nardi, Mariacristina (2004) "Wealth Inequality and Intergenerational Links," *Review of Economic Studies*, Vol. 71, No. 3, pp. 743–768.

De Nardi, Mariacristina, Giulio Fella, and Gonzalo Paz-Pardo (2020) "Nonlinear Household Earnings Dynamics, Self-Insurance, and Welfare," *Journal of the European Economic Association*, Vol. 18, No. 2, pp. 890–926.

De Nardi, Mariacristina, Giulio Fella, and Fang Yang (2017) "Macro Models of Wealth Inequality," in Boushey, Heather, Bradford DeLong, and Marshall Steinbaum eds. *After Piketty: The Agenda for Economics and Inequality*: Harvard University Press, Chap. 14, pp. 322–354.

De Nardi, Mariacristina, Eric French, and John B. Jones (2010) "Why Do the Elderly Save? The Role of Medical Expenses," *Journal of Political Economy*, Vol. 118, No. 1, pp. 39–75.

——— (2016) "Medicaid Insurance in Old Age," *American Economic Review*, Vol. 106, No. 11, pp. 3480–3520.

De Nardi, Mariacristina, Svetlana Pashchenko, and Ponpoje Porapakkarm (2022) "The Lifetime Costs of Bad Health," Working Paper.

Deaton, Angus and Christina Paxson (1994) "Intertemporal Choice and Inequality," *Journal of Political Economy*, Vol. 102, No. 3, pp. 437–467.

DeJong, David N. and Chetan Dave (2011) *Structural Macroeconometrics*: Princeton University Press, 2nd edition.

Del Negro, Marco, Marc Giannoni, and Christina Patterson (2015) "The Forward Guidance Puzzle," Federal Reserve Bank of New York Staff Reports, 574.

Den Haan, Wouter J. (1997) "Solving Dynamic Models with Aggregate Shocks and Heterogeneous Agents," *Macroeconomic Dynamics*, Vol. 1, No. 2, pp. 355–386.

———— (2010) "Assessing the Accuracy of the Aggregate Law of Motion in Models with Heterogeneous Agents," *Journal of Economic Dynamics and Control*, Vol. 34, No. 1, pp. 79–99.

Den Haan, Wouter J. and Pontus Rendahl (2010) "Solving the Incomplete Markets Model with Aggregate Uncertainty Using Explicit Aggregation," *Journal of Economic Dynamics and Control*, Vol. 34, No. 1, pp. 69–78.

Diamond, Peter (1965) "National Debt in a Neoclassical Growth Model," *American Economic Review*, Vol. 55, No. 5, pp. 1126–1150.

Doepke, Matthias, Anne Hannusch, Fabian Kindermann, and Michèle Tertilt (2023) "The Economics of Fertility: A New Era," in Lundberg, Shelly and Alessandra Voena eds. *Handbook of the Economics of the Family*, Vol. 1: Elsevier, Chap. 4, pp. 151–254.

Doepke, Matthias, Giuseppe Sorrenti, and Fabrizio Zilibotti (2019) "The Economics of Parenting," *Annual Review of Economics*, Vol. 11, pp. 55-84.

Doepke, Matthias and Michèle Tertilt (2016) "Families in Macroeconomics," in Taylor, John B. and Harald Uhlig eds. *Handbook of Macroeconomics*, Vol. 2B: Elsevier, Chap. 23, pp. 1789–1891.

Downey, Allen (2015) *Think Python: How to Think Like a Computer Scientist*: O'Reilly Media, 2nd edition.

Eggertsson, Gauti B. and Michael Woodford (2003) "The Zero Bound on Interest Rates and Optimal Monetary Policy," *Brookings Papers on Economic Activity*, Vol. 1, pp. 139–211.

Fehr, Hans and Fabian Kindermann (2018) *Introduction to Computational Economics Using Fortran*: Oxford University Press.

Fella, Giulio (2014) "A Generalized Endogenous Grid Method for Non-Smooth and Non-Concave Problems," *Review of Economic Dynamics*, Vol. 17, No. 2, pp. 329–344.

Fernández-Villaverde, Jesús and Dirk Krueger (2007) "Consumption over the Life Cycle: Facts from Consumer Expenditure Survey Data," *Review of Economics and Statistics*, Vol. 89, No. 3, pp. 552–565.

Fernández-Villaverde, Jesús, Joël Marbet, Galo Nuño, and Omar Rachedi (2021)

"Inequality and the Zero Lower Bound," Working Paper.

Fernández-Villaverde, Jesús, Juan F. Rubio-Ramírez, and Frank Schorfheide (2015) "Solution and Estimation Methods for DSGE Models," in Taylor, John B. and Harald Uhlig eds. *Handbook of Macroeconomics*, Vol. 2A: Elsevier, Chap. 9, pp. 527–724.

Flodén, Martin (2008) "A Note on the Accuracy of Markov-Chain Approximations to Highly Persistent AR(1)-Processes," *Economics Letters*, Vol. 99, No. 3, pp. 516–520.

Flodén, Martin and Jesper Lindé (2001) "Idiosyncratic Risk in the United States and Sweden: Is There a Role for Government Insurance?" *Review of Economic Dynamics*, Vol. 4, No. 2, pp. 406–437.

French, Eric (2005) "The Effects of Health, Wealth, and Wages on Labour Supply and Retirement Behaviour," *Review of Economic Studies*, Vol. 72, No. 2, pp. 395–427.

French, Eric and John B. Jones (2011) "The Effects of Health Insurance and Self-Insurance on Retirement Behavior," *Econometrica*, Vol. 79, No. 3, pp. 693–732.

Fukai, Taiyo, Hidehiko Ichimura, Sagiri Kitao, and Minamo Mikoshiba (2021) "Medical Expenditures over the Life Cycle: Persistent Risks and Insurance," RIETI Working Paper, 21-E-073.

Gabaix, Xavier (2017) "Behavioral Macroeconomics via Sparse Dynamic Programming," Working Paper.

Gali, Jordí (2015) *Monetary Policy, Inflation and the Business Cycle: An Introduction to the New Keynesian Framework and Its Applications*: Princeton University Press, 2nd edition.

Gourinchas, Pierre-Olivier and Jonathan A. Parker (2002) "Consumption over the Life Cycle," *Econometrica*, Vol. 70, No. 1, pp. 47–89.

Greenwood, Jeremy, Nezih Guner, and Guillaume Vandenbroucke (2017) "Family Economics Writ Large," *Journal of Economic Literature*, Vol. 55, No. 4, pp. 1346–1434.

Greenwood, Jeremy, Nezih Guner, and Ricardo Marto (2023) "The Great Transition: Kuznets Facts for Family-Economists," in Lundberg, Shelly and Alessandra Voena eds. *Handbook of the Economics of the Family*, Vol. 1: Elsevier, Chap. 7, pp. 389–441.

Greenwood, Jeremy and Ricardo Marto (2022) *Numerical Methods for Macroeconomists*: Unpublished Manuscript.

Guerrieri, Luca and Matteo Iacoviello (2015) "OccBin: A Toolkit for Solving Dynamic Models with Occasionally Binding Constraints Easily," *Journal of Monetary Economics*, Vol. 70, No. C, pp. 22–38.

Guvenen, Fatih (2011) "Macroeconomics with Heterogeneity: A Practical Guide," *Federal Reserve Bank of Richmond Economic Quarterly*, Vol. 97, No. 3, pp. 255–326.

Guvenen, Fatih, Greg Kaplan, Jae Song, and Justin Weidner (2022) "Lifetime Earnings in the United States over Six Decades," *American Economic Journal: Applied Economics*, Vol. 14, No. 4, pp. 446–479.

Hagedorn, Marcus, Jinfeng Luo, Iourii Manovskii, and Kurt Mitman (2019) "Forward Guidance," *Journal of Monetary Economics*, Vol. 102, No. C, pp. 1–23.

Hansen, Gary D. (1993) "The Cyclical and Secular Behaviour of the Labour Input: Comparing Efficiency Units and Hours Worked," *Journal of Applied Econometrics*, Vol. 8, No. 1, pp. 71–80.

Hansen, Gary D. and Selahattin İmrohoroğlu (2008) "Consumption Over the Life Cycle: The Role of Annuities," *Review of Economic Dynamics*, Vol. 11, No. 3, pp. 566–583.

Hansen, Lars P. and James J. Heckman (1996) "The Empirical Foundations of Calibration," *Journal of Economic Perspectives*, Vol. 10, No. 1, pp. 87–104.

Hayashi, Fumio (1995) "Is the Japanese Extended Family Altruistically Linked? A Test Based on Engel Curves," *Journal of Political Economy*, Vol. 103, No. 3, pp. 661–674.

Heathcote, Jonathan, Kjetil Storesletten, and Giovanni L. Violante (2009) "Quantitative Macroeconomics with Heterogeneous Households," *Annual Review of Economics*, Vol. 1, No. 1, pp. 319–354.

Heer, Burkhard and Alfred Maussner (2024) *Dynamic General Equilibrium Modeling: Computational Methods and Applications*: Springer, 3rd edition.

Herbst, Edward P. and Frank Schorfheide (2015) *Bayesian Estimation of DSGE Models*: Princeton University Press.

Hintermaier, Thomas and Winfried Koeniger (2010) "The Method of Endogenous Gridpoints with Occasionally Binding Constraints among Endogenous Variables," *Journal of Economic Dynamics and Control*, Vol. 34, No. 10, pp. 2074–2088.

Hirose, Yasuo and Takeki Sunakawa (2019) "A Review of Solution and Estimation Methods for Nonlinear Dynamic Stochastic General Equilibrium Models with the Zero Lower Bound," *Japanese Economic Review*, Vol. 70, No. 1, pp. 51–104.

Horioka, Charles Yuji, Hideki Fujisaki, Wako Watanabe, and Takatsugu Kouno (2000) "Are Americans More Altruistic than the Japanese? A U.S.-Japan Comparison of Saving and Bequest Motives," *International Economic Journal*, Vol. 14, No. 1, pp. 1–31.

Hsu, Minchung and Tomoaki Yamada (2017) "Population Aging, Health Care, and Fiscal Policy Reform: The Challenges for Japan," RIETI Discussion Paper Series, 17-E-038.

Huggett, Mark (1993) "The Risk-Free Rate in Heterogeneous-Agent Incomplete-Insurance Economies," *Journal of Economic Dynamics and Control*, Vol. 17, No. 5-6, pp. 953–969.

———— (1996) "Wealth Distribution in Life-Cycle Economies," *Journal of Mone-*

tary Economics, Vol. 38, No. 3, pp. 469–494.

Ihori, Toshihiro, Ryuta R. Kato, Masumi Kawade, and Shun-ichiro Bessho (2006) "Public Debt and Economic Growth in an Aging Japan," in Kaizuka, Keimei and Anne O. Krueger eds. *Tackling Japan's Fiscal Challenges: Strategies to Cope with High Public Debt and Population Aging*: Palgrave MacMillan, Chap. 3, pp. 30–68.

İmrohoroğlu, Ayşe (1989) "Cost of Business Cycles with Indivisibilities and Liquidity Constraints," *Journal of Political Economy*, Vol. 97, No. 6, pp. 1364–1383.

İmrohoroğlu, Selahattin, Sagiri Kitao, and Tomoaki Yamada (2017) "Can Guest Workers Solve Japan's Fiscal Problems?" *Economic Inquiry*, Vol. 55, No. 3, pp. 1287–1307.

Iskhakov, Fedor, Thomas H. Jørgensen, John Rust, and Bertel Schjerning (2017) "The Endogenous Grid Method for Discrete-Continuous Dynamic Choice Models with (or without) Taste Shocks," *Quantitative Economics*, Vol. 8, No. 2, pp. 317–365.

Johnson, Sharon A., Jery R. Stedinger, Christine A. Shoemaker, Ying Li, and Jose A. Tejada-Guibert (1993) "Numerical Solution of Continuous-State Dynamic Programs Using Linear and Spline Interpolation," *Operations Research*, Vol. 41, No. 3, pp. 484–500.

Judd, Kenneth L. (1985) "Redistributive Taxation in a Simple Perfect Foresight Model," *Journal of Public Economics*, Vol. 28, No. 1, pp. 59–83.

———— (1992) "Projection Methods for Solving Aggregate Growth Models," *Journal of Economic Theory*, Vol. 58, No. 2, pp. 410–452.

———— (1998) *Numerical Methods in Economics*: MIT Press.

Judd, Kenneth L., Felix Kubler, and Karl Schmedders (2000) "Computing Equilibria in Infinite-Horizon Finance Economies: The Case of One Asset," *Journal of Economic Dynamics and Control*, Vol. 24, No. 5-7, pp. 1047–1078.

Judd, Kenneth L., Lilia Maliar, and Serguei Maliar (2017) "Lower Bounds on Approximation Errors to Numerical Solutions of Dynamic Economic Models," *Econometrica*, Vol. 85, No. 3, pp. 991–1012.

Judd, Kenneth L., Lilia Maliar, Serguei Maliar, and Rafael Valero (2014) "Smolyak Method for Solving Dynamic Economic Models: Lagrange Interpolation, Anisotropic Grid and Adaptive Domain," *Journal of Economic Dynamics and Control*, Vol. 44, pp. 92–123.

Kaplan, Greg, Benjamin Moll, and Giovanni L. Violante (2018) "Monetary Policy According to HANK," *American Economic Review*, Vol. 108, No. 3, pp. 697–743.

Kaplan, Greg and Giovanni L. Violante (2010) "How Much Consumption Insurance Beyond Self-Insurance?" *American Economic Journal: Macroeconomics*, Vol. 2, No. 4, pp. 53–87.

———— (2018) "Microeconomic Heterogeneity and Macroeconomic Shocks," *Journal of Economic Perspectives*, Vol. 32, No. 3, pp. 167–194.

Kaplan, Greg, Giovanni L. Violante, and Justin Weidner (2014) "The Wealthy Hand-To-Mouth," *Brooking Papers on Economic Activity*, Vol. Spring, pp. 77–138.

Khan, Aubhik and Julia K. Thomas (2003) "Nonconvex Factor Adjustments in Equilibrium Business Cycle Models: Do Nonlinearities Matter?" *Journal of Monetary Economics*, Vol. 50, No. 2, pp. 331–360.

—— (2008) "Idiosyncratic Shocks and the Role of Nonconvexities in Plant and Aggregate Investment Dynamics," *Econometrica*, Vol. 76, No. 2, pp. 395–436.

King, Robert G., Charles I. Plosser, and Sergio T. Rebelo (1988) "Production, Growth and Business Cycles: I. The Basic Neoclassical Model," *Journal of Monetary Economics*, Vol. 21, No. 2-3, pp. 195–232.

—— (2002) "Production, Growth and Business Cycles: Technical Appendix," *Computational Economics*, Vol. 20, No. 1-2, pp. 87–116.

Kitao, Sagiri (2015) "Fiscal Cost of Demographic Transition in Japan," *Journal of Economic Dynamics and Control*, Vol. 54, pp. 37–58.

—— (2018) "Policy Uncertainty and Cost of Delaying Reform: The Case of Aging Japan," *Review of Economic Dynamics*, Vol. 27, pp. 81–100.

Kitao, Sagiri and Tomoaki Yamada (2019) "Dimensions of Inequality in Japan: Distributions of Earnings, Income and Wealth between 1984 and 2014," RIETI Discussion Paper Series, 19-E-034.

—— (2021) "Foreign Workers, Skill Premium and Fiscal Sustainability in Japan," *Economic Analysis*, Vol. 202, pp. 220–243.

—— (2024) "The Time Trend and Life-cycle Profiles of Consumption," *Review of Economics of the Household*, forthcoming.

Kiyotaki, Nobuhiro and John Moore (1997) "Credit Cycles," *Journal of Political Economy*, Vol. 105, No. 2, pp. 211–248.

Kopecky, Karen A. and Richard M. H. Suen (2010) "Finite State Markov-Chain Approximations to Highly Persistent Processes," *Review of Economic Dynamics*, Vol. 13, No. 3, pp. 701–714.

Kristensen, Dennis, Patrick K. Mogensen, Jong-Myun Moon, and Bertel Schjerning (2021) "Solving Dynamic Discrete Choice Models using Smoothing and Sieve Methods," *Journal of Econometrics*, Vol. 223, No. 2, pp. 328–360.

Krueger, Dirk and Felix Kubler (2004) "Computing Equilibrium in OLG Models with Stochastic Production," *Journal of Economic Dynamics and Control*, Vol. 28, No. 7, pp. 1411–1436.

Krueger, Dirk, Kurt Mitman, and Fabrizio Perri (2016) "Macroeconomics and Household Heterogeneity," in Taylor, John B. and Harald Uhlig eds. *Handbook of Macroeconomics*, Vol. 2A: Elsevier, Chap. 11, pp. 843–921.

—— (2017) "On the Distribution of the Welfare Losses of Large Recessions," in Honoré, Bo, Ariel Pakes, Monika Piazzesi, and Larry Samuelson eds. *Advances in Economics and Econometrics: Eleventh World Congress*, Vol. 2: Cambridge

University Press, Chap. 6, pp. 143–184.

Krusell, Per, Toshihiko Mukoyama, Ayşegül Şahin, and Anthony A. Smith (2009) "Revisiting the Welfare Effects of Eliminating Business Cycles," *Review of Economic Dynamics*, Vol. 12, No. 3, pp. 393–404.

Krusell, Per and Anthony A. Smith (1997) "Income and Wealth Heterogeneity, Portfolio Choice, and Equilibrium Asset Returns," *Macroeconomic Dynamics*, Vol. 1, No. 2, pp. 387–422.

———— (1998) "Income and Wealth Heterogeneity in the Macroeconomy," *Journal of Political Economy*, Vol. 106, No. 5, pp. 867–896.

———— (2006) "Quantitative Macroeconomic Models with Heterogeneous Agents," in Blundell, Richard, Whitney Newey, and Torsten Persson eds. *Advances in Economics and Econometrics: Theory and Applications, Ninth World Congress*, Vol. 1: Cambridge University Press, Chap. 8, pp. 298–340.

Kubler, Felix and Karl Schmedders (2005) "Approximate versus Exact Equilibria in Dynamic Economies," *Econometrica*, Vol. 73, No. 4, pp. 1205–1235.

Kuhn, Moritz (2013) "Recursive Equilibria in an Aiyagari-Style Economy with Permanent Income Shocks," *International Economic Review*, Vol. 54, No. 3, pp. 807–835.

Kuhn, Moritz and José-Víctor Ríos-Rull (2016) "2013 Update on the U.S. Earnings, Income, and Wealth Distributional Facts: A View from Macroeconomics," *Federal Reserve Bank of Minneapolis Quarterly Review*, Vol. 37, No. 1, pp. 2–73.

Kydland, Finn E. and Edward C. Prescott (1977) "Rules Rather Discretion: The Inconsistency of Optimal Plans," *Journal of Political Economy*, Vol. 85, No. 3, pp. 473–491.

———— (1982) "Time to Build and Aggregate Fluctuations," *Econometrica*, Vol. 50, No. 6, pp. 1345–1370.

———— (1996) "The Computational Experiment: An Econometric Tool," *Journal of Economic Perspectives*, Vol. 10, No. 1, pp. 69–85.

Ljungqvist, Lars and Thomas J. Sargent (2018) *Recursive Macroeconomic Theory*: MIT Press, 4th edition.

Low, Hamish, Costas Meghir, and Luigi Pistaferri (2010) "Wage Risk and Employment Risk over the Life Cycle," *American Economic Review*, Vol. 100, No. 4, pp. 1432–1467.

Lucas Jr., Robert E. (1976) "Econometric Policy Evaluation: A Critique," *Carnegie-Rochester Conference Series on Public Policy*, Vol. 1, pp. 19–46.

Ludwig, Alexander and Matthias Schön (2018) "Endogenous Grids in Higher Dimensions: Delaunay Interpolation and Hybrid Methods," *Computational Economics*, Vol. 51, pp. 463–492.

Maliar, Lilia (2015) "Assessing Gains from Parallel Computation on a Supercomputer," *Economics Bulletin*, Vol. 35, No. 1, pp. 159–167.

Maliar, Lilia and Serguei Maliar (2013) "Envelope Condition Method versus Endogenous Grid Method for Solving Dynamic Programming Problems," *Economics Letters*, Vol. 120, No. 2, pp. 262–266.

———— (2014) "Numerical Methods for Large-Scale Dynamic Economic Models," in Schmedders, Karl and Kenneth L. Judd eds. *Handbook of Computational Economics*, Vol. 3: Elsevier, Chap. 7, pp. 325–477.

———— (2015) "Merging Simulation and Projection Approaches to Solve High-Dimensional Problems with an Application to a New Keynesian Model," *Quantitative Economics*, Vol. 6, No. 1, pp. 1–47.

Maliar, Lilia, Serguei Maliar, and Fernando Valli (2010) "Solving the Incomplete Markets Model with Aggregate Uncertainty using the Krusell-Smith Algorithm," *Journal of Economic Dynamics and Control*, Vol. 34, No. 1, pp. 42–49.

Marimon, Ramon and Andrew Scott eds. (1999) *Computational Methods for the Study of Dynamic Economies*: Oxford University Press.

Mas-Colell, Andreu, Michael D. Whinston, and Jerry R. Green (1995) *Microeconomic Theory*: Oxford University Press.

McGrattan, Ellen R., Kazuaki Miyachi, and Adrian Peralta-Alva (2018) "On Financing Retirement, Health, and Long-Term Care in Japan," IMF Working Paper, No. 18/249.

McKay, Alisdair, Emi Nakamura, and Jón Steinsson (2016) "The Power of Forward Guidance Revisited," *American Economic Review*, Vol. 106, No. 10, pp. 3133–3158.

McKay, Alisdair and Ricardo Reis (2016) "The Role of Automatic Stabilizers in the U.S. Business Cycle," *Econometrica*, Vol. 84, No. 1, pp. 141–194.

Mendoza, Enrique and Sergio Villalvazo (2020) "*FiPIt*: A Simple, Fast Global Method for Solving Models with Two Endogenous States & Occasionally Binding Constraints," *Review of Economic Dynamics*, Vol. 37, pp. 81–102.

Miranda, Mario J. and Paul L. Fackler (2004) *Applied Computational Economics and Finance*: MIT Press.

Miyazaki, Kenji, Makoto Saito, and Tomoaki Yamada (2010) "On the Intergenerational Sharing of Cohort-Specific Shocks on Permanent Income," *Macroeconomic Dynamics*, Vol. 14, No. 1, pp. 93–118.

Nakata, Taisuke (2017a) "Optimal Government Spending at the Zero Lower Bound: A Non-Ricardian Analysis," *Review of Economic Dynamics*, Vol. 23, pp. 150–169.

———— (2017b) "Uncertainty at the Zero Lower Bound," *American Economic Journal: Macroeconomics*, Vol. 9, No. 3, pp. 186–221.

Nirei, Makoto and Shuhei Aoki (2016) "Pareto Distribution of Income in Neoclassical Growth Models," *Review of Economic Dynamics*, Vol. 20, pp. 25–42.

Nishiyama, Shinichi and Kent Smetters (2007) "Does Social Security Privatization Produce Efficiency Gains?" *Quarterly Journal of Economics*, Vol. 122, No. 4, pp. 1677–1719.

Okamoto, Akira (2013) "Welfare Analysis of Pension Reforms in an Ageing Japan," *Japanese Economic Review*, Vol. 64, No. 4, pp. 452–483.

Piketty, Thomas (2014) *Capital in the Twenty-First Century*, Belknap Press of Harvard University Press.

Prescott, Edward C. and Rajnish Mehra (1980) "Recursive Competitive Equilibrium: The Case of Homogeneous Households," *Econometrica*, Vol. 48, No. 6, pp. 1365–1379.

Press, William H., Saul A. Teukolsky, William T. Vetterling, and Brian P. Flannery (2007) *Numerical Recipes: The Art of Scientific Computing*: Cambridge University Press, 3rd edition.

Preston, Bruce and Mauro Roca (2007) "Incomplete Markets, Heterogeneity and Macroeconomic Dynamics," NBER Working Paper, No. 13260.

Quadrini, Vincenzo (2000) "Entrepreneurship, Saving, and Social Mobility," *Review of Economic Dynamics*, Vol. 3, No. 1, pp. 1–40.

Quadrini, Vincenzo and José-Víctor Ríos-Rull (2015) "Inequality in Macroeconomics," in Atkinson, Anthony B. and François Bourguignon eds. *Handbook of Income Distribution*, Vol. 2B: Elsevier, Chap. 14, pp. 1229–1302.

Reiter, Michael (2009) "Solving Heterogeneous-Agent Models by Projection and Perturbation," *Journal of Economic Dynamics and Control*, Vol. 33, No. 3, pp. 649–665.

——— (2010) "Approximate and Almost-Exact Aggregation in Dynamic Stochastic Heterogeneous-Agent Models," Economic Series 258, Institute for Advanced Studies.

Richter, Alexander, Nathaniel Throckmorton, and Todd Walker (2014) "Accuracy, Speed and Robustness of Policy Function Iteration," *Computational Economics*, Vol. 44, No. 4, pp. 445–476.

Ríos-Rull, José-Víctor (1996) "Life-Cycle Economies and Aggregate Fluctuations," *Review of Economic Studies*, Vol. 63, No. 3, pp. 465–489.

Romer, David (2011) *Advanced Macroeconomics*: McGrow-Hill, 4th edition.

Rotemberg, Julio J. (1982) "Sticky Prices in the United States," *Journal of Political Economy*, Vol. 90, No. 6, pp. 1187–1211.

Rouwenhorst, K. Geert (1995) "Asset Pricing Implications of Equilibrium Business Cycle Models," in Cooley, Thomas ed. *Frontiers of Business Cycle Research*: Princeton University Press, Chap. 10, pp. 294–330.

Rust, John (1996) "Numerical Dynamic Programming in Economics," in Amman, Hans M., David A. Kendrick, and John Rust eds. *Handbook of Computational Economics*, Vol. 1: North-Holland, Chap. 14, pp. 619–729.

——— (1997) "Using Randomization to Break the Curse of Dimensionality," *Econometrica*, Vol. 65, No. 3, pp. 487–516.

Samuelson, Paul A. (1958) "An Exact Consumption-Loan Model of Interest With or Without the Social Contrivance of Money," *Journal of Political Economy*,

Vol. 66, No. 6, pp. 467–482.

Santos, Manuel S. and Jesús Vigo-Aguiar (1998) "Analysis of a Numerical Dynamic Programming Algorithm Applied to Economic Models," *Econometrica*, Vol. 66, No. 2, pp. 409–426.

Sargent, Thomas J. and John Stachurski (2023) "Optimal Growth III: Time Iteration," in *Intermediate Quantitative Economics with Python* (https://python. quantecon.org/coleman_policy_iter.html 最終アクセス：2024 年 5 月 1 日).

Schaab, Andreas (2020) "Micro and Macro Uncertainty," Working Paper.

Schmitt-Grohé, Stephanie and Martín Uribe (2004) "Solving Dynamic General Equilibrium Models using a Second-order Approximation to the Policy Function," *Journal of Economic Dynamics and Control*, Vol. 28, No. 4, pp. 755–775.

Shimasawa, Manabu and Kazumasa Oguro (2010) "Impact of Immigration of the Japanese Economy: A Multi-country Simulation Model," *Journal of the Japanese and International Economies*, Vol. 24, No. 4, pp. 586–602.

Sims, Christopher A. (2000) "Second Order Accurate Solution of Discrete Time Dynamic Equilibrium Models," Unpublished Manuscript.

——— (2002) "Solving Linear Rational Expectations Models," *Computational Economics*, Vol. 20, No. 1-2, pp. 1–20.

Song, Zheng, Kjetil Storesletten, and Fabrizio Zilibotti (2012) "Rotten Parents and Disciplined Children: A Politico-Economic Theory of Public Expenditure and Debt," *Econometrica*, Vol. 80, No. 6, pp. 2785–2803.

Stachurski, John (2022) *Economic Dynamics: Theory and Computation*: MIT Press, 2nd edition.

Stokey, Nancy L. and Robert E. Lucas Jr. with Edward C. Prescott (1989) *Recursive Methods in Economic Dynamics*: Harvard University Press.

Storesletten, Kjetil, Christopher I. Telmer, and Amir Yaron (2004a) "Consumption and Risk Sharing Over the Life Cycle," *Journal of Monetary Economics*, Vol. 51, No. 3, pp. 609–633.

——— (2004b) "Cyclical Dynamics in Idiosyncratic Labor-Market Risk," *Journal of Political Economy*, Vol. 112, No. 3, pp. 695–717.

——— (2007) "Asset Pricing with Idiosyncratic Risk and Overlapping Generations," *Review of Economic Dynamics*, Vol. 10, No. 4, pp. 519–548.

Sunakawa, Takeki (2020) "Applying the Explicit Aggregation Algorithm to Heterogeneous Macro Models," *Computational Economics*, Vol. 55, No. 3, pp. 845–874.

Tauchen, George (1986) "Finite State Markov-Chain Approximations to Univariate and Vector Autoregressions," *Economics Letters*, Vol. 20, No. 2, pp. 177–181.

Tauchen, George and Robert Hussey (1991) "Quadrature-Based Methods for Obtaining Approximate Solutions to Nonlinear Asset Pricing Models," *Econometrica*, Vol. 59, No. 2, pp. 371–396.

Terry, Stephen J. (2017) "Alternative Methods for Solving Heterogeneous Firm Models," *Journal of Money, Credit and Banking*, Vol. 49, No. 6, pp. 1081–1111.

Tvede, Mich (2010) *Overlapping Generations Economies*: Palgrave Macmillan.

Walsh, Carl E. (2017) *Monetary Theory and Policy*: MIT Press, 4th edition.

Winberry, Thomas (2016) "A Toolbox for Solving and Estimating Heterogeneous Agent Macro Models," Unpublished Manuscript.

Woodford, Michael (2003) *Interest and Prices: Foundations of a Theory of Monetary Policy*: Princeton University Press.

Yamada, Tomoaki (2011) "A Politically Feasible Social Security Reform with a Two-Tier Structure," *Journal of the Japanese and International Economies*, Vol. 25, No. 3, pp. 199–224.

Young, Eric R. (2010) "Solving the Incomplete Markets Model with Aggregate Uncertainty using the Krusell-Smith Algorithm and Non-Stochastic Simulations," *Journal of Economic Dynamics and Control*, Vol. 34, No. 1, pp. 36–41.

■ 日本語文献

阿部修人 (2011)『家計消費の経済分析』岩波書店。

岩崎雄斗・須藤直・中島誠・中村史一 (2020)「HANK 研究の潮流——金融政策の波及メカニズムにおける経済主体間の異質性の意義」IMES Discussion Paper Series, 2020-J-9.

ウィリアムソン、S. D. (2012)『ウィリアムソン マクロ経済学 I 入門篇』釜国男訳、東洋経済新報社。

宇南山卓・原亮太 (2015)「日本における『裕福なその日暮らし』と消費刺激策」PRI Discussion Paper Series, No.15 A-3.

小黒一正・島澤諭 (2011)『Matlab によるマクロ経済モデル入門——少子高齢化経済分析の世代重複モデルアプローチ』日本評論社。

加藤涼 (2007)『現代マクロ経済学講義——動学的一般均衡モデル入門』東洋経済新報社。

クアルテローニ、A.・F. サレリ・P. ジェルヴァシオ (2014)『MATLAB と Octave による科学技術計算——数値計算の理論と手法』加古孝・千葉文浩訳、丸善出版。

経済セミナー編集部編 (2020)『[新版] 進化する経済学の実証分析』日本評論社。

齊藤誠 (2006)『新しいマクロ経済学——クラシカルとケインジアンの邂逅（新版）』有斐閣。

齊藤誠・岩本康志・太田聰一・柴田章久 (2016)『マクロ経済学（新版）』有斐閣。

チャン、A. C.・K. ウエインライト (2020)『現代経済学の数学基礎（第 4 版、上・下）』小田正雄・高森寛・森崎初男・森平爽一郎訳、彩流社。

中村保・北野重人・地主敏樹 (2016)『〈サピエンティア〉マクロ経済学』東洋経済新報社。

蓮見亮 (2020)『動学マクロ経済学へのいざない』日本評論社。

バロー、R. (2010)『バロー マクロ経済学』谷内満監訳、センゲージラーニング。

廣瀬康生 (2012)『DSGE モデルによるマクロ実証分析の方法』三菱経済研究所。

二神孝一・堀敬一 (2017)『マクロ経済学（第 2 版）』有斐閣。

矢沢久雄 (2021)『プログラムはなぜ動くのか——知っておきたいプログラミングの基礎知識（第 3 版）』日経 BP。

事項索引

人名索引

■ 著者紹介

北尾 早霧 （きたお・さぎり）

政策研究大学院大学教授、経済産業研究所（RIETI）上席研究員（特任）

2007年、ニューヨーク大学経済学部にて Ph.D. を取得。ニューヨーク連邦準備銀行調査部シニア・エコノミスト、東京大学大学院経済学研究科教授等を経て、2024年より現職。2016年、日本経済学会中原賞を受賞。
主著：“Sustainable Social Security: Four Options,” *Review of Economic Dynamics*, 17(4): 756–779, 2014.

砂川 武貴 （すなかわ・たけき）

一橋大学大学院経済学研究科准教授

2012年、オハイオ州立大学経済学部にて Ph.D. を取得。日本銀行、東京大学公共政策大学院特任講師、神戸大学社会システムイノベーションセンター特命准教授等を経て、2022年より現職。
主著：“Credible Forward Guidance,”（共著）*Journal of Economic Dynamics and Control*, 153, 104699, 2023.

山田 知明 （やまだ・ともあき）

明治大学商学部教授

2005年、一橋大学大学院経済学研究科にて博士号を取得。立正大学経済学部専任講師、明治大学商学部准教授等を経て、2014年より現職。
主著：“Population Aging, Health Care, and Fiscal Policy Reform: The Challenges for Japan,”（共著）*Scandinavian Journal of Economics*, 121(2): 547–577, 2019.

定量的マクロ経済学と数値計算

2024年 6 月15日　第1版第1刷発行

著　者―――――北尾早霧・砂川武貴・山田知明
発行所―――――株式会社日本評論社
　　　　　　　　〒170-8474 東京都豊島区南大塚3-12-4
電　話―――――(03)3987-8621[販売]
　　　　　　　　(03)3987-8595[編集]
印　刷―――――藤原印刷
製　本―――――牧製本印刷
装　幀―――――図工ファイブ